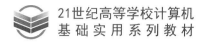

21世纪高等学校计算机
基础实用系列教材

办公自动化实务

◎ 颜鲁合 郭蒂 主编

清华大学出版社
北京

内 容 简 介

本书是专门为自动化办公用户量身定制的，系统介绍现代办公自动化所需知识。本书内容丰富，重点、难点突出，语言简练，深入浅出，注重理论与实践结合，案例较多，图文并茂，具有较强的操作性与实用性，有助于提升读者的操作技能，并以提示、注意事项模块对知识进行扩充。

本书主要内容包括：办公自动化的基本知识、计算机硬件指标、笔记本计算机与平板计算机的使用，Windows 7/10 操作系统、驱动程序以及应用软件的安装方法，Windows 7/10 操作系统的基本操作与文件的管理，Word 2016、Excel 2016、PowerPoint 2016 操作及上机实践，办公自动化设备的使用与维护、网络化办公、办公无线网络的组建与配置以及计算机病毒预防。通过本书的学习，读者可以较系统地掌握现代办公的知识，并进一步提升办公技能。

本书可作为各类本科及高职院校非计算机专业的计算机应用基础课程教材，也可作为各类社会人员计算机入门和计算机应用技术考证的培训和自学教材。

本书封面贴有清华大学出版社防伪标签，无标签者不得销售。
版权所有，侵权必究。举报：010-62782989，beiqinquan@tup.tsinghua.edu.cn。

图书在版编目（CIP）数据

办公自动化实务/颜鲁合，郭蒂主编. —北京：清华大学出版社，2021.8
21世纪高等学校计算机基础实用系列教材
ISBN 978-7-302-57415-6

Ⅰ.①办… Ⅱ.①颜…②郭… Ⅲ.①办公自动化-高等学校-教材 Ⅳ.①C931.4

中国版本图书馆 CIP 数据核字(2021)第 021033 号

责任编辑：闫红梅
封面设计：刘　键
责任校对：焦丽丽
责任印制：杨　艳

出版发行：清华大学出版社
　　　网　　址：http://www.tup.com.cn，http://www.wqbook.com
　　　地　　址：北京清华大学学研大厦A座　　　邮　编：100084
　　　社 总 机：010-62770175　　　邮　购：010-83470235
　　　投稿与读者服务：010-62776969，c-service@tup.tsinghua.edu.cn
　　　质 量 反 馈：010-62772015，zhiliang@tup.tsinghua.edu.cn
　　　课 件 下 载：http://www.tup.com.cn，010-83470236
印 装 者：三河市铭诚印务有限公司
经　　销：全国新华书店
开　　本：185mm×260mm　　　印　张：24　　　字　数：586千字
版　　次：2021年9月第1版　　　印　次：2021年9月第1次印刷
印　　数：1~1500
定　　价：69.00元

产品编号：087762-01

前言

办公自动化是现代办公的基础。掌握必要的计算机知识、具备熟练的计算机操作技能是每一个处于信息时代的办公人员的基本素养。本书从实际办公需求入手，理论联系实际，图文并茂，循序渐进地讲述办公自动化基本知识与操作方法。全书共分9章，各章内容概括如下：

第1章主要介绍办公自动化的基本知识；计算机的基本组成部件以及各部件的性能指标，计算机及外设的连接方法；笔记本计算机、平板计算机等的特点与使用。

第2章主要介绍Windows 7和Windows 10操作系统及驱动程序的安装方法，并以Office 2016为例介绍应用软件的安装方法与安装步骤。

第3章主要介绍Windows 7与Windows 10操作系统的基本操作，重点介绍Windows 10系统新增的功能与设置，并介绍磁盘、文件和文件夹的管理与操作。

第4章主要介绍Word 2016的基本功能和使用方法，并以大量实例与图片讲述文档内容的输入和编辑、查找与替换文本、打印文档、设置文本格式、设置段落格式、图文混排，以及邮件合并。章后设置上机实践，让学习者能够更深入地了解本章内容。

第5章主要介绍Excel 2016的基本功能和使用方法，包括工作表与单元格操作，公式与函数，以及图表制作与应用。章后设置上机实践，使读者进一步熟练运用Excel 2016函数。

第6章主要介绍PowerPoint 2016的基本操作，包括PowerPoint 2016演示文稿的建立，在PowerPoint 2016中修改幻灯片的内容和格式；幻灯片的动画制作，幻灯片放映设置；演示文稿的设计、制作、打包等内容。章后设置上机实践，帮助读者加深对本章内容的理解。

第7章主要介绍办公自动化的数字办公设备，包括打印机(激光打印机、无线打印机等)、扫描仪、复印机、刻录机、传真机、数码相机、投影仪的不同类型、性能、连接方法，办公设备的使用方法和日常使用时需要注意的事项，并介绍与硬件设备相关的软件，如OCR软件、Nero软件。

第8章主要介绍网络化办公知识，包括应用Internet的主要服务（浏览、下载、收发电子邮件），以及聊天工具、下载工具、云盘工具、Foxmail工具、压缩与解压缩工具的主要功能。

第9章主要介绍无线局域网的概念，常见无线局域网的组网设备，小型无线局域网的组网与配置，Windows 7与Windows 10中打印机共享与网络打印机的添加以及网络映射的添加，并介绍计算机病毒的预防与局域网常见问题处理。

在本书的编写和出版过程中，得到了清华大学出版社的大力支持和鼓励，在此深表感谢！由于编者水平有限，书中难免存在错误及不足之处，希望广大读者批评指正。

编 者
2021年3月

目　录

第 1 章　办公自动化与计算机基本知识 1
1.1　办公自动化基本知识 1
1.1.1　办公自动化概述 1
1.1.2　实现办公自动化的意义 3
1.2　计算机基本知识 4
1.2.1　计算机发展历程 4
1.2.2　计算机系统组成 5
1.2.3　计算机硬件 6
1.2.4　计算机硬件安装过程 24
1.3　笔记本计算机与平板计算机 27
1.3.1　笔记本计算机的开机和关机 28
1.3.2　笔记本计算机的使用注意事项 29
1.3.3　平板计算机 30

第 2 章　操作系统、驱动程序与应用软件的安装 32
2.1　操作系统概述与安装 32
2.1.1　操作系统概述 32
2.1.2　Windows 操作系统的安装 34
2.1.3　Windows 7 操作系统的安装 36
2.2　Windows 10 操作系统的安装 48
2.2.1　启动 U 盘安装 Windows 10 操作系统 48
2.2.2　Windows 10 操作系统基本设置 55
2.3　驱动程序的安装 56
2.3.1　驱动光盘安装驱动程序 57
2.3.2　驱动文件安装驱动程序或更新硬件驱动 57
2.3.3　驱动管理软件自动安装或更新驱动程序 60
2.4　应用软件的安装 63

第 3 章　Windows 7/10 操作系统的基本操作与文件管理 66
3.1　Windows 7 操作系统简介 66
3.1.1　Windows 7 操作系统界面 66
3.1.2　Windows 7 的其他功能 70
3.2　Windows 10 操作系统简介 82
3.2.1　Windows 用户账户的创建和使用 83

	3.2.2	操作"开始"菜单与桌面	85
	3.2.3	Microsoft Edge 浏览器	87
	3.2.4	Windows 10 的其他功能	90
3.3	磁盘、文件与文件夹管理		100
	3.3.1	磁盘管理	100
	3.3.2	文件和文件夹的概念	102
	3.3.3	文件管理的主要工具	105
	3.3.4	文件（文件夹）管理操作	107
	3.3.5	新建文件、文件夹与快捷方式	111
	3.3.6	文件、文件夹的其他操作	113

第 4 章 Word 2016 ··· 118

4.1	Word 2016 简介		118
	4.1.1	Word 2016 窗口组成	118
	4.1.2	Word 2016 基本操作	119
4.2	文档基本编辑		122
	4.2.1	输入文本	122
	4.2.2	编辑文档内容	124
4.3	设置文档格式		128
4.4	图文混编		134
	4.4.1	编辑图形与艺术字	134
	4.4.2	编辑图片	138
	4.4.3	SmartArt 图形的应用	142
	4.4.4	编辑表格	144
4.5	Word 高级应用		150
	4.5.1	页面布局	150
	4.5.2	设置页眉与页脚	153
	4.5.3	运用样式编排文档	154
	4.5.4	设置特殊版式	156
	4.5.5	审阅文档	160
	4.5.6	保护重要文档	161
	4.5.7	邮件合并	162
4.6	Word 2016 上机实践		165

第 5 章 Excel 2016 ··· 171

5.1	Excel 2016 简介		171
	5.1.1	Excel 2016 窗口组成	171
	5.1.2	Excel 2016 基本操作	174
	5.1.3	工作表操作	176
	5.1.4	单元格操作	182

	5.2	公式与函数	200
		5.2.1 公式的应用	200
		5.2.2 函数的应用	205
	5.3	图表的应用	209
		5.3.1 图表的基本操作	209
		5.3.2 编辑图表	212
		5.3.3 数据透视表	217
		5.3.4 打印工作表与图表	220
	5.4	Excel 2016 上机实践	222
第6章	PowerPoint 2016		234
	6.1	PowerPoint 2016 简介	234
		6.1.1 PowerPoint 2016 窗口组成	234
		6.1.2 PowerPoint 2016 基本操作	236
	6.2	交互式幻灯片的设计	241
		6.2.1 添加演示稿内容	241
		6.2.2 美化演示文稿	248
	6.3	PowerPoint 2016 上机实践	257
第7章	常用办公自动化设备的使用与维护		266
	7.1	打印机	266
		7.1.1 针式打印机	266
		7.1.2 喷墨打印机	268
		7.1.3 激光打印机	270
		7.1.4 无线打印机	275
	7.2	复印机	277
	7.3	扫描仪	281
		7.3.1 扫描仪的基本知识	281
		7.3.2 OCR 软件——《尚书七号》	283
	7.4	传真机	285
	7.5	光盘刻录机	286
		7.5.1 刻录光盘与刻录机基本知识	286
		7.5.2 刻录机的安装和使用	288
	7.6	数码相机	290
	7.7	移动办公设备	291
	7.8	投影仪	292
		7.8.1 投影仪基本知识	293
		7.8.2 笔记本计算机与投影仪的连接与设置	294
第8章	网络化办公		297
	8.1	浏览信息	297

8.2	网络信息交流	302
8.3	电子邮箱的申请与收发邮件	307
8.4	下载工具	312
8.5	百度网盘	315
8.6	利用QQ、微信实现文字识别	319
8.7	文件的压缩与解压缩	322
8.8	腾讯文档	326

第9章 办公无线网络的组建与配置 ... 331

- 9.1 无线局域网的硬件设备 ... 331
  - 9.1.1 网卡 ... 331
  - 9.1.2 调制解调器 ... 332
  - 9.1.3 路由器 ... 332
  - 9.1.4 网线 ... 333
- 9.2 无线局域网的组建 ... 335
  - 9.2.1 常用无线设备 ... 335
  - 9.2.2 组网方式与拓扑结构 ... 336
  - 9.2.3 办公室无线网络 ... 337
- 9.3 无线局域网组网设备的设置 ... 338
  - 9.3.1 无线路由器与Internet连接 ... 338
  - 9.3.2 无线路由器与局域网连接 ... 347
- 9.4 设置网络共享资源与访问网络资源 ... 348
  - 9.4.1 系统设置 ... 348
  - 9.4.2 共享对象设置 ... 351
  - 9.4.3 防火墙设置 ... 352
  - 9.4.4 访问共享文件 ... 353
- 9.5 共享打印机与添加网络打印机 ... 354
  - 9.5.1 添加本地打印机 ... 354
  - 9.5.2 本地打印机共享设置 ... 356
  - 9.5.3 其他计算机添加网络共享打印机 ... 361
  - 9.5.4 Windows 10操作系统添加网络打印机 ... 366
- 9.6 映射网络驱动器 ... 368
  - 9.6.1 共享资源 ... 368
  - 9.6.2 创建"映射网络驱动器" ... 369
- 9.7 计算机病毒预防与局域网常见问题处理 ... 371
  - 9.7.1 计算机病毒预防 ... 371
  - 9.7.2 局域网硬件故障诊断与解决方法 ... 372

参考文献 ... 375

第 1 章 办公自动化与计算机基本知识

信息时代，办公人员必须具备一定的信息处理能力，才能满足现代办公的需要。本章介绍办公自动化的概念、功能，计算机基本知识，包括办公软件及计算机硬件系统的组成、计算机硬件及性能、计算机的组装、笔记本计算机的使用与平板计算机的特点等。

知识目标
- 掌握办公自动化的基本概念，包括办公自动化的优点、基本功能、内涵、发展趋势。
- 认识计算机的硬件及各种接口，掌握计算机及其外设的连接方法和计算机的基本使用方法。
- 了解笔记本计算机的使用及注意事项。

1.1 办公自动化基本知识

1.1.1 办公自动化概述

1. 概念

办公自动化（Office Automation，OA）作为一个术语是由美国通用汽车公司 D.S.哈特于 1956 年首次提出。20 世纪 70 年代美国麻省理工学院教授 M.C. Zisman 为办公自动化下了一个较为完整的定义：办公自动化就是将计算机技术、通信技术、系统科学及行为科学应用于处理数量庞大且结构不明确的，包括非数值型信息的办公事务处理的一项综合技术。办公自动化也可以理解为一种新型的办公方式，将传统文本办公转变为借助计算机、网络技术以及现代办公设备而进行的信息化处理方式的办公。

由于计算机技术、通信技术、网络技术及数据库技术的发展，办公自动化的内容不断被充实，使办公自动化具有了更强大的功能与更广泛的意义，但至今对办公自动化并没有统一的定义。通常，人们把一切提高办公效率而应用的技术、设备、系统，都归属于办公自动化领域。

2. 办公自动化的层次

办公室业务主要以文件处理为主，包括起草文件、接收文件、传递文件、整理文件和存档文件等环节。利用计算机技术、网络技术实现电子文档的生成、传递、存储是办公自动化的基本功能。同时，办公部门，是组织纵向管理的核心与支撑，是整个组织中的决策部门。因此，办公自动化应具有收集、存储、检索、处理、分析信息实现决策，并能将决策信息通过网络，完成组织间的横向传送，实现整个行业或系统协调运行的功能。办公自动化根据其所提供的功能与服务组织的三个层次分为以下三种类型。

1）事务处理型（业务型）OA 系统

服务组织的第一个层次只限于单机或简单的小型局域网上的文字处理、电子表格、数据库等辅助工具的应用，一般称之为事务处理型 OA 系统。

事务处理型 OA 系统的主要功能是完成日常办公业务，直接面向基层办公人员，以有效改进办公流程，提升办公效率，处理基础业务数据，为办公人员提供高效、便捷的公文处理环境。事务处理型 OA 系统主要包括文字处理、电子排版、表格处理、文件收发、文档管理、日程管理、人事管理、财务统计等应用，具体表现为多种 OA 子系统，如电子出版系统、电子文档管理系统、光学汉字识别系统、订票与售票系统、柜台或窗口系统等。

2）信息管理型 OA 系统

信息管理型 OA 系统是服务组织的第二个层次。信息管理型 OA 系统是建立在事务处理型 OA 系统基础上，突出信息管理功能，且具有分布处理能力强、资源共享性好的信息管理型办公系统。

随着信息技术的不断进步，以及数据库技术的发展，越来越重视信息的开发与利用。信息管理型 OA 系统，从事务处理型 OA 系统获得基本业务信息，通过数据库对业务信息实现存储、检索、共享，为组织管理层提供一定格式的参考信息，以此优化组织结构，提升组织管理能力与办公质量。例如，政府机关将政策、法令、法规、公文等政务信息进行整理、共享，提高内部运行效率与外部服务职能；工商企业根据销售、原材料供应、库存状况、市场需求等信息，制定生产和促销计划；等等。

3）决策支持型 OA 系统

决策支持型 OA 系统是服务组织的第三个层次。它建立在事务处理型 OA 系统与信息管理型 OA 系统的基础之上，具有处理半结构化决策问题的能力，具有一定的智能性，可以为制定决策提供支持。决策支持型 OA 系统一般由模型库、方法库、数据库、知识库以及语音交互系统组成，针对决策问题，结合现实条件，选择模型与方法，向决策层提供决策支持。

事务处理型 OA 系统称为普通办公自动化系统；信息管理型 OA 系统称为高级办公自动化系统；决策支持型 OA 系统称为智能性办公自动化系统。事务处理型 OA 系统、信息管理型 OA 系统和决策支持型 OA 系统是广义的 OA 系统的三个功能层次。三个功能层次之间通过数据库与网络通信技术相互联系，构成一体化的、战略级的 OA 系统，实现办公流程优化，信息流转更为合理、高效，紧密联系不同地域、各职能部门和各信息工作者，提升组织的整体办公效率与质量。

3. 现代办公系统的特点

信息共享是办公自动化的基础，软件是办公自动化的灵魂，硬件是实现办公自动化的环境保障，技术是办公自动化借助的工具。办公自动化建设的本质是创新管理模式，通过办公自动化建设，以信息共享为基础，进行组织的信息化改造，再造业务流程，优化组织结构，增强协同办公能力，提高决策效能，构建新型办公模式。

随着网络通信技术、计算机技术和数据库技术的发展，OA 系统已进入到新的层次，在新的层次中具有以下 4 个特点。

- 集成化。软硬件设计更具人性化，核心数据处理层的整合，将使软硬件与网络联系更为紧密，各系统间实现无缝连接，形成"无缝式"的开放式系统。

- 智能化。不仅能够合理地处理日常事务，更能辅助提供决策，帮助操作人员完成智能性劳动。
- 多媒体化。信息处理不再是单纯的数字和字符类型，图像、声音和动画等多媒体信息将成为主体。
- 运用电子数据交换。通过数据通信网络，数据将实现跨平台、跨系统、跨设备间的交换和自动处理。

1.1.2 实现办公自动化的意义

1. 再造业务流程，提高办公效率

办公自动化最突出的特点是加快信息流转的速度。组织依赖高速流转的信息开展相关业务，组织将通过再造业务流程适应信息化的运行方式。这个改造过程将有助于组织结构优化，促进管理模式的创新，同时提高办公效率与质量。

工作人员无须拿着纸质文件，在各个部门之间完成审批、签字、盖章、传递等浪费人力、物力、时间的烦琐工作。通过 OA 系统、App 在计算机或移动终端，就可在网络中轻松地完成一系列的工作。这种工作方式，将大大减少公文流转的中间环节与时间，加快公文的流转速度，规范业务流程，形成整体协动能力，提高工作质量与成效。

同时，组织中信息安全级别的划分，将为不同级别的工作人员提供相应的审批、查阅等权限，这将进一步确保组织利用信息的安全性。

2. 节约运行成本，优化服务内容

利用网络通信与数据库技术，纸质的文本材料将以电子信息的形式在网络中共享、流转，使得虚拟化办公成为现实。办公中将大大降低纸张与印刷费用；优化的流程使工作人员从大量烦琐、重复的工作中解脱，将节省更多的工作时间与各种办公资源，有助于组织与工作人员将更多资源与精力投放在关键业务上；便捷、安全的网络信息交流渠道将大幅降低因工作产生的电话、差旅与邮寄等费用。

更多的业务活动将以虚拟化形式在网络平台中开展，而且提供了多种人性化的服务形式，打破了空间与时间的限制，使办公更高效又不失柔性，组织的形象与品牌将更具优势，服务的形式与内容将更具有效能。

3. 消除信息孤岛，提升组织竞争力

OA 系统中的协同办公平台将有效消除由于组织机构庞大分散、内部各系统独立、数据不规范、共享程度低、维护成本高等因素造成的"信息孤岛"问题。

通过协同办公系统的集成、整合功能，实现数据格式规范统一，构建高质量的信息资源，形成协同规范的业务流程。协同办公有利于进一步挖掘信息在组织内的价值与信息的及时反馈，促进部门、工作人员间的深入协作，激发各工作单元的工作积极性，提升员工主人翁感与组织凝聚力，整体提升组织的竞争力。

4. 实现知识积累，提高决策质量

办公自动化开展的基础是信息，高层次的办公自动化需要良好的信息资源予以支撑。因此，在办公自动化的应用中，组织必须重视信息资源的开发与利用，特别是知识的积累。

在信息资源开发与利用的过程中组织也将形成一套信息筛选、交换、开发与利用的完整机制,最终实现知识的管理。依靠有效的数据资源、科学的开发手段,深化利用信息价值,避免盲目决策,提升决策的质量与科学性。

1.2 计算机基本知识

1.2.1 计算机发展历程

1. 第一代计算机

1946—1956 年是电子管计算机时代。1946 年诞生的 ENIAC(埃尼阿克)是人类历史真正意义上的第一台电子计算机(见图 1-1),总功率是 150kW,占地 170m²,使用了 17468 根真空管(电子管)、7200 根晶体二极管、1500 个中转、70000 个电阻器、10000 个电容器、1500 个继电器、6000 多个开关,每秒可执行 5000 次加法或 400 次乘法运算,重达 30 t。软件方面采用机器语言和汇编语言,主要应用于军事和科学计算。

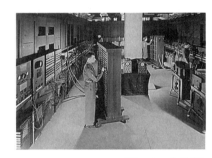 

图 1-1 人类第一台计算机——ENIAC

2. 第二代计算机

1957—1964 年是晶体管计算机时代。1948 年,美国贝尔实验室发明了晶体管,10 年后晶体管取代了计算机中的电子管,诞生了晶体管计算机。1954 年 TRADICIBM 公司制造的第一台使用晶体管的计算机,增加了浮点运算,使计算能力有了很大提升。1958 年 IBM 1401 诞生,这是第二代计算机中的代表,与第一代电子管计算机相比,晶体管计算机体积小,耗电少,成本低,逻辑功能强,使用方便,可靠性高。软件上广泛采用高级语言,并出现了早期的操作系统。

3. 第三代计算机

1964—1970 年是集成电路计算机时代。第三代集成电路计算机的基本电子元件是小规模集成电路和中规模集成电路,磁芯存储器进一步发展,并开始采用性能更好的半导体存储器,运算速度达到每秒几十万次的基本运算。1964 年的 IBM S/360,这是计算机历史上最成功的机型之一,具有极强的通用性。第三代计算机速度更快,体积更小,功能更强,而且可靠性有显著提高,而价格进一步下降,产品走向了通用化、系列化和标准化等,应用领域开始进入文字处理和图形图像处理领域。

4. 第四代计算机(1971 年至今)

第四代计算机使用了大规模和超大规模集成电路,通过集成度很高的半导体存储器替代磁芯存储器,运算速度可达每秒几百万次,甚至上亿次。微处理器和微型计算机也在这一阶段诞生并获得飞速发展。1971 年世界上第一台微处理器在美国硅谷诞生，开创了微型计算机的新时代，应用领域从科学计算、事务管理、过程控制逐步走向人们的日常生活。1998 年带有 128KB 二级高速缓存的赛扬处理器被热捧。同时，64MB 内存和 15 英寸显示器开始成为标准配置。在软件方面产生了结构化程序设计和面向对象程序设计的思想，网络操作系统、数据库管理系统得到广泛应用。

1.2.2 计算机系统组成

一台完整的计算机由硬件系统和软件系统两部分组成。

1. 硬件系统

计算机无论其规模大小、性能高低，但硬件系统都由运算器、存储器、控制器、输入设备和输出设备等五大部分组成，如图 1-2 所示。

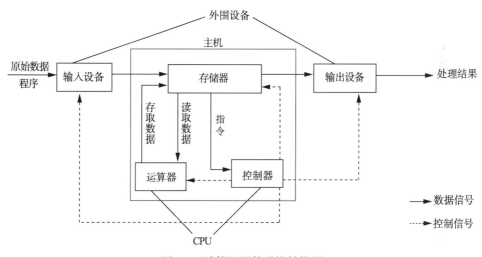

图 1-2 计算机硬件系统结构图

PC（Personal Computer，个人计算机）的主机主要由 CPU、内存、主板组成；外部设备主要分为外存储器、输入设备、输出设备；外存储器包括磁盘（硬盘）、光盘、闪存；输入设备包括键盘、鼠标、摄像头等；输出设备包括显示器、音箱、打印机等。

 提示

摩 尔 定 律

摩尔定律是由英特尔（Intel）公司创始人之一戈登·摩尔（Gordon Moore）提出来的。具体内容为：集成电路上可容纳的晶体管数目，约每隔 18 个月便会增加一倍，性能也将提升一倍。也可简单表述为"集成电路的集成度每 18 个月翻一番"，即"三年翻两番"。

摩尔定律揭示了信息技术进步的速度。

戈登·摩尔

2. 软件系统

软件可以被分为若干层次。最内层的软件是对计算机硬件（裸机）的完善和扩充，外层软件是对内层软件的进一步完善和扩充，主要分为系统软件与应用软件。

1）系统软件

系统软件是指管理监控和维护计算机资源（包括硬件和软件）的软件，一般包括操作系统、语言编译系统和数据库管理系统等。它是计算机正常运转不可缺少的，任何用户都要借助系统软件来使用计算机，其他程序则都要在系统软件的支持下运行。系统软件最常用的是操作系统，如目前被广泛应用的 Windows 7/10、Linux 等。此外，还有数据库管理系统，如 SQL Server、Oracle；网络管理系统，如 Web 服务器构建软件；语言处理系统，如 Microsoft Visual Studio 等系统软件。

2）应用软件

应用软件是指计算机用户为某一特定应用而开发的软件，如文字处理软件、表格处理软件和图像处理软件等。应用软件一般都运行在操作系统之上，由专业人员根据各种需要而开发。人们日常使用的绝大部分软件都属于应用软件，如杀毒软件、文字处理软件、学习软件、游戏软件和上网软件等。

1.2.3 计算机硬件

1. 计算机组装基础知识

1）主机组装流程

在主板上安装 CPU、CPU 散热器或 CPU 风扇→打开机箱后盖→安装电源→固定电源→在机箱内安装主板→固定主板→安装内存→安装光驱、硬盘→固定光驱、硬盘→将光驱、硬盘与主板连接→将机箱内电源开关跳线与主板连接→检查、确定无误后将机箱盖封装上。

2）外部设备安装流程

将显示器与主机连接→将键盘、鼠标与主机连接→将音箱、网线等其他设备与主机连接→连接电源线。

3）硬盘初始化流程

对 CMOS 进行设置(主要设置时间、日期、启动顺序即可)→对硬盘进行分区，初始化→最后在硬盘上安装操作系统。

 提示

CMOS 与 BIOS 的关系

CMOS 是 Complementary Metal Oxide Semiconductor（互补金属氧化物半导体）的缩写。在计算机领域，CMOS 指保存计算机基本启动信息（如日期、时间、启动设置等）的芯片。CMOS 是主板上的一块可读写的 RAM 芯片，用来保存当前系统的硬件配置和用户对某些参数的设定。CMOS RAM 本身只是一块内存，只有数据保存功能。现在多数厂家将 CMOS 设置程序做到了 BIOS 芯片中，在开机时通过按特定的按键进入 CMOS 设置程序，即可方便地对系统进行设置。因此，CMOS 设置又称 BIOS 设置。

BIOS，是计算机的基本输入输出系统（Basic Input/Output System），其内容集成在计算机主板上的一个 ROM 芯片上，可以进行擦除和写入。BIOS 发展到现在更为智能，可以在 BIOS 设置或者操作系统下直接进行升级操作，满足硬件运行需求。BIOS 主要保存着有关计算机系统最重要的基本输入输出程序、系统信息设置、开机通电自检程序和系统自启动程序等。

综上所述，CMOS 和 BIOS 是两个概念，CMOS 是系统参数存放的 RAM 芯片，而 BIOS 是主板上装有系统重要信息和设置系统参数的设置程序。因此，准确的说法应是通过 BIOS 设置程序对 CMOS 参数进行设置。

2. 计算机硬件

1）CPU

中央处理器（Central Processing Unit，CPU）是一块超大规模的集成电路，是一台计算机的运算核心和控制核心，如图 1-3 所示。其主要功能是解释计算机指令以及处理计算机软件中的数据，计算机所发生的全部动作都受 CPU 的控制。CPU 主要由控制器、运算器、寄存器组成。运算器是对二进制编码进行算术运算和逻辑运算，包括算术逻辑部件（ALU）、累加器（A）、寄存器组（R）。控制器识别翻译指令，安排操作次序，并向计算机各部件发出相应的控制信号，以指挥整个计算机有条不紊地工作。控制器由程序计数器、指令寄存器、指令译码器、时序产生器和操作控制器组成。寄存器的功能可将寄存器内的数据执行算术及逻辑运算，存于寄存器内的地址可用来指向内存的某个位置即寻址，可以用来读写数据到计算机的外部设备，主要包括指令寄存器（IR）、程序计数器（PC）。

  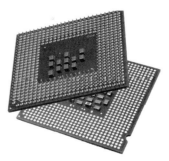

图 1-3　中央处理器

CPU 的主要技术指标。

CPU 字长：CPU 内部各寄存器之间一次能够传递的二进制位数。

位宽：CPU 通过外部数据总线与外部设备之间一次能够传递的数据位。

时钟频率：分为主频和外频。主频是 CPU 的时钟频率，即 CPU 的工作频率。一个时钟周期完成的指令数是固定的，所以主频越高，CPU 的速度就越快。但由于各种 CPU 的内部结构不尽相同，所以并不能完全用主频来概括 CPU 的性能。外频是系统总线的工作频率。倍频是指 CPU 外频与主频相差的倍数。其公式表示为主频=外频×倍频。

高速缓冲存储器（Cache）的容量和速度：内存总线速度（或称系统总线速度）一般等同

于 CPU 的外频。内存总线的速度对整个系统性能来说是非常重要的，由于内存速度的发展滞后于 CPU 的发展速度，为了缓解内存所带来的瓶颈，所以出现了二级缓存，用以协调两者之间的差异，而内存总线速度则是指 CPU 与二级（L2）高速缓存和内存之间的工作频率。

制造工艺：制造 CPU 或 GPU 的制程，或指晶体管门电路的尺寸，单位为纳米（nm）。

世界上最主要的两家 CPU 生产厂商是 Intel（英特尔）和 AMD 公司，它们各自拥有其系列产品。Intel 公司是世界上最大的半导体公司，成立于 1968 年，也是第一家推出 x86 架构处理器的公司，总部位于美国加利福尼亚州圣克拉拉。Inter 公司的创始人罗伯特·诺伊斯（Robert Noyce）和戈登·摩尔取"Integrated Electronics（集成电子）"两个单词的缩写作为公司名称。

美国超威半导体（Advanced Micro Devices, AMD）公司由桑德斯于 1969 年创办，是 Intel 公司最强劲的挑战者。AMD 公司专门为计算机、通信和消费电子行业设计及制造各种创新的微处理器（CPU、GPU、APU、主板芯片组、电视卡芯片等）、闪存和低功率处理器解决方案，AMD 致力为技术用户，从企业、政府机构到个人，提供基于标准的、以客户为中心的解决方案，AMD 是目前业内可以提供高性能 CPU、高性能独立显卡 GPU、主板芯片组三大组件的半导体公司。

中国芯片产业起步较晚，经历了十几年的发展，虽然与世界顶级芯片生产厂商依然有较大差距，但也取得了不可小觑的成果。龙芯是中国科学院计算所自主研发的通用 CPU，采用 LoongISA 指令系统，兼容 MIPS 指令，如图 1-4 所示。2002 年 8 月诞生的龙芯 1 号的频率为 266MHz，龙芯 2 号的频率最高为 1GHz。龙芯 3A 是首款国产商用 4 核处理器，其工作频率为 900MHz~1GHz。2015 年 3 月 31 日，中国发射了首枚使用"龙芯"的北斗卫星。

图 1-4　龙芯 1 号

 注意事项

CPU 主频能决定计算机性能吗？

根据 CPU 主频来判断计算机性能好坏的时代已经过去了。CPU 主频指的是 CPU 的工作频率，频率越高运算性能越强大，但对于不同类型或者不同品牌的处理器，CPU 频率就只能作为一个参数来参考。在某种情况下，很可能会出现主频较低的 CPU 实际运算速度比主频较高的 CPU 运算速度要快的现象。

主频高低仅仅是 CPU 性能的一个方面，并不能代表 CPU 的整体性能。

一台计算机的配置高低不仅取决于 CPU 的好坏，还要参考显卡、主板、内存、硬盘的参数，只有综合性能高的计算机才算得上高配置的计算机。这很符合木桶原理——即使木桶的板只有一块是低的，那么所装的水也只能装到最低的那块木板的高度为止。

因此，高性能的 CPU 也需要其他硬件的支持才能发挥最大的功效。

2）主板

主板（mainboard）是主机箱内最大的一块集成电路板，一般为矩形电路板。计算机主机中的各个部件是通过主板来连接的,有 BIOS 芯片、I/O 控制芯片、键盘和面板控制开关接口、指示灯插接件、扩充插槽、主板及插卡的直流电源供电接插件等元件。主板提供安装 CPU、内存和其他各种功能卡的插槽,并为各种外部设备,如键盘、鼠标、打印机等提供通用接口。

在主板的电路板下面,是 4 层井然有序的电路布线;在主板上则为分工明确的各个部件,如插槽、芯片、电阻、电容等。当主机通电时,电流会在瞬间通过 CPU、南北桥芯片、内存插槽、AGP 插槽、PCI 插槽、IDE 或 SATA 接口,以及主板边缘的串口、并口、PS/2 接口等。随后,主板会根据 BIOS(基本输入输出系统)来识别硬件,并进入操作系统发挥出支撑系统平台工作的功能。图 1-5 所示为主板。

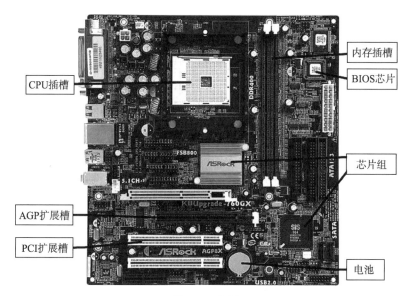

图 1-5　主板

主板的主要插槽有 CPU 插槽、内存插槽、总线扩展槽。CPU 插槽用于插入 CPU;内存插槽用于插入内存条;总线扩展槽是用于扩展计算机功能的插槽,可用来插接各种板卡,如显卡、声卡、Modem 卡和网卡等,目前使用的板卡扩展槽主要有 PCI-E 插槽和 AGP 插槽等。

主板上主要的输入输出(I/O)接口有视频接口(HDMI、DVI、VGA)、音频接口(音箱/耳麦音频、同轴音频、光纤音频)、USB 接口(USB 2.0、USB 3.0、USB 3.1),以及其他接口(PS2 鼠标、PS2 键盘、RJ-45)。如图 1-6 所示,音箱/耳麦音频接口为 8 声道(6 个 3.5mm 插孔),具体插口:蓝色插孔为音频输入端口,用于连接声源输入设备;绿色插孔为音频输出端口,用于连接耳机、音箱等音频输出设备;粉色插孔为麦克风端口,用于连接到麦克风;橙色插孔为中置或重低音音箱端口;黑色插孔为后置环绕音箱端口;灰色插孔为侧边环绕音箱端口。

在主板上有几块主要的芯片。首先是 BIOS 芯片。BIOS 是一组固化在主板 ROM 芯片上的程序,它直接面向硬件底层,为计算机提供最低级、最直接的硬件控制,因此它是连通软件程序和硬件设备之间的枢纽,是主板上的核心部件。BIOS 保存有计算机系统最重要的输入输出系统程序、系统信息设置程序、开机通电自检程序。BIOS 程序保存在可擦除的只读储存器中，而用户设置的结构则是保存在一小块 CMOS 的存储器中，系统断电后通过一个锂电池供电以保存数据。

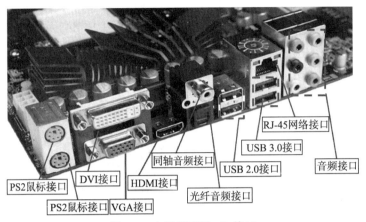

图 1-6　主板后面板 I/O 接口

主板芯片组相当于主板的大脑，芯片组决定了主板的规格和性能。控制芯片组由北桥芯片与南桥芯片组成，北桥芯片离 CPU 较近，主要功能是通过前端总线与 CPU 进行数据交换，并将处理过的数据信号和控制信号传送给内存、图形图像控制组件和南桥芯片。南桥芯片主要负责对外部设备数据的传输和处理，同时管理 IDE 设备、对 AC 97 音频数据的处理，以及对网络接口、USB 接口的控制和电源管理等。

 注意事项

> **主板和 CPU 可以随意搭配吗？**
>
> 　　主板和 CPU 是不能随意搭配的，它们存在着兼容性问题，比如 Intel 处理器和 AMD 处理器的主板就不同。当然，同是 Intel 的处理器，也不一定能够使用同一种主板。
> 　　Intel 处理器和 AMD 处理器都有相对应的主板。即使处理器和主板的接口一致，也不一定能兼容。例如，Intel 八代酷睿不兼容七代酷睿所使用的 200 系列主板，但它们的接口都是 LGA1151，不兼容的原因是设计做了改变。
> 　　简单来说，主板搭配 CPU 有两点要求，一是兼容，二是合理。兼容性主要是 CPU 与主板 CPU 接口和芯片组的匹配；合理性在于主板和 CPU 的定位，好的 CPU 配好的主板，差一点的 CPU 配主流或入门级主板即可。

3）主存储器

主存储器（main memory）简称主存。它是计算机硬件的一个重要部件，其作用是存放指令和数据，并且能由 CPU 直接随机存取。主存储器可分为随机存取存储器和只读存储器两种。

（1）随机存取存储器。

随机存取存储器（Random Access Memory，RAM）既能读出数据又可以写入数据，当计算机断电时，RAM 中存储的数据随之丢失。随机存取存储器可以分为静态 RAM（SRAM）

和动态 RAM（DRAM）两种。DRAM 又可以分为 EDORAM、SDRAM 和 DDR 等。

内存（见图 1-7）是 RAM 的一种，目前内存是 DIMM 模块，在一个小电路板上包含一个或几个随机存取存储器（RAM）芯片，通过其引脚将其连接到计算机主板。一条完整的内存是由 PCB、SPD 芯片和内存颗粒（即内存芯片）构成的，其中以内存颗粒最为重要，内存的容量、频率等都由内存颗粒决定的。

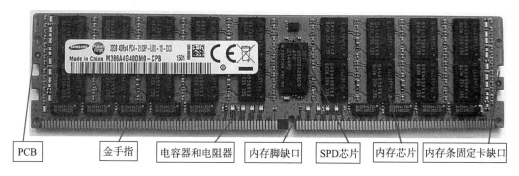

图 1-7　DDR4 内存

内存的主要性能指标如下。

内存频率：和 CPU 主频一样，内存也有自己的工作频率，内存频率以兆赫（MHz）为单位计量，是指内存条的数据传输速度，是内存最重要的参数之一。内存频率越大，代表内存的性能越强。内存主频决定该内存最高能在什么样的频率正常工作。DDR3 的内存频率一般为 1333MHz 和 1600MHz。DDR4 的内存频率一般为 2400MHz 和 2666MHz，如果主板支持，也可以选择更高的高频内存，如 3200MHz。更高频率的内存固然能给计算机带来一定的性能提升，但是需要更高端的主板和 CPU 的支持，普通用户选择 2400MHz 或 2666MHz 的内存绰绰有余。

内存容量：内存容量当然是越大越好，但它要受主板支持最大容量的限制。单条 DDR 内存的容量有 128MB、256MB、512MB、1GB 和 2GB 等，目前以 DDR4 的 8GB 与 16GB 为主。主板上至少提供两个内存插槽，若安装有多条内存，则计算机内存的总容量是所有内存容量之和。

此外，内存还存在与主板兼容的问题——内存与主板型号、主板所提供的插口是否相符。计算机需安装多条内存时，最好选择同品牌、参数相同的内存。

 注意事项

内存与主板通用吗？

DDR4 的内存只能插在有 DDR4 插槽的主板上使用；同理，DDR3 的内存只能插在有 DDR3 插槽的主板上使用、无法上下兼容。所以在购买前请确认主板上的插槽是 DDR4 插槽还是 DDR3 插槽。

台式计算机内存与笔记本计算机内存通用吗？

台式计算机内存与笔记本计算机内存是不通用的，在购买前请确认内存使用的平台。

（2）只读存储器。

只读存储器（Read Only Memory，ROM）只能读出而不能写入数据，只读存储器的数据是由计算机厂商写入并固化其中，计算机断电后，ROM 中的信息不会丢失。ROM 常用来存放一些固定的程序、数据和系统软件等，如 BIOS、检测程序等。

（3）高速缓冲存储器。

相对 CPU 处理数据的速度，内存 RAM 读写数据的速度显得过慢。若 CPU 直接与 RAM 连接，则 CPU 的数据处理效率大打折扣，而高速缓冲存储器（Cache）读写数据的速度要比 RAM 快几倍，在 CPU 和内存之间插入高速缓冲存储器，则极大提高 CPU 的数据处理效率。

计算机中的高速缓冲存储器是位于 CPU 和主存储器 DRAM 之间，规模较小，但速度很高的存储器，通常由 SRAM 组成。如图 1-8 所示，Cache 工作时，先将内存中的数据暂存于 Cache 中，CPU 直接与 Cache 进行数据交换。当 Cache 中没有 CPU 所需数据时，CPU 一边直接访问内存，一边将内存中当前或将来需要的数据调入 Cache 中，替换 Cache 中不用的数据。使用 Cache 后，CPU 对内存存取速度的要求可以降低一些，但存储器的管理较为复杂。Cache 可细分为一级 Cache、二级 Cache、三级 Cache。

图 1-8　高速缓冲工作过程

4）显示接口卡

显示接口卡（video card 或 graphics card）简称显卡，又称显示适配器（见图 1-9），是计算机最基本的组成部分之一，是计算机进行文字信号转换模拟信号的设备，承担输出显示图形的任务。显卡连接在计算机主板上，它将计算机的数字信号转换成模拟/数字信号（VGA 接口输出的是模拟信号、DVI 和 HDMI 输出的是数字信号）通过显示器显示，同时显卡还具有图像处理功能，可协助 CPU 工作，提高整体的运行速度。对于从事专业图形

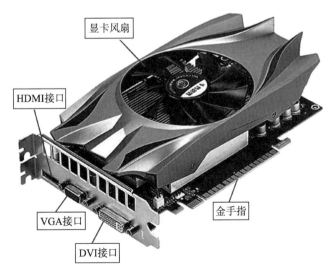

图 1-9　显示接口卡

设计的人员来说显卡非常重要。民用和军用显卡图形芯片供应商主要包括 AMD 公司和 Nvidia 公司两家。

显卡是计算机中负责图像输出的硬件，是连接显示器和计算机主板的重要元件。显卡的性能主要由显示芯片（GPU）和显示内存（简称显存）决定，显示芯片是显卡的核心。核心和显存的关系就像计算机中的 CPU 与内存的关系。核心负责处理运算图形数据，而显存则负责缓存图形数据，核心在运算时要用到的数据都是在显存中调用的，所以显存的性能直接决定了核心调用数据的效率，间接影响了显卡的性能。显示芯片的性能参数主要有显示芯片的型号、制造工艺以及核心频率。核心频率代表 GPU 核心光栅单元等的工作频率。显存的性能参数主要有显存的速度，位宽和容量。

（1）显存的速度。

显存的速度是显存最重要的指标之一。显存的速度取决于显存的时钟周期和运行频率。显存的速度越快，单位时间内处理的数据量越大，在相同条件下，显卡处理图像的性能也会明显提高。显存种类一般有 DDR2、DDR3、GDDR3、GDDR5 等几个类型，GDDR5 的频率最高，等效频率能超过 4GHz。一般显存的速度是指显存的带宽（传输速率），而显存的带宽是由显存频率和显存位宽决定的。具体计算公式为显存等效频率（MHz）× 显存位宽（bit）/8000=显存带宽（GB/s）。相同位宽下，显存频率越高，速度越快。

（2）显存的位宽。

显存的位宽是显存和显卡的重要性能指标之一。显存的位宽是数据进出通道的大小，在显存速度和容量相同的情况下，显存位宽越大，数据的交换量越大，显卡的性能越高。常见的显存位宽有 64 位、128 位和 256 位 3 种。

（3）显存的容量。

显存负责计算机系统与显卡之间数据交换和显示芯片运算三维图形时的数据缓存，因此其容量的大小决定了数据处理能力。常见的容量有 128MB、256MB、512MB、896MB、1GB 等。容量越大，缓存的数据越多。

 注意事项

显卡参数说明

例如，显卡 HD7970 的参数为 HD7970　1GHz　GDDR5　5GHz　3GB/384b。

HD7970：显卡所用芯片的名称。显卡里面也有处理器，就像计算机的 CPU 一样，显卡的处理器叫作 GPU。这个芯片是决定显卡好坏的决定性因素。

1GHz：代表显卡 GPU 的核心频率。同等的其他条件下，高频率代表了运算速度快。

GDDR5：显卡显存的种类。

5GHz：显存的速度，类似于计算机的内存。

3GB：代表显存的大小。显存容量是显卡上本地显存的容量数，是选择显卡的关键参数之一。显存容量的大小决定显存临时存储数据的能力，在一定程度上也会影响显卡的性能，运行分辨率越大对显存要求越高。反锯齿技术也需要显存大容量。

384b：显存的位宽。如果把显存比喻为一瓶水，显存大小就是这瓶水有多少，而位宽则是瓶子的瓶口大小。从制约显卡的性能来说，首先看显示核心，其次看显存的位宽和速度，最后看显存的大小。

5)外存储器

外储存器是指除计算机内存及 CPU 缓存以外的储存器,此类储存器一般断电后仍然能保存数据。常见的外存储器有计算机硬盘(简称硬盘)、光储存、USB 闪存盘(简称 U 盘)等。

(1)硬盘。

硬盘是计算机的主要存储设备之一,分为机械硬盘与固态硬盘。

① 机械硬盘。

传统的硬盘即机械硬盘(Hard Disk Drive,HDD)(见图 1-10),主要由盘片、磁头、盘片转轴及控制电机、磁头控制器、数据转换器、接口以及缓存等几部分组成(见图 1-11)。目前,大部分计算机使用的都是机械硬盘,其特点是容量大且价位较低。

机械硬盘接口有 IDE 接口,俗称并口硬盘,已被淘汰;SATA 接口,串口硬盘,有高速、结构简单、支持热插拔等优点,是当前主流。

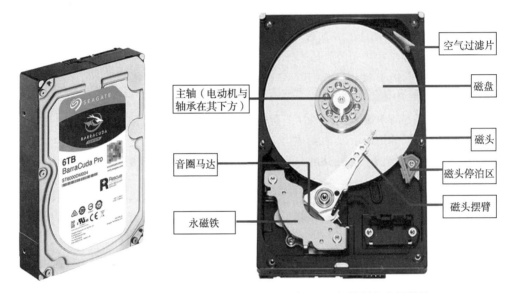

图 1-10 机械硬盘外形　　　　图 1-11 机械硬盘内部结构

② 固态硬盘。

固态硬盘(Solid State Disk,SSD)简称固盘,见图 1-12。固态硬盘是用固态电子存储芯片阵列而制成的硬盘,由控制单元和存储单元(FLASH 芯片、DRAM 芯片)组成。固态硬盘在接口的规范和定义、功能及使用方法上与机械硬盘很接近,在产品外形和尺寸上也与机械硬盘类似。固态硬盘插口类型分为多种,主要有 SATA、mSATA、M.2、SATA Express、PEI-E 及 U.2 等。

机械硬盘与固态硬盘各有优劣,对比如表 1-1 所示。

③ 硬盘的常用指标有容量、转速、硬盘自带 Cache(高速缓存)的容量等。

容量:硬盘的容量以兆字节(MB)或吉字节(GB)为单位,1GB=1024MB。硬盘厂商在标称硬盘容量时通常取 1GB=1000MB,因此在 BIOS 中或在格式化硬盘时看到的容量会比厂家的标称值要小很多。

SATA 接口　　　　mSATA 接口　　　PEI-E 接口　　　M.2-m 接口　　　M.2-b 接口

图 1-12　固态硬盘

表 1-1　固态硬盘与机械硬盘优劣对比

对比项目	固态硬盘	机械硬盘
容量	较小	大
价格	高	低
随机存取	极快	一般
写入次数	SLC：10 万次；MLC：1 万次	无限次
盘内阵列	可以	较难
工作噪声	无	有
工作温度	较低	较明显
防震	较好	较差
数据恢复	难	较简单
重量	轻	重

转速：转速的快慢是机械硬盘的主要参数，硬盘转速以每分钟多少转来表示，单位为转每分(r/min)目前大多数笔记本计算机的硬盘转速为 7200r/min，服务器硬盘为 10000r/min、15000r/min。

磁盘缓存：磁盘缓存又称磁盘快取，是将下载的数据先保存于系统为软件分配的内存空间（内存池）中，当保存到内存池中的数据达到一定程度时，便将数据保存到硬盘中。这样可以减少实际的磁盘操作，有效地保护磁盘免于因重复的读写操作而导致的损坏。

磁盘缓存分为读缓存和写缓存。"缓存"是为了平衡高速设备和低速设备之间的速度差异而存在的。硬盘的缓存并不是全部用于缓存数据，还有其他用途，所以是缓存越大性能越好。目前主流 1TB、2TB、3TB 容量的机械硬盘一般缓存容量为 64MB，还是有一些低容量的机械硬盘(如 500GB)的缓存容量为 32MB，而一些大容量的机械硬盘（如 4TB）的缓存容量为 256MB，缓存越大速度越快。

固态硬盘的缓存比机械硬盘的缓存速度要高不少，但是对比内存还是慢得多。固态硬盘的缓存一般由一到两颗 DRAM 颗粒（即内存颗粒）作为缓存使用。早先固态硬盘是否带缓存是一个非常重要的指标，低端入门级的产品甚至没有缓存设计，无论是使用寿命还是性能表现都较差。而在当下高速产品由于数据交换量大，缓存已经是固态硬盘的标配，用来提高产品的读写性能。

④ 硬盘使用前的处理工作。

首先进行低级格式化操作，对硬盘划分磁道和扇区，并在每个扇区的地址域上记录地址信息；其次进行硬盘分区，其主要目的是建立系统使用的硬盘分区，并将主引导程序和分区信息表写入硬盘第一个扇区上；最后对每一个分区进行高级格式化操作。

⑤ 磁盘阵列。

磁盘阵列（Redundant Array of Independent Disks，RAID）是一种把多块独立的硬盘（物理硬盘）按不同的方式组合形成一个硬盘组（逻辑硬盘），从而提供比单个硬盘更高的存储性能和提供数据备份技术。

（2）光存储。

光存储技术是用激光照射介质，通过激光与介质的相互作用使介质发生物理、化学变化来存储信息的技术。它的基本物理原理为：存储介质受到激光照射后，介质的某种性质（如反射率、反射光极化方向等）发生改变，介质性质的不同状态映射为不同的存储数据，存储数据的读出则通过识别存储单元性质的变化来实现。

目前，得到广泛应用的 CD 光盘、DVD 光盘等光存储介质以二进制数据的形式来存储信息。信息写入过程中，将编码后的数据送入光调制器，使激光源输出强度不同的光束。调制后的激光束通过光路系统，经物镜聚焦照射到介质上。存储介质经激光照射后被烧蚀出凹坑，所以在存储介质上存在被烧蚀和未烧蚀两种不同的状态，分别对应两种不同的二进制状态"0"或"1"。读取信息时，激光扫描介质，在凹坑处入射光不返回，无凹坑处入射光大部分返回。根据光束反射能力的不同，将存储介质上的二进制信息读出，再将二进制代码解码为原始信息。光盘与光盘驱动器如图 1-13 所示。

图 1-13 光盘与光盘驱动器

- CD：激光唱片 Compact Disk，CD 代表小型激光盘，是一个用于所有 CD 媒体格式的一般术语。CD 格式包括声频 CD、CD-ROM、CD-ROM XA、照片 CD、CD-I 和视频 CD 等。在 CD 格式中，最为人们所熟悉的是音频 CD，它是一种用于存储声音信号轨道（如音乐和歌）的标准 CD 格式。
- VCD：影音光盘（Video Compact Disc，VCD）是一种在光盘上存储视频信息的标准。
- DVD：诞生之初称为数字视频光盘（Digital Video Disc），目前则称为数字通用光盘（Digital Versatile Disc），是 CD、LD、VCD 的后继产品。
- BD：蓝光光盘（Blu-ray Disc，BD）利用波长较短（405nm）的蓝色激光读取和写入数据，并因此而得名。

一般 CD 和 VCD 的数据容量为 650~700MB，单面单层 DVD 盘的容量为 4.7GB，约为 CD-ROM 容量的 7 倍，双面双层的 DVD 盘容量可达 9.4GB。单层的蓝光光碟的容量为 25GB 或 27GB，在速度上 BD 的记录速度可以实现 4.5~9MB/s。

> **提示**
>
> **BD、DVD、CD 容量对比**
>
> BD：4 层 BDXL 容量为 128GB；3 层 BDXL 容量为 100GB；2 层 BD-R/RE 容量为 50GB；单层 BD-R/RE 容量为 25GB。
>
> DVD：DVD-5 是指单面单层的 DVD，其容量为 4.7GB，接近于 5GB，所以被称为 DVD-5；DVD-9 是指单面双层 DVD，指在单面 DVD 中包含两个信息层，两层的容量合计约 8.5GB；DVD-10 是一种双面 DVD，一般称其为双面单层，就是将两片 DVD-5 背对背地粘在一起，实现了最大 9.4GB 的容量。DVD-18 是指双面双层 DVD，由两片 DVD-9 粘合而成，最高容量为 17GB，是目前最大的 DVD，但极为少见。
>
> VCD、CD：容量为 650~700MB。

（3）半导体介质存储器。

- U 盘（USB flash disk）是一种使用 USB 接口、无须物理驱动器的微型高容量移动存储产品，通过 USB 接口与计算机连接，实现即插即用，如图 1-14 所示。

图 1-14 U 盘

目前，U 盘接口的类型主要有 3 种，分别为 1.0、2.0 和 3.0，三者可以共用。三者主要的差别如下。

传输速度不同：1.0 接口的速度为 1.5MB/s；2.0 接口的速度为 60MB/s；3.0 接口的速度为 5.0GB/s。5.0GB/s 的速度是理论值，即使只达到理论值的 5 成，也是接近于 USB 2.0 接口速度的 10 倍。

基座颜色不同：USB 2.0 接口的基座一般为黑色或者白色；USB 3.0 接口的基座通常为蓝色。

U 盘插口引脚：USB 2.0 是 4 引脚，而 USB 3.0 采用了 9 引脚。

- CF 卡（Compact Flash）是 1994 年由 SanDisk 公司最先推出的。CF 卡具有 PCMCIA-ATA 功能，并与之兼容；CF 卡重量只有 14g，仅火柴盒般大小（43mm×36mm×3.3mm），是一种固态产品。CF 卡采用闪存（flash）技术，是一种稳定的存储解决方案，不需要电池来维持其中存储的数据，如图 1-15 所示。

- SD 卡（Secure Digital Memory Card）是一种基于半导体快闪记忆器的新一代记忆设备。SD 卡由日本松下、东芝和美国 SanDisk 公司于 1999 年 8 月共同开发研制。大小犹如一张邮票的 SD 记忆卡，重量仅 2g，却拥有高记忆容量、快速数据传输率、极大的移动灵活性以及较高的安全性，如图 1-16 所示。

图 1-15 CF 卡   图 1-16 SD 卡

6)键盘

键盘是最常用、最主要的输入设备,通过键盘可以将英文字母、数字、标点符号等输入到计算机中,从而向计算机发出命令、输入数据等,如图 1-17 所示。

键盘按结构可以分为机械键盘和电容,在工控机键盘中还有一种轻触薄膜按键的键盘。机械键盘是最早被采用的结构,类似接触式开关的原理使触点导通或断开,具有工艺简单、维修方便、手感一般、噪声大、易磨损的特性,大部分廉价的机械键盘采用铜片弹簧作为弹性材料,铜片弹簧易折易失去弹性,使用一段时间后故障率升高。电容键盘是基于电容式开关的键盘,原理是通过按键改变电极间的距离产生电容量的变化,暂时形成振荡脉冲允许通过的条件。理论上这种开关是无触点非接触式的,磨损率极小甚至可以忽略不计,也没有接触不良的隐患,具有噪声小、手感好、比较轻巧、高质量的键盘,但工艺较机械结构复杂。用于工控机的键盘为了完全密封采用轻触薄膜按键,只适用于特殊场合。目前,键盘正朝着耐用、方便且舒适的方向发展。随着用户层次的多样化,还陆续出现了多媒体键盘、手写键盘、无线键盘和人体工程学键盘等。键盘按接口类型可分为 PS/2 接口、USB 接口。

无线键盘由键盘和 USB 接口的信号接收器两个硬件构成。将信号接收器插到计算机的 USB 接口上,安装驱动程序或计算机自动适配即可使用,如图 1-18 所示。

图 1-17　普通键盘

图 1-18　无线键盘

7)鼠标器

鼠标器简称鼠标,是人机交互式屏幕标定输入设备,增强或替代键盘上光标移动键及 Enter 键功能。可以在屏幕上更直观、快速、准确地移动和定位光标。操作图形界面的操作系统及图形图像处理软件时必备的输入设备,如图 1-19 所示。

鼠标以按键的数量分为双键鼠标(2D)和三键鼠标(3D);按构架分为机械鼠标和光电鼠标;按鼠标的接口类型分为 PS/2 接口和 USB 接口;按鼠标连接方式分为有线鼠标和无线鼠标。

无线鼠标(见图 1-20)分为两种,一种是红外无线鼠标,另一种是蓝牙无线鼠标。下面分别介绍红外无线鼠标与蓝牙无线鼠标的连接方法。

- 红外无线鼠标的连接。首先将鼠标的后盖打开,安装电池并从电池仓旁取出 USB 接口的信号接收器,将信号接收器插入计算机的 USB 插口。合上后盖并打开鼠标开关。计算机自动安装鼠标驱动即可使用。
- 蓝牙无线鼠标连接。计算机自带蓝牙模块,将具有蓝牙功能的无线鼠标调至蓝牙状态。计算机启用蓝牙并搜索蓝牙设备,在搜索到蓝牙鼠标后进行配对连接即可使用。蓝牙无线鼠标无须插 USB 信号接收器,使用更为方便。

图 1-19　光电鼠标

图 1-20　无线鼠标

8）光驱

光驱是计算机用来读写光碟内容的机器，也是在计算机和笔记本计算机中比较常见的配件。光驱可分为 CD-ROM 光驱、DVD 光驱（DVD-ROM）、COMBO 光驱、蓝光光驱（BD-ROM）和刻录机等。光驱可分为内置式光驱（见图 1-21）与外置式光驱（见图 1-22）。

- CD-ROM 光驱：又称致密盘只读存储器，是一种只读的光存储介质。

图 1-21　内置式光驱

图 1-22　外置式光驱

- DVD 光驱：是一种可以读取 DVD 碟片的光驱，兼容 DVD-ROM、DVD-VIDEO、DVD-R 和 CD-ROM 等常见的格式。
- COMBO 光驱：又称康宝光驱，是一种集 CD 刻录、CD-ROM 和 DVD-ROM 为一体的多功能光存储产品。
- 蓝光光驱：能读取蓝光光盘的光驱，向下兼容 DVD、VCD、CD 等格式。蓝光光驱是目前光驱中的主流产品，播放影片的清晰度是普通 DVD 光盘的 5 倍。
- 刻录光驱：包括了 CD-R、CD-RW、DVD 刻录机和 BD 刻录机等，刻录机的外观和普通光驱类似，其前置面板上通常标示写入、复写和读取 3 种速度。刻录机也可以读取光盘，具有向下兼容的特点。

 注意事项

刻录机参数说明

光驱最主要的性能指标是读盘速率，一般用 X（倍速）表示。第一代光驱的读盘速率为 150KB/s，称为单倍速光驱，以后的光驱读盘速率一般为单倍速的若干倍。例如，50X 光驱的最高读盘速率为 50×150KB/s=7500KB/s。

在刻录机的包装盒及其正面，都会顺序标出此刻录机的写入速度、复写速度和读取速度。例如，40X12X48X 表示此刻录机的写入速度为 40 倍速，复写速度为 12 倍速，读取速度为 48 倍速。

9) 声卡

声卡也称音频卡，即音频适配器，用于实现声波/数字信号的相互转换，是计算机中处理声音的部件。声卡上有音箱和耳麦的插口，如图 1-23 所示。

声卡的主要功能是把来自话筒、磁带、光盘的原始声音信号加以转换，输出到耳机、扬声器、扩音机、录音机等声响设备，或通过音乐设备的数字接口（MIDI）发出合成乐器的声音。声卡可以从话筒中获取声音模拟信号，通过硬件模数转换器（ADC）将声波振幅信号采样转换为一串数字信号，存储到计算机中。

目前，大部分主板都集成了声卡，一般无须另外配备独立的声卡。但如果对音质有较高的要求，则使用独立声卡的效果较好。

10) 网卡

网卡（Network Interface Card，NIC）又称网络适配器（见图 1-24），是局域网中最基本的部件之一，它是连接计算机与网络的硬件设备。无论是双绞线连接、同轴电缆连接还是光纤连接，都必须借助网卡才能实现数据的通信。网卡装有处理器和存储器（包括 RAM 和 ROM）。网卡和局域网之间的通信通过电缆或双绞线以串行传输方式进行，而网卡和计算机之间的通信则是通过计算机主板上的 I/O 总线以并行传输方式进行。

图 1-23　声卡

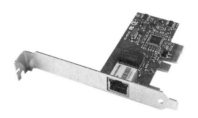
图 1-24　网卡

网卡按照支持的计算机种类分类，可分为标准以太网卡和 PCMCIA 网卡；按照有线和无线分类，即有线网卡和无线网卡。无线网卡是计算机或笔记本计算机的网络配置硬件，当接收到外部无线路由等设备发出的信号时，即可上网。

 注意事项

无线上网卡

无线上网卡不是无线网卡。无线上网卡的作用、功能相当于有线的调制解调器，也就是俗称的"猫"。它一般插在计算机的 USB 接口上，形状类似 U 盘状的上网设备（见图 1-25），可以在拥有无线电话信号覆盖的任何地方，利用 USIM 或 SIM 卡来连接互联网。无线上网卡按流量或时间进行收费。

图 1-25　无线上网卡

11) 显示器

显示器（Display）又称监视器，属于计算机的 I/O 设备，即输入输出设备。它是一种将一定的电子文件通过特定的传输设备显示到屏幕上再反射到人眼的显示工具。根据制造材料的不同，可分为阴极射线管（CRT）显示器、液晶显示器（LCD）、等离子显示器（PDP）等。

（1）CRT显示器。

CRT显示器是一种使用阴极射线管（Cathode Ray Tube）的显示器（见图1-26），阴极射线管主要由5部分组成，分别是电子枪（Electron gun）、偏转线圈（Deflection coils）、荫罩（Shadow mask）、荧光粉层（Phosphor）及玻璃外壳。它是应用最广泛的显示器之一，CRT纯平显示器具有可视角度大、无坏点、色彩还原度高、色度均匀、可调节的多分辨率模式、响应时间极短等LCD显示器难以超越的优点。

CRT显示器的缺点是体积大、重量大、某些CRT存在几何畸变现象、功耗较大、运作时会释出少量X射线和辐射。长时间使用令人眼部不适，容易造成近视；含有铅，丢弃后会严重污染环境；易受外来磁场干扰而出现色斑，如果长时间显示同一画面，该画面会永久以残影形式留在屏幕上。

（2）液晶显示器。

液晶显示器（Liquid Crystal Display，LCD）是平面超薄的显示设备，它由一定数量的彩色或黑白像素组成，放置于光源或者反射面前方（见图1-27）。液晶显示器功耗很低，因此备受工程师青睐，适用于使用电池的电子设备。它的主要原理是以电流刺激液晶分子产生点、线、面配合背部灯管构成画面。其工作电压低、功耗小，耗电量比传统CRT显示器的耗电量少70%；散热小且无辐射，对人体健康无损害；完全平面并能精确还原图像、无失真；可视面积大、款式新颖多样、能节省大量空间、抗干扰能力强、显示字符锐利、画面稳定不闪烁、屏幕调节方便。

图1-26　CRT显示器

图1-27　液晶显示器

液晶显示器的缺点是显示色域不够宽，颜色重现不够逼真，早期产品可视角度不够广；响应速度偏低，运行游戏或播放影片时出现残影。如果长时间显示同一画面，该画面会永久以残影形式留在屏幕上。长时间使用可能会产生亮点、暗点、坏点，长时间使用寿命不及CRT显示器。

LED显示器属于液晶显示器，LED是发光二极管Light Emitting Diode的英文缩写。LED应用可分为两大类：一类是LED显示屏；另一类是LED单管应用，包括背光源LED，红外线LED等。LED液晶技术是一种高级的液晶解决方案，它用LED代替了传统的液晶背光模组。高亮度，而且可以在寿命范围内实现稳定的亮度和色彩表现。更宽广的色域(超过NTSC和EBU色域)，实现更艳丽的色彩。它采用低电压扫描驱动，具有耗电少、使用寿命长、成本低、亮度高、故障少、视角大、可视距离远等特点。

IPS 屏幕（In-Plane Switching，平面转换）技术是日立公司于 2001 推出的液晶面板技术，俗称"Super TFT"。IPS 屏幕技术是目前世界上最领先的液晶技术。与传统液晶屏相比，IPS 屏幕技术的硬屏液晶响应速度更快，呈现的运动画面也更为流畅。它具有动态画面图像无残影；动态画面响应速度均匀；动态画面色彩无偏移等优点。

传统的软屏液晶屏，从侧面观看时会发生色彩飘移现象，导致画面模糊。由于 IPS 硬屏具有独特的分子水平转换结构。因此，上下左右能达到 178°的可视角度，任何角度的色彩表现力都不打折扣，几乎达到了液晶显示技术的极限，基本消除了视觉上的"死角"；IPS 屏幕采用水平转换技术，加快了液晶分子的偏转速度，保证在抖动时画面的清晰度和超强的表现力，消除了传统液晶显示屏在收到外界压力和摇晃时出现模糊及水纹扩散现象；由于 IPS 屏幕对液晶分子进行了更合理的排列，减少了液晶层厚度，从而提升了液晶屏的透光率，增加了显示效果，使得显示面板更薄、更省电。

液晶显示器的主要参数如下。

尺寸与分辨率：屏幕大小通常以对角线的长度来衡量，以英寸为单位（1 英寸 = 2.54cm）。液晶显示器屏幕大小还与屏幕长宽比有关，通常屏幕长宽比为 4:3、16:9 与 16:10。不同的长宽比，相同尺寸的液晶显示器的屏幕实际大小有所区别。常规的液晶显示器尺寸有 24 英寸、27 英寸、30~32 英寸、32 英寸以上。

分辨率，又称解析度、解像度，屏幕可显示的像素越多，画面显示就越精细。液晶显示器的真实分辨率根据液晶面板尺寸确定，分辨率是指单位面积显示像素的数量，液晶显示器的物理分辨率是固定不变的，一个固定尺寸的液晶显示器只有一个最佳分辨率。一般分辨率标准有 1080P、2K、4K、8K。其中，P 表示的是"纵向的像素数"，K 代表的是"横向的像素数"。1080P 即 FHD（Full High Definition），常规的分辨率为 1920×1080px，拥有 207 万像素左右；2K 即 QHD（Quad-High Definition），常规的分辨率为 2560×1440px，理论上是 FHD 像素的两倍，但是实际上会少一些；4K 主流分辨率为 3840×2160px，为 FHD 的 4 倍，像素达到 829 万像素；8K 分辨率为 7680×4320px，总共有 3300 万像素，8K 设备显示的像素是 4K 的四倍。

可视角度。可视角度是指用户可以从不同的方向清晰地观察屏幕上所有内容的角度。由于提供液晶显示的光源经折射和反射后输出时已有一定的方向性，在超出这一范围观看就会产生色彩失真现象。

亮度。亮度是指画面的明亮程度，单位是坎德拉/每平方米（cd/m^2）。亮度越高，画面层次越丰富。但不要调太亮，否则不利于眼睛的健康。目前主流液晶显示器的亮度为 9~300cd/m^2。

对比度。对比度是指液晶显示器的显示状态（显示的内容）和非显示状态（底色）相对透光率的比较，常代表图像的清晰度。对比度越高，画面的锐利程度越高，显示质量越好。一般来说，普通液晶显示器的对比度为 400:1。

可视角度。可视角度是指用户可以从不同的方向清晰地观察屏幕上所有内容的角度。目前市场上大多数产品的可视角度在 120°以上，部分产品达到了 160°。

响应时间。响应时间即一个亮点转换为暗点的速度，单位为 ms（毫秒）。响应时间较长时，在显示动态影像（特别是观看 DVD、运行游戏）时，用户会看到显示屏的拖尾现象。

一般液晶显示器的响应时间是 12ms。

点距。液晶显示器像素间距的意义类似于 CRT 的点距。不同的是液晶显示器在尺寸与分辨率都相同的情况下，所有产品的像素间距都是相同的。由于技术方面的限制，液晶显示器的点距比 CRT 显示器略大，一般为 0.297mm，高端液晶显示器的点距可达 0.26mm。

 注意事项

液晶显示器接口类型

液晶显示器的接口类型决定了图像传输的质量，常见接口有 VGA、DVI、HDMI、DP（见图 1-28）。

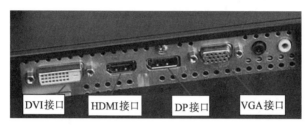

图 1-28　显示器背面板接口

VGA 接口。视频图形阵列（Video Graphics Array，VGA）是 IBM 公司于 1987 年提出的一个使用模拟信号的计算机显示标准。VGA 接口即计算机采用 VGA 标准输出数据的专用接口。VGA 接口共有 15 针，分成 3 排，每排 5 个孔，显卡应用最为广泛的接口类型。它传输红、绿、蓝模拟信号以及同步信号(水平和垂直信号)。

DVI 接口。数字视频接口（Digital Visual Interface，DVI）是数字化接口，可以将像素数据编码，并通过串行连接传递。显卡产生的数字信号由发送器按照 TMDS 协议编码后通过 TMDS 通道发送给接收器，经过解码送给数字显示设备。DVI 接口主要分为 3 种：DVI-A、DVI-D 及 DVI-I。而 DVI-D 和 DVI-I 又有单通道和双通道之分。

HDMI 接口。高清晰度多媒体接口（High Definition Multimedia Interface，HDMI）是一种数字化视频/音频接口技术，适合影像传输的专用型数字化接口，其可同时传送音频和影像信号，最高数据传输速度为 2.25GB/s。

DP 接口。DP（DisplayPort）是一种高清数字显示接口标准，可以连接计算机和显示器，也可以连接计算机和家庭影院。DP 赢得了 AMD、Intel、NVIDIA、戴尔、惠普、联想、飞利浦、三星、AOC 等业界巨头的支持，且免费使用。DP 接口可以被理解为 HDMI 的加强版，在音频和视频传输方面更加强悍。

12）计算机音箱

音箱是计算机外设硬件，通过线材与计算机主机箱的声卡音频输出接口相连接（也有通过蓝牙连接的无线音响），可以输出计算机声音。根据音箱箱体个数的不同，可以分为 2.0 音箱、2.1 音箱（见图 1-29）、5.1 音箱和 7.1 音箱。

通常计算机主机的 3.5mm 音频接口有 3 个（见图 1-30），蓝色为音频输入，绿色为音频输出，粉红色为麦克输入。用一根 3.5mm 转 RCA 接口（也叫莲花头音频线）的转换线（见图 1-31），将 3.5mm 插头插入主机的绿色音频插口，RCA 插头（通常是红白二色，白色是 L

（左）声道，红色是 R（右）声道）插入音响的音频输入接口（见图 1-32），即可完成主机与音箱的连接。

图 1-29　2.1 音箱

图 1-30　计算机音频接口

图 1-31　3.5mm 转 RCA 接口线

图 1-32　音箱后面板

1.2.4　计算机硬件安装过程

组装计算机前，应注意消除身上的静电；对各个部件要轻拿轻放；使用正确的安装方法，不可暴力安装；以主板为中心，把所有部件排好；插拔时不要抓住线缆拔插头，以免损伤线缆。

组装计算机硬件过程如下。

（1）安装 CPU 与 CPU 风扇。

将主板放置在平稳的桌面上，在主板处理器插座上安装 CPU 及散热风扇。首先，稍向外/向上用力拉开 CPU 插座上的锁杆，与插座呈 90°角，以便 CPU 插入处理器插座。然后，将 CPU 上引脚有缺针的部位对准插座上的缺口，缺口位置可参考 CPU 与主板上的三角形缺口标识（见图 1-33）。CPU 只有在方向正确时才能被插入处理器插座中，然后按下锁杆。最后，在 CPU 的核心上均匀涂上足够的散热膏（硅脂）。不要涂得过多，只要均匀地涂上薄薄一层即可，切勿涂到边缘，以防止短路损坏硬件。

完成 CPU 安装后，继续安装 CPU 风扇（散热器）。首先在主板上找到 CPU 和其支撑机构的位置，将散热片妥善定位在支撑机构上。然后将 CPU 风扇安装在散热片的顶部向下压至 4 个卡子楔入支撑机构对应的孔中（见图 1-34）。再将两个压杆压下以固定 CPU 风扇，需要注意的是每个压杆都只能沿一个方向压下。最后将 CPU 风扇的电源线连接到主板上 3 针的 CPU 风扇电源接头，即可完成安装。

CPU 上的三角形缺口标识

主板上的三角形缺口标识

图 1-33　安装 CPU　　　　　　　　图 1-34　安装 CPU 风扇

（2）安装电源。

打开空机箱并安装电源如图 1-35 所示。

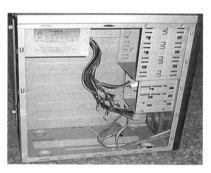

图 1-35　打开空机箱并安装电源

（3）内存条的安装。

将内存条插入主板内存插槽内，如图 1-36。

（4）主板的安装。

将主板放入机箱里，并使主板接口与机箱后面板的孔位对齐，同时对齐螺钉孔位，以保证主板的平稳，用螺钉将主板固定在机箱内，如图 1-37。

图 1-36　安装内存　　　　　　　　图 1-37　固定主板

（5）驱动器的安装。

将机械硬盘插入机箱的硬盘仓位中，使用手拧螺钉固定机械硬盘两侧，等待连接 SATA 传输线和 SATA 供电线；用螺钉旋具（俗称螺丝刀）将机箱的光驱预留位置的面板拆除，将光驱插入机箱光驱槽中，在光驱的前后侧方分别用螺钉固定，等待线路连接，如图 1-38 所示。

图 1-38　驱动器的安装

（6）显卡的安装。

根据显卡接口类型将显卡安装在主板上合适的扩展槽内，如图 1-39。

图 1-39　安装的显卡

（7）声卡、网卡的安装。

与显卡安装方法类似，部分主板集成，此处不再赘述。

（8）机箱与主板间连线的连接。

各种指示灯、电源开关线、PC 喇叭等面板插针的连接以及硬盘、光驱电源线和数据线的连接，如图 1-40 和图 1-41 所示。

（9）输入输出设备的安装。

（10）将键盘、鼠标与主机相连，连接显示器、音箱，如图 1-42 所示。

（11）重新检查连接线情况，准备进行测试。

（12）打开电源。

计算机通电后，若显示器能够正常显示，则表明硬件初装正确。接下来，就可以设置 BIOS，进行硬盘的分区、格式化，以及安装操作系统。

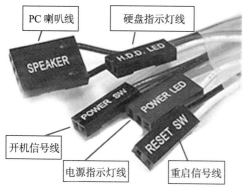

图 1-40　信号线

图 1-41　主板信号线接口

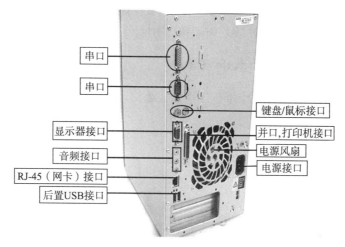

图 1-42　主机箱后面板

1.3　笔记本计算机与平板计算机

笔记本计算机（laptop）又称便携式计算机、手提计算机或膝上型计算机，是一种小型、方便携带的个人计算机。笔记本计算机（见图 1-43）的重量通常为 1~3kg。其发展趋势是体积越来越小，重量越来越轻，而功能越来越强大，性能越来越接近台式计算机。笔记本计算机与普通 PC 的主要区别在于其便携性。

图 1-43　笔记本计算机

提示

> **扩 展 坞**
>
> 扩展坞（Docking Station）是用来扩展笔记本计算机功能的底座，提供 HDMI、VGA、千兆网卡、SD/TF 读卡槽、USB 3.0 以及 type-c 接口，如图 1-44 所示。
>
> 通过接口和插槽，可以连接多种外部设备，如驱动器、大屏幕显示器、键盘、打印机、扫描仪等。

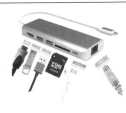

图 1-44　扩展坞

笔记本计算机的外形与台式计算机相差甚远，从外观上主要分为两部分，一是液晶显示屏，二是主机。笔记本计算机主机部分的内部组成与台式计算机相差无几。笔记本计算机的接口一般有 HDMI、USB、RJ-45 网络接口等。如果接口不足，可通过扩展坞实现与外设的连接。

1.3.1　笔记本计算机的开机和关机

正确的开机和关机方法，对于维护计算机、延长其使用寿命十分有帮助。

1. 开机

开机的具体步骤如下。

（1）将笔记本计算机适配器与电源线相连。

  注意事项

> **连接笔记本计算机线路**
>
> 将电源适配器与电源插头连接，再插入笔记本计算机一端的插头，最后插电源插头。

在连接笔记本计算机外部线路时，不要打开笔记本计算机屏幕上盖，以防止线路接头碰撞屏幕，造成屏幕的损坏。

（2）轻按电源（大概 2s）笔记本计算机上的电源键，将点亮相关的指示灯。

（3）系统显示计算机开机画面（包括自检、设置 BIOS 等步骤），则出现操作系统的登录界面或桌面。

2. 关机

关机即关闭计算机，当使用完计算机后，应及时关机以节省能源并保护计算机。

以 Windows 7 为例，单击桌面左下角的"开始"图标，选择"关机"选项，在弹出的菜单中选择"关机"命令，确认关机之后并关掉电源。如果当前操作系统还有正在运行的程序，则会弹出阻止 Windows 关闭的对话框，选择"强制关机"进行关机操作，选择"取消"取消关机操作。

使用电源键关机分为以下两种情况。

- 长按电源键，强制关机。当笔记本计算机无法正常使用，且无法正常关机时，可长按电源键强制关机。不推荐日常使用这种方式关机，经常强制关机会影响电源键的使用寿命、系统的稳定性、系统正在使用软件的稳定性、减少计算机内部各硬件的使用寿命。
- 轻按电源键,计算机进入关机画面进行关机操作,这称为软关机,与选择"关机"命令一样。这种操作需要进行相关设置,在计算机默认的开机状态下,轻按电源键,计算机会进入睡眠模式而非关机,因此需要通过设置将它变成按一下电源键即可关机。在计算机右下角找到系统托盘中的"电源"图标,单击"更多电源选项"进入电源选项界面,单击"选择电源键按钮的功能"进入设置界面,将"按电源按钮时"的"睡眠"改成"关机",单击"保存修改"按钮即可完成设置。

 注意事项

> **电源键寿命**
>
> 电源键是物理按键,有使用寿命。电源键的使用寿命与使用次数成反比,因此长期使用电源键关机必然会减少电源键的使用寿命。

1.3.2 笔记本计算机的使用注意事项

笔记本计算机较台式计算机体积小、造价高且不易维修,因此在使用时应注意对其进行维护和保养。

(1)注意防水。在使用笔记本计算机时注意不要将水或食物洒入键盘,以免影响键盘的使用寿命。如不慎将水或饮料洒入键盘,应立即断电取出电池,进行清洁并待晾干后再开机使用,以免因键盘电路模块腐蚀致致主板、光驱等部件短路烧坏,造成不必要的损失。

(2)注意散热。定期清理风扇灰尘,使用时不要堵住散热孔而影响散热效果,致使降低运作效能,甚至造成死机。

(3)不要随意拆卸笔记本计算机。不要擅自对笔记本计算机进行拆卸、维修。在笔记本计算机销售过程中,一般代理商都对所售计算机用易碎条进行标记。如因用户私自拆机造成易碎条损坏,将被视为保外机。同时,普通用户因专业知识的欠缺,可能会在拆机中造成零部件损坏、丢失,从而影响到计算机的正常使用。

(4)避免碰撞。操作系统在运行时,外界的震动会导致硬盘受到伤害甚至损坏,导致外壳和屏幕的损坏。

(5)保护屏幕。良好的使用习惯和定期保养能最大限度地发挥屏幕性能并延长使用寿命,切勿压迫笔记本计算机的液晶屏。

- 笔、尺、手指等硬物的直接碰触会导致屏幕的永久性物理损伤而影响其使用性能。在运输和携带笔记本计算机的过程中,切勿让屏幕和顶盖受到压迫,压迫可能会造成屏幕的排线断裂和顶盖碎裂。
- 避免屏幕在强光下暴晒。强光的照射会加快 LCD 老化。
- 目前,大多数笔记本计算机的顶盖和机身的连接轴是合成材料,在不正确的操作下可能会造成连接轴断裂甚至脱离,进而伤及连接轴内的液晶屏的显示及供电排线。正确的开合方法是在顶盖前缘的中间位置开合,用力均匀、尽量轻柔。

（6）电池的保养。笔记本计算机电池的基本维护如下。
- 首次充电时，应连续充电 12 小时，并且循环充、放电 3 次以完全唤醒新电池。
- 如果长时间使用外接电源，最好取下电池。
- 定期充、放电。长时间不使用的电池，应定期进行充、放电，以免电池损坏。
- 充电时最好关机进行，使电池能够完全充满，不要在充电中途拔掉电源。

（7）注意备份驱动程序。笔记本计算机的硬件驱动具有针对性，应做好备份和保存。

1.3.3 平板计算机

1. 平板计算机

平板计算机（Table Personal Computer，Table PC）是一种小型、方便携带的个人计算机，以触摸屏作为基本的输入设备。

iPad（见图 1-45）是平板计算机的设备代表。

平板计算机和笔记本计算机的优缺点。
- 优点。便携且以崭新的方式操作——触屏手写。
- 缺点。由于体积小，所以在 CPU 和内存、GPU 等硬件配置方面效果稍差。
- 笔记本计算机比平板计算机内部空间大，硬件配置高，且性能较好。

2. "二合一"平板计算机

"二合一"平板计算机（见图 1-46）越来越受到人们的关注和使用。它综合了笔记本计算机和平板计算机的优点，满足人们日常办公和娱乐等需求，同时小巧、便携。"二合一"平板计算机可以将主机与键盘分离，更便于移动操作。同时，微软公司 Windows 10 系统的升级发布，带来了更好的操作体验，"二合一"平板计算机的 PC 属性使它能够很好地与 Windows 10 系统相匹配，这也是"二合一"计算机的一大优势。

图 1-45　iPad 平板计算机　　　　图 1-46　"二合一"平板计算机

"二合一"平板计算机与笔记本计算机的对比如下。

1）娱乐性

日常上网观看视频、浏览网页，"二合一"平板计算机或者笔记本计算机都可以轻松胜任，两者不分伯仲。

由于不同用户使用地点、需求、体验感的不同，"二合一"平板计算机或者笔记本计算机各有优势。

在观看视频方面，"二合一"平板计算机占据优势，通过触摸屏随时对画面进行操控；

而笔记本计算机只能通过鼠标、键盘进行操作，舒适感相对较弱。浏览网页、阅读书籍、记笔记，用笔记本计算机会略显不便，而使用"二合一"平板计算机只需触控屏幕就可轻松调整显示比例，并能通过触控笔随时记录笔记，使用效果较好。

运行游戏方面，"二合一"平板计算机与笔记本计算机都可以轻松玩手游、网游。但在端游方面，"二合一"平板计算机为了更轻薄与更好的散热，没有配置独立显卡，整体硬件性能相对较弱，而笔记本计算机除轻薄本外，基本都配置了独立显卡，各种主流端游都可以轻松畅玩，笔记本计算机优势明显。

2) 商务办公

商务办公可以分为轻度办公（如 Office 软件的使用）、中度办公（专业软件的使用，如 Photoshop、Flash 等）、深度办公（虚拟机多开、服务器搭建、3D 软件使用等）。在轻度办公方面，无论是"二合一"平板计算机还是笔记本计算机都毫无压力；中度办公方面，"二合一"平板式计算机由于整体硬件性能较弱，同时有些软件不支持平板计算机使用，"二合一"平板计算机已不能满足需求，而笔记本计算机可以胜任；在深度办公方面，"二合一"平板计算机已经无能为力，而高配置的笔记本计算机依然游刃有余。在商务办公方面，笔记本计算机轻松胜出。

3) 外出游玩

外出游玩对电子设备的便携性、易用性、续航时间等方面有特别的要求。在便携性方面，"二合一"平板计算机一般重量在 0.5kg 以内，厚度在 10mm 以内（不含键盘），而笔记本计算机即使是轻薄本的重量也在 1.5kg 左右，厚度在 15mm 左右，这方面"二合一"平板计算机取胜；续航时间，在两者都充满电不玩大型游戏的情况下，"二合一"平板计算机常规使用时间在 7~10h，笔记本计算机则是 5~7h，这方面"二合一"平板计算机再胜；易用性方面，"二合一"平板计算机轻薄便携，开关机方便，日常所需软件充足，随时可完成拍照、录像操作，并能通过触控笔记录笔记、画图，而笔记本计算机开、关机麻烦，多数不支持屏幕触控，摄照相功能有限，外出游玩易用性较差，这方面"二合一"平板计算机再胜。

整体来说，"二合一"平板计算机和笔记本计算机在日常使用上难分上下，各有优势和劣势，"二合一"平板计算机胜在便携易用，笔记本计算机胜在功能强大，适配软件齐备。用户在选购时，要根据自己的使用需求具体选配。

思考题

1. 简述实现办公自动化的意义。
2. 简述计算机软件包括哪些类型，各有什么作用。
3. 简述组成计算机的主要硬件有哪些。
4. 简述一般的计算机外部接口主要包括哪些。
5. 简述使用笔记本计算机时应注意哪些问题。

上机练习

1. 查看计算机主板的结构与接口。
2. 连接计算机的外部设备。

第 2 章 操作系统、驱动程序与应用软件的安装

目前，拥有最多用户的操作系统是微软公司出品的 Microsoft Windows 操作系统。本章主要介绍 Windows 7/10 操作系统的安装、硬件驱动程序的安装、Windows 7/10 系统环境设置与应用软件的安装。

知识目标
- ❖ 了解操作系统概念，熟悉配置系统环境。
- ❖ 掌握 Windows 7/10 的安装方法。
- ❖ 掌握硬件驱动程序与应用程序的安装方法。

2.1 操作系统概述与安装

2.1.1 操作系统概述

操作系统（Operating System，OS）是管理计算机硬件与软件资源的计算机程序，同时也是计算机系统的内核与基石。操作系统需要管理与配置内存、决定系统资源供需的优先次序、控制输入与输出设备、操作网络与管理文件系统等基本事务。操作系统也提供一个让用户与系统交互的操作窗口。

操作系统的类型多样，不同的操作系统可从简单到复杂，可从移动电话的嵌入式系统到超级计算机的大型操作系统。操作系统制造者对它涵盖范畴的定义也不尽一致，例如有些操作系统集成了图形用户界面，有些操作系统仅使用命令行界面，而将图形用户界面视为一种非必要的应用程序。

1. DOS 操作系统

磁盘操作系统（Disk Operation System，DOS），自 1981 年推出 1.0 版发展至今已升级到 8.0，DOS 的界面用字符命令方式操作，只能运行单个任务。在 Windows 系统中通过"命令提示符"可模拟 DOS 操作环境（见图 2-1）。

2. Windows 操作系统

Microsoft Windows 操作系统是由美国微软（Microsoft）公司研发，它问世于 1985 年，起初仅仅是 Microsoft-DOS 模拟环境，后续的系统版本由于微软公司不断更新升级，其界面友好、易用，逐渐成为应用最广泛的操作系统。

Windows 采用了图形化模式 GUI，比 DOS 操作系统的使用方式更为人性化。随着计算机硬件和软件的不断升级，Windows 操作系统也在不断升级，从架构的 16 位、16+32 位混

合版（Windows 9x）、32 位再到 64 位；系统版本有 Windows 1.0、Windows 2.0、Windows 3.0、Windows 95、Windows 98、Windows 98SE、Windows ME、Windows NT、Windows 2000、Windows XP、Windows Vista、Windows 7、Windows 8、Windows 8.1、Windows 10 和 Windows Server 服务器企业级操作系统，不断持续更新，微软公司一直在致力于 Windows 操作系统的开发和完善。

图 2-1　"命令提示符"模拟 DOS 操作环境

Windows 10 是由微软公司发布的新一代全平台操作系统，系统涵盖计算机、平板计算机、"二合一"平板计算机、手机等，支持广泛的设备类型。新一代操作系统倡导 One product family、One platform、One store 的新思路，打造全平台"统一"的操作系统。

3. UNIX 操作系统

UNIX 操作系统是在小型计算机上开发的，是一种多用户、多任务的通用操作系统，它为用户提供了一个交互、灵活的操作界面，支持用户之间共享数据，并提供众多的集成的工具以提高用户的工作效率，同时能够移植到不同的硬件平台。

UNIX 操作系统的可靠性和稳定性是其他系统所无法比拟的，是最好的 Internet 服务器操作系统。从某种意义上讲，整个因特网的主干几乎都是建立在运行 UNIX 操作系统的计算机和网络设备之上的。

4. Linux 操作系统

Linux 是一套免费使用和自由传播的类似 UNIX 的操作系统，这个系统是由全世界各地的成千上万的程序员设计和实现的。Linux 是基于源代码的方式进行开发的，用户不用支付任何费用就可以获得源代码，并根据自己的需要对其进行修改，且无约束地继续传播。

Linux 以高效性和灵活性著称。它能够在计算机上实现全部的 UNIX 特性，具有多任务、多用户的能力。而且还包括了文本编辑器、高级语言编译器等应用软件，还有多个窗口管理器的 X-Windows 图形用户界面，如同使用 Windows NT 一样，允许使用窗口、图标和菜单对系统进行操作。Linux 操作系统是一个功能强大、性能出众、稳定可靠的操作系统。

5. 其他操作系统

Mac OS 是运行于苹果计算机的操作系统。从本质上，Mac OS 是 UNIX 操作系统的一个变体。

手机操作系统主要应用于智能手机。流行的手机操作系统如下。

- 安卓（Android）系统，安卓系统市场占有率较高，是首个为移动端开发的、真正开放和完整的移动软件。
- iOS 是由苹果公司开发的移动设备操作系统。

2.1.2 Windows 操作系统的安装

1. Windows 操作系统的安装方式

Windows 操作系统的安装方法有多种，根据计算机的状况与具备的条件，安装方法如表 2-1 所示。

表 2-1 Windows 操作系统的安装方式

状况	裸机		系统崩溃			系统升级	
安装方式	光盘安装（原版系统光盘、Ghost 光盘）	U 盘安装（制作 U 盘启动盘安装系统）	光盘安装（原版系统光盘、自制 Ghost 光盘）	U 盘安装（制作 U 盘启动盘，引导安装系统）	硬盘安装（ISO 或 Ghost 系统镜像文件，解压到硬盘后，单击 Setup.exe 或运行 Ghost 安装）	Windows 7 系统用户免费升级到 Windows 10 系统	其他方法与系统崩溃时的安装方法相同
基本硬件	光驱	U 盘与另一台能够正常运行 Windows 系统的计算机	光驱	U 盘与另一台能够正常运行 Windows 系统的计算机	硬盘	网络环境、正常运行 Windows 7 系统的计算机	
基本条件	原版系统光盘、Ghost 光盘	启动 U 盘制作工具软件、系统镜像文件	原版系统光盘、自制 Ghost 光盘	启动 U 盘制作工具、系统镜像文件	ISO 或 Ghost 系统镜像文件、Winrar 解压缩软件	正常运行的 Windows 7 系统的计算机	

2. Windows 系统类型

CPU 位数说明如下。

（1）计算机位数一般取决于 CPU，64 位计算机同时支持 32 位和 64 位两种系统的安装，32 位计算机则只能安装 32 位系统，不支持安装 64 位系统。

（2）运行内存也是决定因素之一，内存在 4GB 以下安装 32 位系统，大于 4GB 安装 64 位系统，因为 32 位系统只能识别 4GB 以内的内存；一些系统自带相关的识别功能可以判断能否安装 64 位系统，下面介绍两种检测的方法。

- 以 Windows 7 操作系统为例，右击"计算机"，（Windows 10）在弹出的菜单中选择"属性"命令（见图 2-2）。

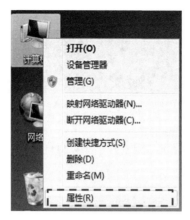

图 2-2　查看计算机属性

打开如图 2-3 所示的对话框中，找到"安装内存"信息，查看计算机系统的内存大小。如果安装内存小于 4GB，安装 32 位操作系统；如果安装内存大于 4GB，则安装 64 位操作系统或是通过对话框中的"系统类型"，判断安装操作系统的位数。

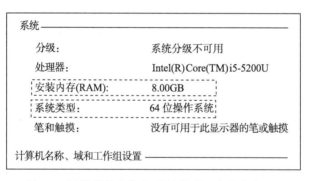

图 2-3　计算机基本信息-系统类型、内存大小

- 按 Win+R 组合键打开"运行"窗口，输入 cmd 命令，单击"确定"按钮（见图 2-4），在打开的命令提示符窗口中输入命令"systeminfo"并按 Enter 键（见图 2-5）。

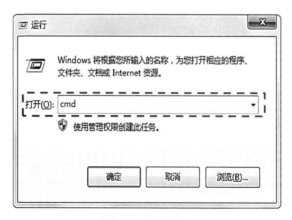

图 2-4　运行窗口

图 2-5　输入命令

在显示的信息中找到"处理器"相关的信息,可以看到 Intel64 的字样,这说明 CPU 位数是 64 位(见图 2-6)。

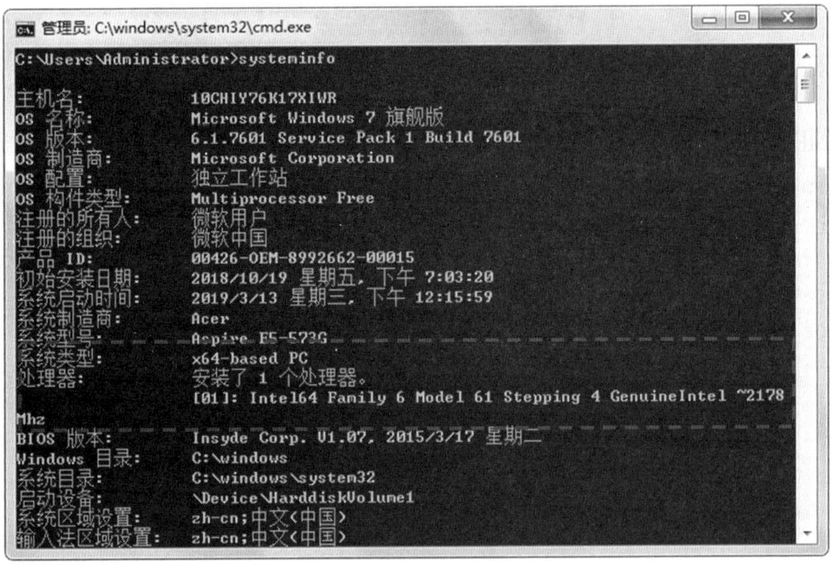

图 2-6　查看处理器位数

2.1.3　Windows 7 操作系统的安装

以下分别介绍启动 U 盘安装、硬盘安装以及光盘安装 Windows 7 操作系统的方法。

1. 启动 U 盘安装 Windows 7 操作系统

准备一个容量大于 8GB 的 U 盘以及另一台正常运行 Windows 操作系统的计算机、U 盘启动盘制作软件与 Ghost 系统镜像文件。

1)制作 U 盘启动盘

制作 U 盘启动盘的具体步骤如下。

(1)通过网络下载 U 盘启动盘制作软件并安装,U 盘启动盘制作软件品种较多,以"电脑店 U 盘启动盘制作工具"为例,如图 2-7 所示。

(2)打开 U 盘启动盘制作软件,将准备好的 U 盘插入计算机 USB 接口,等待软件自动识别。选择"U 盘启动"选项卡,在"选择设备"栏选择要被制作成启动盘的 U 盘,在"启示模式"栏选择 USB-HDD;在"分区格式"栏选择相应的格式,如果需要存储大于 4GB 的单文件,U 盘"分区格式"可选择 NTFS 或 ExFat,如图 2-8 所示。单击"全新制作"按钮(建议先执行一次还原 U 盘,再进行全新制作)。

图 2-7　U 盘启动盘制作工具

图 2-8　设置 U 盘启动盘参数

（3）弹出提示框，如图 2-9 所示。若 U 盘中存有重要资料，可将资料备份至本地硬盘中，确认备份完成或没有重要资料后单击"确定"按钮执行制作。

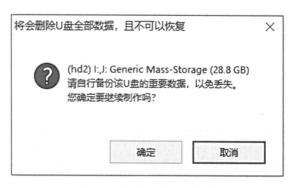

图 2-9　启动盘 U 制作提示

注意事项

制作启动 U 盘的注意事项
提前备份 U 盘中原有数据，制作过程会造成 U 盘中数据丢失。 U 盘容量要大于 4GB，最好选择 16GB 以上的 U 盘。

（4）制作完启动 U 盘后，则会提示对制作的启动 U 盘进行测试，在测试完成后，启动 U 盘即制作成功，如图 2-10 所示。

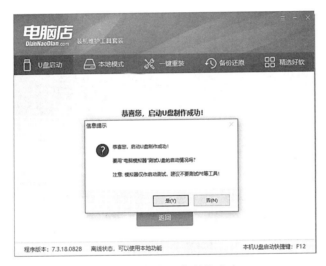

图 2-10　启动 U 盘制作成功

2）复制系统镜像文件到启动 U 盘

通过启动 U 盘的"备份还原"选项卡，备份得到系统镜像，如图 2-11 所示。

图 2-11　启动 U 盘——备份还原

如果计算机已经安装了 Windows 7 操作系统，可通过"系统备份和还原"得到 Windows 7 系统镜像文件。镜像文件后缀名为.iso 或.gho，将备份的系统镜像文件复制到启动 U 盘内（见图 2-12）或放置在除 C 盘以外的其他硬盘分区中（将系统镜像文件放置在其他硬盘，将会在引导安装系统时，速度更快）。

图 2-12　复制系统镜像到 U 盘启动盘

如果是裸机，则只能提前通过其他计算机下载或制作系统镜像文件并放置在启动 U 盘内，待安装系统时使用。

3）将启动 U 盘插入目标计算机

将准备好的启动 U 盘插入目标计算机（即需要安装系统的计算机）的 USB 接口。

4）目标计算机 U 盘启动设置

- 第一种方法。开机并连续按 F2 键（不同品牌的计算机按键也有不同，F10 键、F12 键等）以调出计算机的启动项选择界面，选择从 USB 启动，如图 2-13 所示。

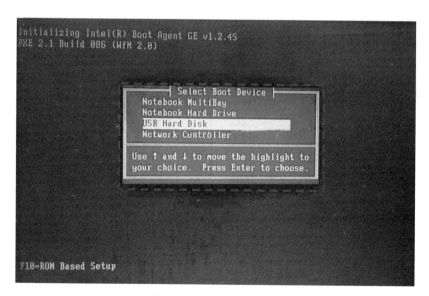

图 2-13　设置 U 盘启动

- 第二种方法。在开机时，按 Del 键（或 F2 键、F10 键）进入 BIOS 界面后，将光标移动到 Boot 选项（不同计算机设置不同，Advanced 选项或者 Startup 选项，如图 2-14~图 2-16），找到 U 盘的选项（不同的计算机显示不同，一般显示为 U 盘名称或以 USB 开头），图 2-14 显示为 Removeble Device，将 Removeble Device 移至最上面，才能设置U盘启动，按 + 键实现向上移动；按F10键保存BIOS设置，按Esc键退出并重启计算机。

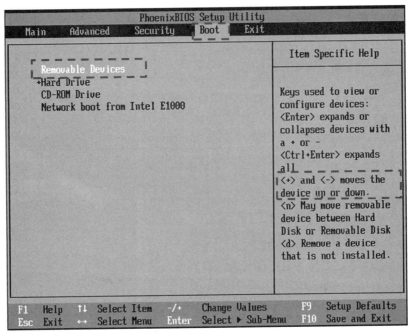

图2-14 BIOS中设置U盘启动（1）

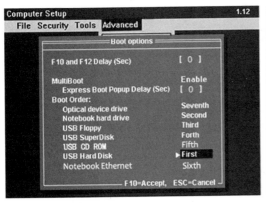

图2-15 BIOS中设置U盘启动（2）

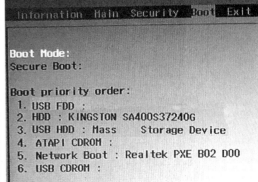

图2-16 BIOS中设置U盘启动（3）

5）硬盘分区

通过U盘启动盘对硬盘分区。

（1）把启动U盘插入目标计算机USB接口，重启计算机，在出现开机画面时通过U盘启动快捷键进入U盘启动主菜单界面，选择"[1]启动Win10PE×64（大于2GB内存）"选项，按Enter键确认，如图2-17所示。

（2）进入Win10PE操作系统桌面，打开"DiskGenius分区工具"，在分区工具主菜单栏上寻找并单击"快速分区"选项，如图2-18所示。

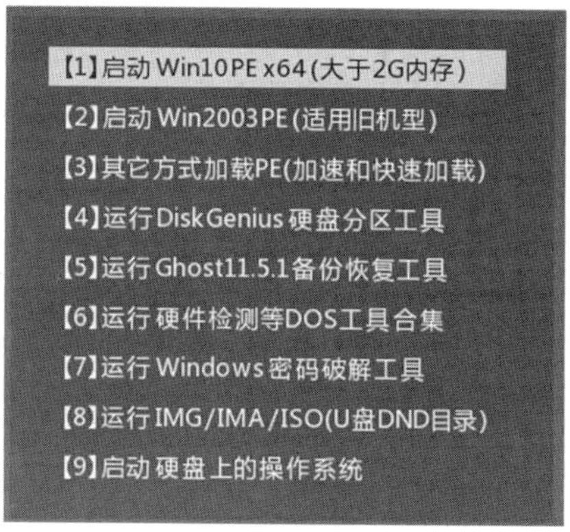

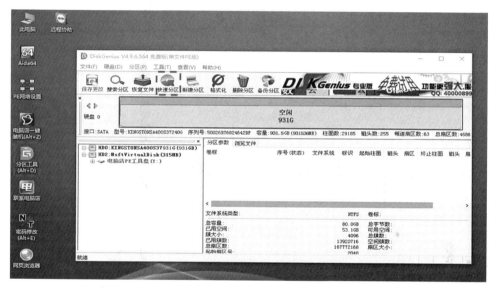

图 2-17　启动 U 盘运行界面

图 2-18　DiskGenius 分区工具

（3）在弹出的窗口中选择"分区数目"，在"高级设置"中可以设置磁盘格式、大小、卷标以及主分区选择，操作完成后单击"确定"按钮（分区数目、每个分区的大小，可根据硬盘而定。建议将硬盘分为 4~6 个分区，主分区即 C 盘，大于 80GB，选择 NTFS 格式）。注意分区表类型的选择，MBR 适合 Windows 7 系统安装；GUID 适合 Windows 10 系统安装，如图 2-19 所示。

（4）硬盘分区过程中切勿进行其他操作，以保证分区操作顺利完成。对分区进行格式化，硬盘经过格式化后，磁盘才可以使用，如图 2-20 所示。

 注意事项

硬盘的使用
硬盘在安装系统或使用之前，必须对其进行分区、格式化。 分区的好处如下：

- 分区后，可以按需要在 C 盘中重装系统，而不影响到其他硬盘的资料。
- 便于分类管理，不同的硬盘存放不同的文件。
- 对各个分区操作（格式化、备份）时间短、效率高，而不必对整个硬盘操作。
- 可使用 Ghost 对分区进行备份，简单易操作。

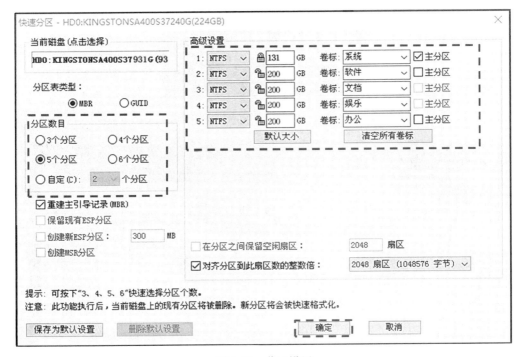

图 2-19　分区设置

图 2-20　格式化分区

（5）等待分区操作自动完成，稍等数秒后便可看到各分区对应的盘符以及属性状态，如图 2-21 所示完成分区后就可以安装操作系统了。

6）通过启动 U 盘安装 Windows 7 操作系统

（1）返回 Win10PE 操作系统，单击《电脑店一键装机》软件，弹出安装窗口。在"请选择映像文件"栏中,单击"打开"按钮,选择备份的系统镜像文件,系统镜像文件扩展名为.iso 或.gho。

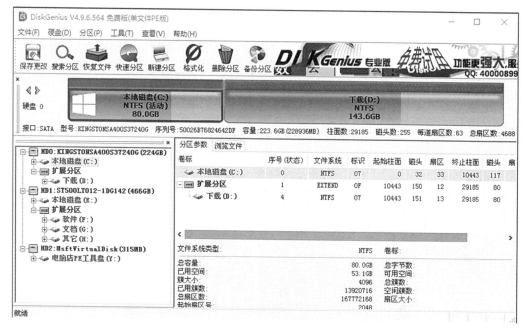

图 2-21　磁盘分区列表

(2)将保存在 U 盘中所准备的 Windows 7 系统镜像文件进行添加,选择 C 盘作系统盘存放镜像,单击"执行"按钮,如图 2-22 所示。

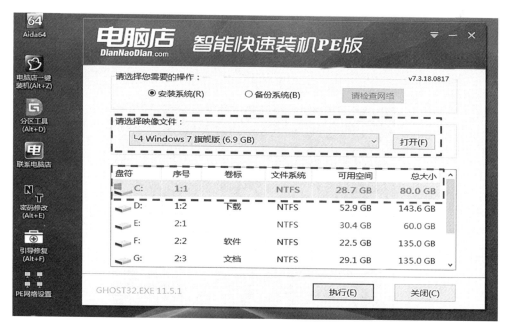

图 2-22　添加镜像、选定 C 盘

(3)在弹出的确认提示窗口中单击"是"按钮,开始执行操作,如图 2-23 所示。

(4)此时,将会进行 Windows 7 系统镜像文件的复制,如图 2-24 所示,此过程需要 3~5 分钟,过程结束后自动重启计算机。

(5)拔除启动 U 盘,重启系统开始进行安装,如图 2-25 所示。此时无须进行其他操作,等待安装完成即可,最终进入 Windows 7 操作系统前还会再次重启计算机。

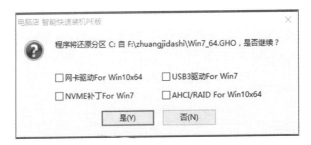

图 2-23　选择 C 盘安装

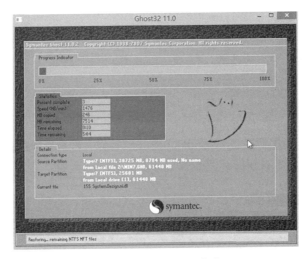

图 2-24　复制镜像到指定分区

图 2-25　Windows 7 系统安装界面

⚠ 注意事项

选择磁盘分区需慎重
选择磁盘安装分区必须慎重，如果系统镜像文件复制到其他分区，系统安装不仅会失败，而且被选中的分区的数据将会丢失，带来极大的损失。

2. 光盘安装原版 Windows 7 系统

准备 Windows 7 安装光盘。在 BIOS 中设置，使光盘镜像为第一启动盘，具体设置方法可参照图 2-14~图 2-16 的 U 盘启动进行设置，将第一启动项选择为 CD-ROM 或 DVD-ROM。

（1）完成光驱启动设置后，把操作系统安装光盘放入光驱，重启计算机，弹出如图 2-26 所示界面，单击任意键，加载安装文件，如图 2-27 所示。

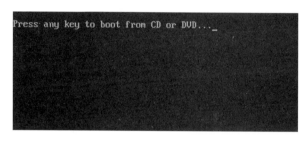

图 2-26　光盘引导安装

图 2-27　Windows 7 系统安装文件开始加载

（2）出现 Windows 7 安装界面，依次选择"中文（简体）""中文（简体，中国）""中文（简休）美式键盘"，单击"下一步"按钮，单击"现在安装"按钮，如图 2-28 和如图 2-29 所示。

图 2-28　设置选项

图 2-29　安装 Windows 7 操作系统

（3）稍等片刻，出现协议书界面，勾选"我接受许可条款"，单击"下一步"按钮，选择"自定义（高级）"选项，如图2-30和图2-31所示。

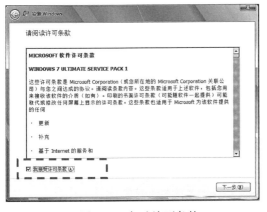

图2-30　勾选许可条款

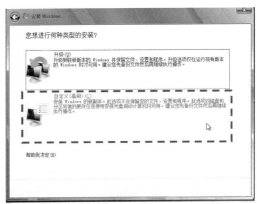

图2-31　自定义安装

（4）在弹出的界面中，为Windows 7操作系统选择安装的硬盘分区，如图2-32所示。单击"驱动器选项（高级）"命令，可以对磁盘进行更多的操作，如删除分区、格式化、新建等选项，如图2-33所示。

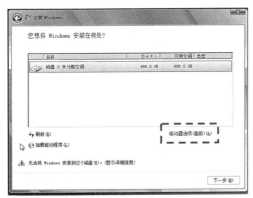

图2-32　选择驱动器

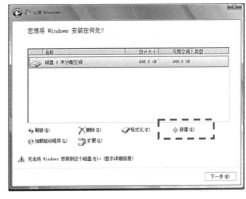

图2-33　新建分区

通过"新建"选项为未分区的磁盘创建主分区与扩展分区，确定分区大小。

若要正常安装系统，则必须对分区进行格式化。如图2-34所示，选择磁盘分区C，单击"格式化"选项，此时系统弹出警告窗口，如果格式化此分区，此分区上的数据将丢失。单击"确定"按钮。若是在已有分区和数据的硬盘上安装系统，则要提前备份数据、正确选择分区。待格式化完毕后，单击"下一步"按钮。

（5）安装并配置Windows 7操作系统。安装过程如图2-35所示，系统会反复重启几次计算机。配置Windows 7的过程如图2-36所示。

（6）对即将安装完成的Windows 7操作系统进行基本设置，首先系统会邀请用户创建一个账号，以及设置计算机名称，单击"下一步"按钮，如图2-37所示。为账号设置密码，也可空置,单击"下一步"按钮(见图2-38)。

(7)输入 Windows 7 的产品序列号,如果有序列号则输入;如果没有序列号,暂时可以不填,并取消勾选"当我联机时自动激活 Windows"复选框,单击"下一步"按钮。安装完成后再激活 Windows 7(激活工具或联机激活),如图2-39所示。

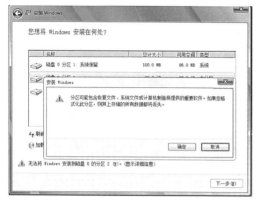

图 2-34 格式化分区

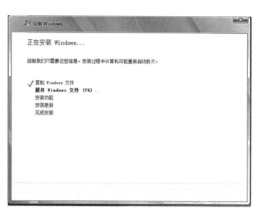

图 2-35 Windows 7 操作系统安装

图 2-36 Windows 7 系统安装界面

图 2-37 创建账号和设置计算机名称

图 2-38 设置账号密码

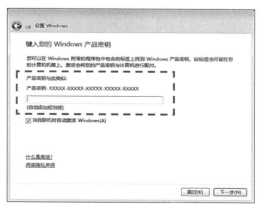

图 2-39 系统注册方式选择

操作系统、驱动程序与应用软件的安装

选择 Windows 自动更新的方式，选择"使用推荐设置"以保证 Windows 系统的安全；时区选择"北京时间"校对时间和日期，单击"下一步"按钮；选择计算机网络，一般选择的是"家庭网络"。

等待系统完成设置后（见图 2-40），进入 Windows 7 操作系统桌面，Windows 操作系统安装完成（见图 2-41）。

图 2-40　系统完成设置

图 2-41　Windows 7 系统桌面

在 Windows 7 操作系统安装完成之后，就可以安装硬件驱动程序与应用软件了。

2.2　Windows 10 操作系统的安装

Windows 10 是由微软公司开发的应用于计算机和平板计算机的操作系统，于 2015 年 7 月 29 日发布 Windows 10 正式版。Windows 10 操作系统在易用性和安全性方面有了极大的提升，除了针对云服务、智能移动设备、自然人机交互等新技术进行融合外，还对固态硬盘、生物识别技术、高分辨率屏幕等硬件进行了优化完善与支持。Windows 10 共有 7 个发行版本，分别面向不同用户和设备。Windows 10 新增了很多新功能，如 Cortana（小娜）、Edge 浏览器、虚拟桌面等，这些功能大大提高了效率和用户体验较好。在安全性方面，Windows 10 支持指纹识别、虹膜识别、面部识别等方式，既安全又方便。下面介绍安装 Windows 10 操作系统及其系统升级的方法：

2.2.1　启动 U 盘安装 Windows 10 操作系统

1. 准备工作

（1）一个容量大于 8GB 的 U 盘，提前将 U 盘原数据备份，否则在制作启动 U 盘时，会删除原有数据。

（2）计算机硬件驱动程序。通过主板驱动光盘或登录硬件厂商官网下载驱动程序，下载的驱动程序要与硬件型号、系统匹配，具体内容在 2.3 节"驱动程序的安装"中将会详细讲述。

Windows 10 操作系统的部分设置需要在网络环境下完成。因此，需要提前准备好计算机硬件驱动程序，尤其是主板、网卡、显卡的驱动程序。

2. 下载 Windows 10 操作系统

Windows 10 启动 U 盘安装方法可参照 2.1 节 "启动 U 盘安装 Windows 7 操作系统"方法进行。也可以使用微软公司专门提供的 Windows 10 启动 U 盘安装的工具。通过微软官方提供的下载工具，下载系统并制作启动 U 盘。

在另一台可以正常工作并能上网的计算机上，下载 Windows 10 操作系统安装工具。

打开浏览器，在搜索引擎中输入"Windows 10 下载"或"原版 Windows 10 下载"。在搜索结果中选择"下载 Windows 10"（见图 2-42）。注意，选择微软公司官网以及简体中文的链接。单击链接后进入下载页面（见图 2-43），单击"立即下载工具"链接，下载并保存。

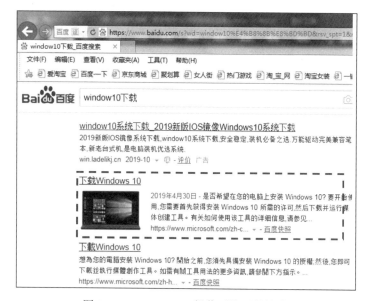

图 2-42　Windows 10 操作系统下载搜索

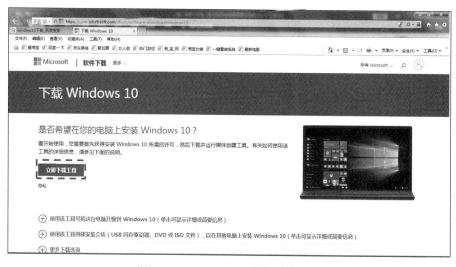

图 2-43　Windows 10 系统下载页面

3. 制作启动 U 盘

（1）插入 U 盘，将 U 盘格式化，以便于安装的正常进行。

- Windows 7 系统：双击桌面"计算机"图标，进入资源管理器窗口，找到移动 U 盘图标，右击图标，在弹出的快捷菜单中选择"格式化"命令。
- Windows 10 系统：通过"开始"菜单→"Windows 系统"→"此电脑"，或通过"开始"菜单→"设置"→"个性化"→"主题桌面图标设置"→"桌面图标设置"，在桌面添加"此电脑"图标，再双击桌面"此电脑"图标，进入"资源管理器"窗口，找到移动 U 盘图标，右击图标，在弹出的快捷菜单中选择"格式化"命令。

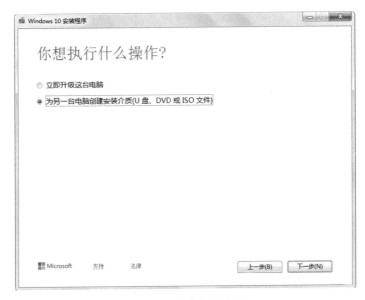

图 2-44 操作方式选择

①"立即升级这台电脑"选项。

- 拥有安装 Windows 10 所需要的许可，且当前上从 Windows 7 或 Windows 8.1 进行升级。
- 在已成功激活了 Windows 10 的计算机上重新安装 Windows 10 操作系统。

如果计算机处于以上两种升级的状况，则可以选择"立即升级这台电脑"单选按钮。在准备好安装 Windows 10 时，系统将显示所选内容以及在升级过程中要保留内容的概要信息。选择更改要保留的内容时，安装向导提供"保留个人文件和应用""仅保留个人文件"以及"选择不保留任何内容"的方式。选择要慎重，谨防丢失原有文件与应用。

升级过程中需要关闭在运行的应用和文件，做好准备后，选择安装。在整个升级过程中，计算机将会重启几次，确保不要关闭计算机电源。

②"为另一台电脑创建安装介质（U 盘、DVD 或 ISO 文件）"选项。

计算机接入 Internet，并拥有至少 8GB 空间的空白 U 盘或空白 DVD 以及 DVD 刻录机。当从 ISO 文件刻录 DVD 时，如果系统提醒光盘镜像文件太大，则需要使用双层（DL）DVD 刻录光盘。因为是给另一台计算机安装 Windows 10 操作系统，此时通过 U 盘即制作启动 U 盘的方式，实现 Windows 10 操作系统的安装。

（2）单击"下一步"按钮，在"选择语言、体系结构和版本"界面（见图 2-45），在"语言"下拉列表中选择"中文（简体）"；在"版本"下拉列表中选择 Windows 10；在"体系结构"下拉列表中选择所要安装 Windows 10 操作系统的 CPU 位数（32 位或 64 位），具体可参考 2.1.2 节中 Windows 系统类型的内容。单击"下一步"按钮。

图 2-45　选择语言、体系结构和版本

（3）在"选择要使用的介质"界面（见图 2-46），选择"U 盘"单选按钮。单击"下一步"按钮。

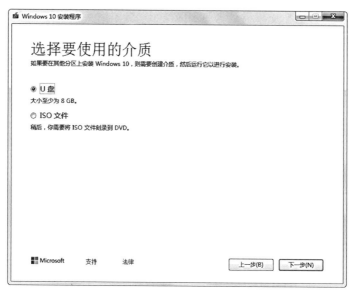

图 2-46　介质选择

（4）在"选择 U 盘"界面选择相应的 U 盘。此时将需要制作成启动 U 盘的 U 盘插入计算机的 USB 接口中，单击"下一步"按钮。

（5）进入"正在下载 Windows 10"界面。

（6）下载完成后，进一步验证下载以及创建 Windows 10 介质。

（7）进入"你的 U 盘已准备就绪"界面（见图 2-47）。此时，启动 U 盘制作完成。单击"完成"按钮，即完成制作。

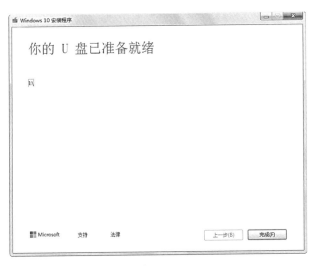

图 2-47　启动 U 盘制作完成

4. 启动 U 盘安装系统

将制作完成的启动 U 盘插入需要安装 Windows 10 操作系统的计算机 USB 接口中。

1）无须设置 BIOS

如果需要安装的计算机还可以进入原来的操作系统，插入启动 U 盘并打开 U 盘，找到 U 盘里的 setup.exe 文件，如图 2-48 所示。双击 setup.exe 文件启动 Windows 安装程序，根据安装向导完成后续操作即可安装完成。

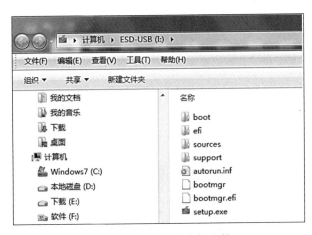

图 2-48　启动 U 盘内部文件

2）设置 BIOS 以 U 盘启动

如果计算机操作系统已经崩溃无法进入系统或为裸机，则需要设置 BIOS 以 U 盘启动。在计算机开机时，快速按 F10 或 F12 键进入启动选项菜单设置 U 盘启动，或按 DEL（Delete）键设置 BIOS U 盘启动（不同品牌的计算机开机进入 BIOS，启动选项菜单方法不同，可通过开机画面的第一屏下方提示了解进入方法或查看《主板说明书》）。详细内容可参考 2.1.3 节的内容。

 注意事项

BIOS 设置启动模式：Legacy+UEFI

现在大多数计算机出厂时自带了 Windows 10 操作系统，一般情况，2012 年以后的笔记本计算机主板的 BIOS 启动都由传统的启动模式改为 UEFI 模式，但是想要安装 Windows 7 比较麻烦，有读者认为这一模式下不能安装 Windows 7；其实不然，只要把 UEFI 模式改为传统模式，硬盘由 GUID/GPT 即全局唯一标识分区表（GUID Partition Table，GPT）格式改为主引导记录（Master Boot Record，MBR）格式就可以顺利安装 Windows 7 操作系统。想要使用 UEFI 启动，建议将分区转换成 GPT 格式，不建议 UEFI+MBR 安装 Windows10，会在安装时出现错误。

UEFI BIOS 启动模式支持两种启动模式：Legacy+UEFI 启动模式和 UEFI 启动模式。Legacy+UEFI 启动模式是指 UEFI 和传统 BIOS 共存模式，可以兼容传统 BIOS 引导模式启动操作系统；UEFI 启动模式是在 UEFI 引导模式启动操作系统。Legacy 模式针对硬盘分区为 MBR 格式，UEFI 模式针对硬盘分区为 GPT 格式。

BIOS 中开启主板 UEFI 启动模式

（1）启动计算机按 F12 键、F2 键、Del 键等（不同品牌的计算机开机进 BIOS 方法、界面不同）进入 BIOS，可查看《使用手册》《主板说明书》或在开机时仔细查看开机画面的第一屏下方提示，了解进入 BIOS 方法。

（2）由于不同计算机厂商所使用的 BIOS 系统不同，下面介绍几种设置 UEFI 的方法：进入 BIOS 后，切换到 Boot，选择 UEFI Boot 回车，设置为 Enabled，进入 BIOS 后在 Startup 下把 UEFI/Legacy Boot 设置为 UEFI Only；进入 BIOS 后在 Boot 下把 Boot mode select 设置为 UEFI；进入 BIOS 后把 Boot Type 设置为 UEFI Boot Type；华硕笔记本计算机没有 UEFI 选项，Launch CSM 默认是 Disabled，并开启 Secure Boot，开启 Secure Boot 则无法识别启动 U 盘，包括 UEFI 启动盘，所以要禁用 Secure Boot，CSM 开启时为 Legacy 模式，关闭时则为 UEFI 模式。

（3）在 BIOS 中设置 UEFI 启动模式后，按 F10 键保存设置。

在 BIOS 中设置 Legacy+UEFI 或 UEFI 模式以及 U 盘启动后，插入已制作好的启动 U 盘，按 F10 键保存，单击 Yes 或"是"按钮，计算机自动重启；如果利用启动选项菜单启动 U 盘，则需要重启后在启动菜单中选择 U 盘启动；如果是在 BIOS 中完成了以上设置，则无须任何操作，等待计算机从 U 盘启动即可，此种方法需要在系统安装完毕后，在 BIOS 中重新将启动首选项设置为硬盘。

3）安装 Windows 10 操作系统

U 盘启动后，操作系统开始安装，进入 Windows 安装向导，进行"输入语言和其他选项"设置，根据安装向导提示选择，单击"下一步"按钮，单击"现在安装"按钮，如图 2-49 和图 2-50 所示。

输入产品密钥，密钥可通过微软公司官网购买（见图 2-51）。如果没有密钥，则选择界面下方的"我没有产品密钥"，系统将继续安装，但在系统安装成功后，系统仍需要激活，否则部分操作受限。单击"我没有产品密钥"选项，在"操作系统"列表中选择"Windows 10 专业版"，单击"下一步"按钮（见图 2-52）。

图 2-49　输入语言和其他选项

图 2-50　安装选项

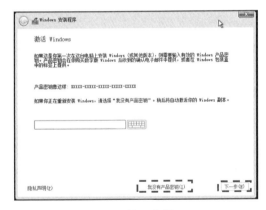
图 2-51　输入密钥

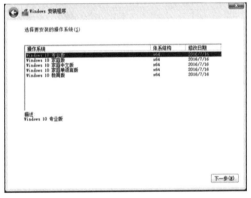
图 2-52　版本选择

勾选"我接受许可条款"复选框，单击"下一步"按钮（见图 2-53）。选择"自定义：仅安装 Windows（高级）"选项（见图 2-54）。

接下来进行硬盘分区、格式化。选择安装系统的分区，单击"下一步"按钮（见图 2-55）。具体操作，可参考 2.1.3 节的内容。

进入图 2-56 所示界面，将进行文件的复制与安装，待系统安装完毕自动重启时，回到 BIOS 或通过快速启动菜单将 U 盘启动设置为硬盘启动。

后续步骤根据安装向导提示操作，在此过程中需要完成部分设置（见图 2-57），包括区域设置、键盘布局、网络连接、用户设置、账号设置、隐私设置等。Windows 提供了"小娜"语音助手帮助用户完成设置，如果设备带有语音设备，可通过对话的方式完成设置。

完成设置后，继续进行操作系统的安装，直到最终安装成功，如图 2-58 所示。

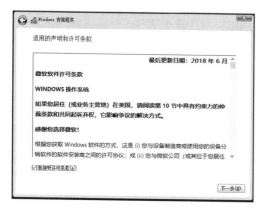

图 2-53　接受许可条款

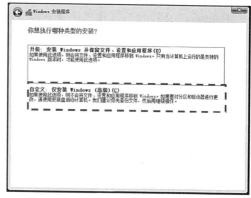

图 2-54　选择安装类型

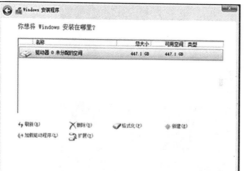

图 2-55　选择安装硬盘

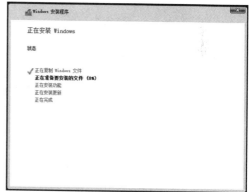

图 2-56　复制文件并安装

图 2-57　设置

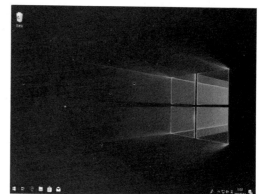

图 2-58　Windows 10 桌面

2.2.2　Windows 10 操作系统基本设置

安装成功后，右击桌面，在弹出的快捷菜单中选择"显示设置"命令，进行"分辨率"设置。

右击桌面，在弹出的快捷菜单中选择"个性化"→"主题"，在窗口选择"相关设置"，单击"桌面图标设置"栏目，选择"计算机"→"用户的文件"→"网络"选项，单击"确定"按钮。

Windows 10 操作系统还提供重置计算机的功能，当计算机运行缓慢或出现问题时，可通过此功能将操作系统恢复到初始状态。单击"开始"菜单，选择"设置"→"更新和安全"→"恢复"→"重置此计算机"。也可以通过 Windows 7 操作系统安装内容中制作启动 U 盘的办法，引导镜像文件安装 Windows 10 系统。

Windows 10 操作系统安装成功后需要激活，否则影响某些功能的使用，并且会出现卡顿。如果已从微软官网购买了激活 Windows 10 的产品密钥，单击"开始"菜单，选择"设置"→"更新和安全"→"激活"→"更改产品密钥"，输入密钥，单击"下一步"按钮完成激活。也可以通过 Kms 工具进行激活。

图 2-59　Windows 10 开始菜单

2.3　驱动程序的安装

操作系统安装成功后，计算机出现无法上网、没有声音或显示不正常等现象，通常是计算机的没有安装或无法正常识别硬件驱动。现在很多系统安装光盘可以识别一些驱动程序进行安装，但有些设备驱动无法识别，特别是笔记本计算机常会遇到类似问题。Windows 操作系统安装驱动程序根据计算机的状况与安装方法，如表 2-2 所示。

表 2-2　Windows 操作系统驱动程序安装方式

安 装 方 法	驱 动 光 盘	下载驱动程序	软件自动查找匹配驱动
硬件	光驱、驱动光盘	U 盘或硬盘、网络环境	网络环境
软件	光盘中的驱动程序	下载的驱动程序	驱动精灵或驱动人生

⚠ 注意事项

驱动程序安装
不同的操作系统需要选择相适应的版本的驱动程序，如 Windows 10 操作系统需要选择适合 Windows 10 版本的驱动程序。 　　硬件要选择相对应的驱动程序，例如，显卡应选择对应显卡厂商、型号的驱动程序。

2.3.1 驱动光盘安装驱动程序

1. 基本情况

操作系统安装后，有部分硬件或新安装硬件因为没有安装驱动程序而无法识别，不能正常工作。

2. 具体的条件

光驱、驱动光盘。

3. 安装方法

以安装主板驱动程序为例，有以下两种安装方法。

- 驱动光盘自动运行。在光驱中放入驱动光盘（见图 2-60）后双击打开光盘盘符，自动进入到主板驱动安装界面（见图 2-61），列表列出可以安装驱动的设备，选择需要的驱动程序安装即可。

图 2-60　主板驱动光盘

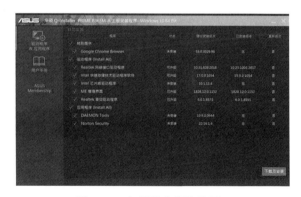

图 2-61　主板驱动安装界面

- 打开光盘，进入光盘文件目录。找到所要安装硬件的驱动文件夹并进入，双击 setup.exe 文件安装驱动。

2.3.2 驱动文件安装驱动程序或更新硬件驱动

1. 基本情况

操作系统安装后，有部分硬件或新安装的硬件因为没有安装驱动程序而无法识别，不能正常工作。

2. 具体的条件

将光驱、驱动光盘、通过网络下载的驱动文件并复制到 U 盘或硬盘上。

3. 安装方法

以显卡驱动程序更新为例，如果光盘没有自启动或更新硬件驱动程序。右击"此电脑"（Windows 7 系统→计算机；Windows 10 系统→此电脑）→"属性"→"设备管理器"。右击需要安装驱动的硬件，单击"更新驱动软件"选项，提示输入驱动程序所在路径，选择光盘或 U 盘的目录即可。

把光盘放入计算机光驱中（如果计算机没有光驱，可在有光驱的计算机上把驱动程序或通过网络下载驱动程序复制到 U 盘或硬盘上），进入设备管理器，找到需要安装驱动程序的硬件（见图 2-62），单击"显示适配器"左边的"三角图标"，在展开的显卡设备上右击，选择"更新驱动程序软件"或"属性"命令。

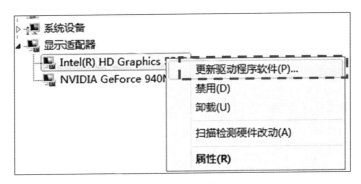

图 2-62 设备管理器窗口

在显卡的属性窗口，单击"驱动程序"→"更新驱动程序"（见图 2-63），在"更新驱动程序软件"对话框中，单击"浏览计算机以查找驱动程序软件"选项（见图 2-64）。

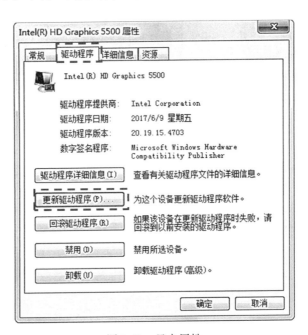

图 2-63 显卡属性

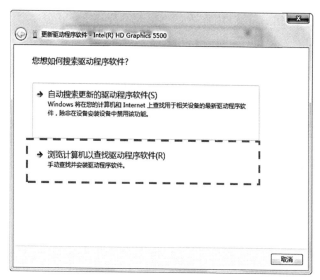

图 2-64　浏览驱动程序窗口

在新打开的浏览计算机的驱动程序文件界面，单击"浏览"按钮；在"浏览文件夹"界面，找到并单击 DVD RW 驱动器（如果是 U 盘或硬盘文件，指定到具体的驱动文件夹），此时在文件夹栏显示"DVD RW 驱动器（I:）"，单击"确定"按钮（见图 2-65）。

进入"浏览计算机的驱动程序文件"界面，单击"下一步"按钮，系统搜索 I:\驱动器，以获取驱动文件（见图 2-66）。

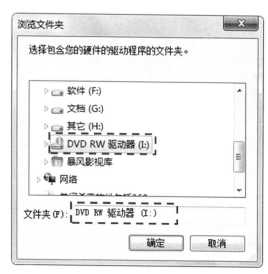

图 2-65　浏览光驱

图 2-66　搜索驱动文件

系统搜索和安装完成并提示"已安装适合设备的最佳驱动程序软件"，单击"关闭"按钮。显卡驱动程序安装完成（见图 2-67）。

其他硬件驱动程序的安装，可以参考上述方法进行。

计算机安装操作系统后，在"设备管理器中"发现硬件未正常安装驱动（显示为黄色感叹号或问号,见图 2-68),可以用上述"更新驱动程序"的方法,为设备安装或更新驱动程序。

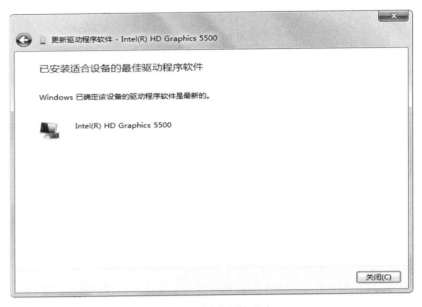

图 2-67　驱动安装成功

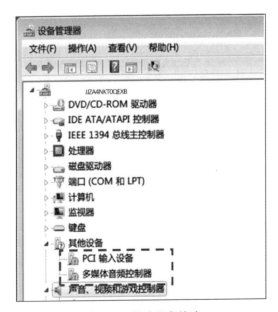

图 2-68　驱动程序故障

2.3.3　驱动管理软件自动安装或更新驱动程序

1. 下载驱动管理软件

计算机必须在网络环境下进行驱动程序的安装。上网搜索并下载"驱动精灵"或"驱动人生"。驱动精灵如图 2-69 所示。

图 2-69　驱动精灵主页面

2. 安装驱动精灵软件

下载并安装驱动精灵软件，在桌面上出现快捷方式图标（如图 2-70 所示）。

3. 运行驱动精灵

双击驱动精灵，在驱动精灵窗口单击"立即检测"按钮，运行驱动精灵（见图 2-71）。

图 2-70　快捷方式

4. 检测计算机驱动

帮助用户检查其驱动程序是否存在问题。驱动精灵中心"检测概要"选项卡可对驱动程序进行安装或升级。其他选项卡可进行垃圾清理、硬件检测等操作（见图 2-72）。

图 2-71　驱动精灵主窗口

图 2-72　驱动精灵自检结果

5. 更多功能

驱动精灵的"百宝箱"选项卡提供了更多的功能选项，可根据具体需要进行操作（见图 2-73）。

图 2-73　驱动精灵其他功能

2.4 应用软件的安装

应用软件（application software）是和系统软件相对应的软件，是使用各种程序设计语言编制的应用程序的集合，分为应用软件包和用户程序。应用软件包是利用计算机解决某类问题而设计的程序的集合，供多用户使用。用户程序是为满足用户不同领域、不同问题的应用需求而开发的软件。它可以拓宽计算机系统的应用领域，放大硬件的功能。本节以 Office 2016 的安装为例，讲述应用软件安装的方法。

Microsoft Office 是一套由微软公司开发的办公软件套装。Office 2016 是微软公司的一款集成办公软件，其中包括了 Word、Excel、PowerPoint、OneNote、Outlook、Skype、Project、Visio 以及 Publisher 等组件和服务。利用 Office 2016 可更轻松实现共享文档、协同处理文档与跨平台运行。2016 版本只支持运行在 Windows 7 或更高版本的操作系统。具体安装步骤如下。

（1）选择与计算机系统类型位数相同的安装包，Office 2016 有 32 位（x86 版本）版本与 64 位版本，Office 2016 在安装时，会根据系统环境自动识别。

（2）下载镜像文件或其他安装包。镜像文件是 ISO 格式，可由虚拟光驱或 Winrar 等压缩软件打开（见图 2-74）。解压时注意被解压文件所存放的位置，尽量将文件解压到当前文件夹中。解压完成后双击 setup 或 setup.exe 图标进行安装（见图 2-75）。

（3）出现安装界面（见图 2-76），无须任何人工操作，Office 2016 自动完成安装（见图 2-77）。

（4）Office 2016 安装完成（见图 2-78）。打开 Office 的某个应用，提示输入产品密钥（密钥需要通过微软公司官网进行购买），关闭提示窗口或通过 Kms 工具激活，即可使用 Office 2016。

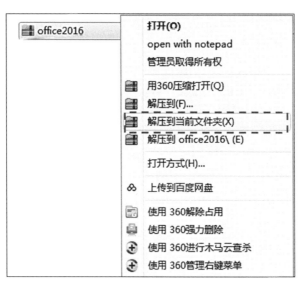

图 2-74 解压 Office 2016 镜像

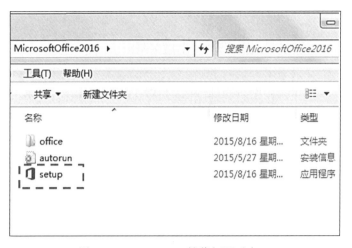

图 2-75 Office 2016 镜像解压后窗口

图 2-76 Office 2016 准备安装

图 2-77 Office 2016 开始安装

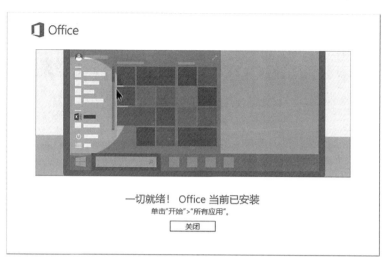

图 2-78　Office 2016 安装成功

 注意事项

应用软件安装的基本步骤

（1）执行安装程序，按照安装向导操作。如果有安装光盘，将光盘放入光驱，安装程序自动运行，按照向导提示，即可完成安装。如果是从网上下载的软件，通常要手工执行安装程序，找到 setup.exe 或 install.exe 文件，双击即可运行安装程序。

（2）同意授权协议。运行安装程序后，首先会看到一个欢迎界面，然后是授权协议界面，同意授权协议继续安装程序。如果是商业软件如 WPS、Office、Windows 7/10，通常还要求输入序列号，否则退出安装。

（3）选择安装路径。虽然绝大多数软件的默认安装路径是 C:\Program Files\，但 C 盘的文件越多越影响系统运行。因此，在分区时应给 C 盘留有足够的空间，建议 C 盘空间为 80GB~140GB。

（4）选择安装方式。软件安装通常有典型（Typical）、最小（Minimum）、自定义（Custom）三种方式，一般选择"典型（Typical）"安装方式。

（5）复制程序。单击"下一步"按钮，完成软件安装。

（6）重新启动计算机。大部分软件安装结束后会要求重新启动计算机。

思考题

1. 简述制作启动 U 盘的注意事项。
2. 简述在裸机上安装操作系统的步骤。
3. 简述在 BIOS 中设置 U 盘启动的过程。
4. 当计算机系统崩溃，如何通过启动 U 盘安装操作系统及其注意事项。

上机练习

1. 下载启动 U 盘制作工具，制作启动 U 盘，并能通过启动 U 盘备份系统。
2. 下载 Windows 10 操作系统安装工具，制作启动 U 盘，并安装 Windows 10 操作系统。

第 3 章　Windows 7/10 操作系统的基本操作与文件管理

目前，Windows 操作系统的应用以 Windows 7/10 为主。由于 Windows 7 系统运行稳定、系统设置友好、操作便捷等特点，深受用户的喜爱。同时，考虑系统升级的延续性，熟悉了 Windows 7 操作系统的操作，Windows 10 系统的操作也将不会陌生。本章主要讲解 Windows 7/10 操作系统的基本操作，并详细介绍文件管理方面的相关知识。

知识目标
- ❖ 掌握 Windows 7/10 操作系统的基本操作。
- ❖ 掌握文件和文件夹的概念及其管理。

3.1　Windows 7 操作系统简介

3.1.1　Windows 7 操作系统界面

1. 桌面

1）桌面图标

桌面上的小型图片称为桌面图标，可视为存储的文件或启动程序。将鼠标放在图标上，将出现文字，标示其名称、内容、时间等。双击图标即可打开文件或程序（见图 3-1）。

2）任务栏

进入 Windows 7 操作系统，在屏幕底部有一条窄带，称为任务栏。任务栏由 4 个区域组成，分别是"开始"菜单按钮、"窗口"按钮、通知区域、显示桌面。

3）"开始"菜单

"开始"菜单用于存放操作系统或设置系统的命令，还可以使用安装到当前系统中的所有程序。利用"开始"菜单可以进行所有的 Windows 操作。

4）小工具

Windows 7 自带 11 个小工具。选中小工具，双击或拖曳至桌面，可将小工具添加至桌面。

5）语言栏

进行输入法的选择与设置。

2. 开始菜单

"开始"菜单是由固定项目列表、常用程序列表、所有程序列表、搜索区、用户账号区、系统文件夹列表、系统设置项目列表、关机按钮和关机菜单按钮组成，各部分有不同的功能（见图 3-2）。

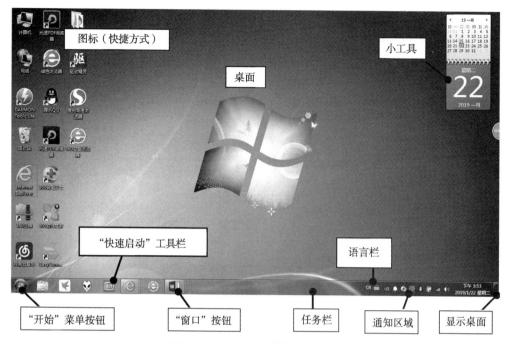

图 3-1　Windows 7 操作系统桌面

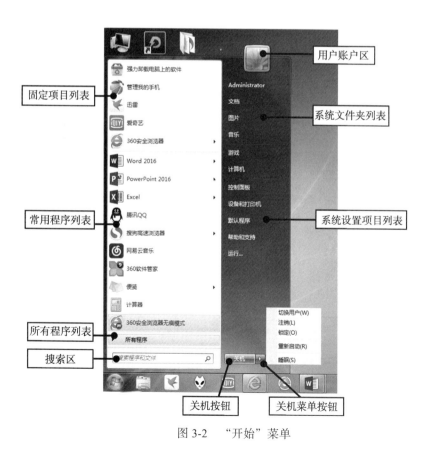

图 3-2　"开始"菜单

3. 桌面设计

1）桌面外观设置

（1）在桌面空白处右击，在弹出的快捷菜单中选择"个性化"命令，打开"个性化"界面（见图3-3）。可进行"桌面背景""窗口颜色""声音""屏幕保护程序"等设置。

（2）"我的主题"下预置了多个主题，单击所需主题即可改变当前桌面外观。

图3-3　个性化设置窗口

2）桌面背景设置

（1）单击"桌面背景"图标（见图3-4），选择单张或多张系统内置图片。

图3-4　桌面背景设置

（2）若选择多张图片作为桌面背景，图片会定时自动切换。可以在"更改图片时间间隔"下拉菜单中设置切换间隔时间。勾选"无序播放"复选框可实现图片随机播放。通过"图片位置"可设置图片显示效果。

(3)单击"保存修改"按钮完成操作。

(4)通过"图片位置",可设置"Windows 桌面背景""图片库""顶级照片""纯色"选择图片的方式,并通过"浏览"选定图片。

4. 桌面小工具

Windows 7 提供了时钟、天气、日历等常用小工具。

(1)右击桌面空白处,在弹出的快捷菜单中选择"小工具"命令,打开"小工具"管理界面,将要使用的小工具拖曳到桌面即可(见图 3-5)。

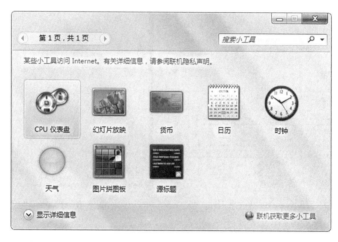

图 3-5　小工具

(2)以"时钟"小工具为例,设置小工具属性。将鼠标指针悬停在"时钟"上,当出现操作提示图标后单击"选项"按钮(见图 3-6),打开属性设置界面。在设置界面可以进行时钟的外观、是否显示秒针等设置。

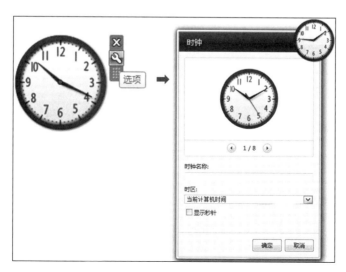

图 3-6　"时钟"小工具

5. 便笺

便笺用于记录备忘信息。Windows 7 中,"便笺"被集成在计算机中。

(1)在"开始"菜单搜索框中输入"便笺",单击"便笺"即可打开(见图3-7和图3-8)。

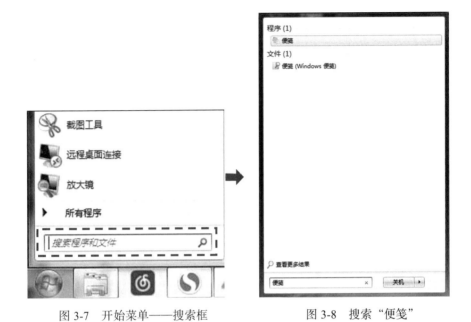

图 3-7　开始菜单——搜索框　　　　图 3-8　搜索"便笺"

(2)添加/删除便笺。单击便笺左上角的"+"按钮可添加新的空白便笺;单击右上角的"×"按钮可删除当前便笺(见图3-9)。

图 3-9　便笺

(3)为便笺设置不同的颜色。右击便笺,可设置不同的颜色以便于区分。

3.1.2　Windows 7 的其他功能

1. 文件搜索

1)搜索文件名

(1)双击桌面"计算机"图标,打开资源管理器窗口(见图3-10)。在地址栏定位检索范围。

(2)在搜索栏输入搜索关键词。搜索文件名可使用通配符?和*。其中*表示任意多个任意字符，?表示任意一个字符。3.3.2 节将详细讲述文件与文件名命名的规则。

搜索完成后，系统会以高亮度形式显示与搜索关键词匹配的文件和文件夹（见图 3-11）。

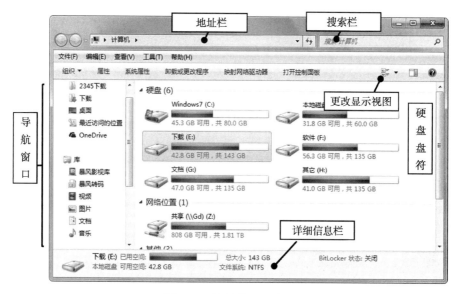

图 3-10　资源管理器窗口

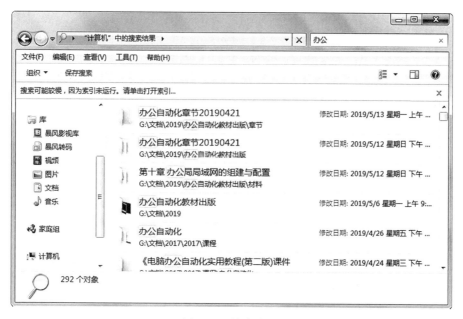

图 3-11　搜索窗口

2）搜索文件内容

（1）打开资源管理器窗口，单击"组织"下拉菜单中的"文件夹和搜索选项"命令（见图 3-12）。

（2）在"文件夹选项"对话框"常规"选项卡的"导航窗格"选项组中，勾选"自动扩展到当前文件夹"复选框（见图 3-13）。

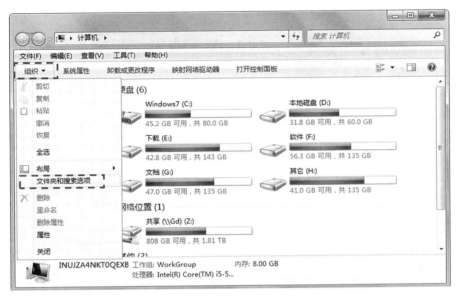

图 3-12 "组织"下拉菜单

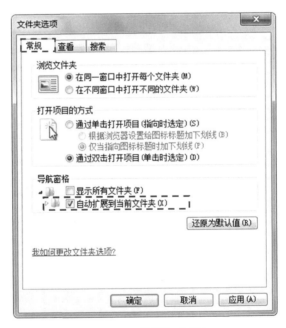

图 3-13 "常规"选项卡

（3）在"搜索"选项卡的"搜索内容"选项组中，选择"始终搜索文件名和内容(此过程可能需要几分钟)"单选按钮。勾选"搜索方式"中"在搜索文件夹时在搜索结果中包括文件夹"和"查找部分匹配"复选框（见图 3-14）。

（4）在资源管理器中的地址栏定位搜索范围，在"搜索栏"中输入搜索关键词并开始搜索（见图 3-15），以上设置可实现更精确的搜索。

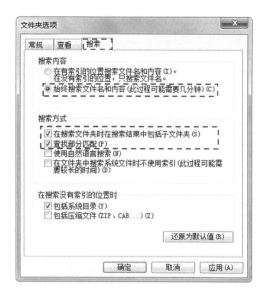

图 3-14 "搜索"选项卡

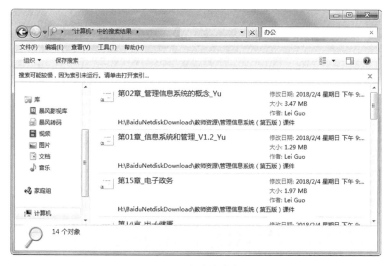

图 3-15 精确搜索结果

2. IP 地址设置

(1)单击任务栏右边的"网络"图标(见图 3-16)。

图 3-16 任务栏

(2)在弹出的窗口中单击"打开网络和共享中心"按钮(见图 3-17)。

(3)在"网络和共享中心"窗口中,单击"更改适配器设置"命令(见图 3-18)。

(4)在"网络连接"窗口中,右击"本地连接"图标,在弹出的快捷菜单中选择"属性"命令(见图 3-19)。

图 3-17 "网络"菜单

图 3-18 "网络和共享中心"窗口

图 3-19 "网络连接"窗口

（5）在"本地连接 属性"对话框中，勾选"Internet 协议版本 4（TCP/IPv4）"复选框，单击"属性"按钮（见图 3-20）。

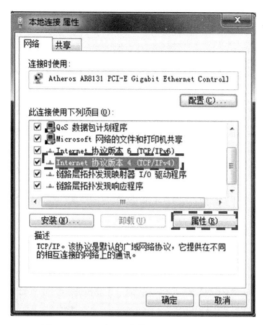

图 3-20　"本地连接 属性"对话框

（6）在"Internet 协议版本 4（TCP/IPv4）属性"对话框中，输入 IP 地址（不能和其他计算机相同）、子网掩码（校内都用 255.255.255.0）、默认网关和 DNS 服务器后，单击"确定"按钮即可（见图 3-21）。

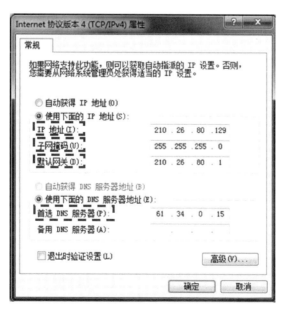

图 3-21　"Internet 协议版本 4（TCP/IPV4）属性"对话框

3. 设置浏览网页字体大小

（1）打开 IE 浏览器。

（2）在"查看"下拉菜单中选择"文字大小"（见图 3-22），即可选择字体大小，默认为"中"。

4. 添加字体

（1）单击"开始"→"控制面板"命令，进入"控制面板"界面，单击"控制面板"右侧的"查看方式：类别"，选择"小图标"，则进入"所有控制面板项"窗口（见图 3-23）。

（2）单击"字体"命令，进入"字体"窗口。

（3）把字体文件 Verdana 复制到"字体"窗口，即可完成添加字体（见图 3-24）。

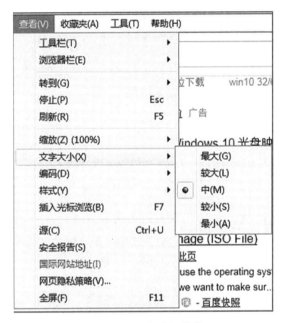

图 3-22　"查看"菜单

图 3-23　选择"字体"命令

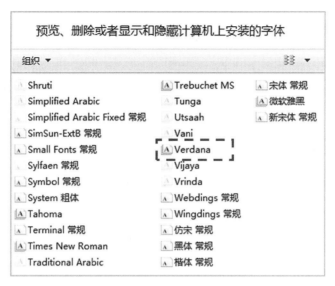

图 3-24　添加"字体"

5. 删除程序

（1）单击"开始"→"控制面板"，进入"控制面板"界面，单击"控制面板"右侧的"查看方式：类别"，选择"小图标"，则进入"所有控制面板项"窗口（见图 3-25）。

（2）单击"程序和功能"命令，进入"程序和功能"窗口。

（3）右击需要删除的程序，单击"卸载/更改"命令（见图 3-26）。

图 3-25　选择"程序和功能"命令

6. 系统更新

1）关闭自动更新

（1）单击"开始"→"控制面板"，进入"控制面板"窗口；单击"控制面板"右侧的"查看方式：类别"，选择"小图标"，进入"所有控制面板项"窗口，找到 Windows Update 选项（见图 3-27）。

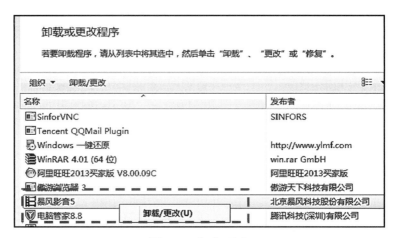

图 3-26 卸载/更改

图 3-27 选择 Windows Update

（2）单击 Windows Update 命令，进入 Windows Update 窗口。

（3）单击左侧的"更新设置"（图 3-28）。

（4）在"选择 Windows 安装更新的方法"界面的"重要更新"下拉列表中选择"从不检查更新(不推荐)"选项（见图 3-29），即关闭更新。

2）更新补丁

（1）单击"开始"→"控制面板"，进入"控制面板"窗口；单击"控制面板"右侧的"查看方式：类别"，选择"小图标"，进入"所有控制面板项"窗口。

（2）单击 Windows Update 命令，进入 Windows Update 窗口。

（3）单击"检查更新"命令。如有新的补丁，单击"安装更新"即可（见图 3-30）。

对于不太熟悉操作系统的用户，不建议用此方法更新补丁，建议关闭自动更新，使用第三方工具更新补丁，如《QQ 管家》或《360 安全卫士》。

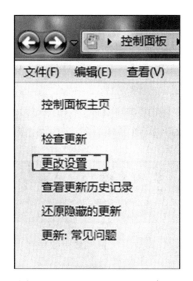

图 3-28　Windows Update 窗口

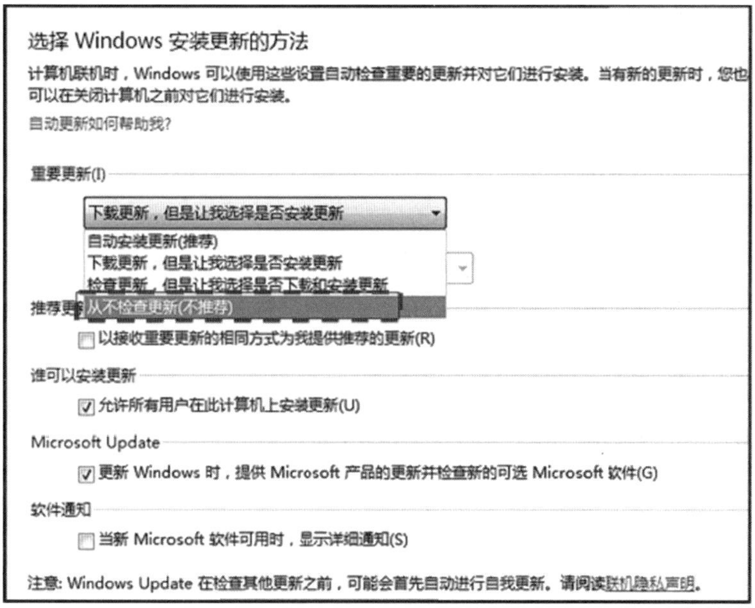

图 3-29　关闭更新

图 3-30　更新补丁

3）查看/删除已更新补丁

（1）单击"开始"→"控制面板",进入"控制面板"窗口。

（2）单击"程序和功能"命令,进入"程序和功能"窗口（见图3-31）。

（3）单击"查看已安装的更新"命令。

（4）如要删除更新的补丁,单击"卸载程序"命令,选择相应的补丁,单击"卸载"命令（见图3-32）。如果IE已自动升级到更高版本,可用此方法进行降级操作。

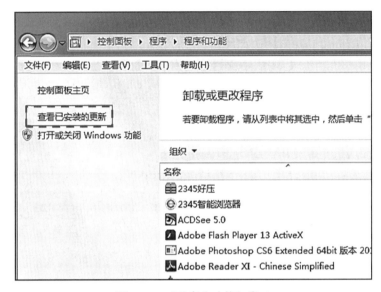

图3-31 "程序和功能"窗口

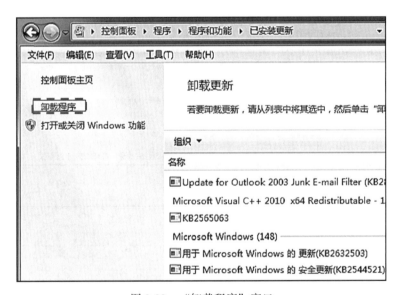

图3-32 "卸载程序"窗口

7. 防火墙设置

（1）单击"开始"→"控制面板",进入"控制面板"窗口。

(2)单击"Windows 防火墙"命令(见图 3-33)。

(3)进入"Windows 防火墙"设置窗口。单击"打开或关闭 Windows 防火墙"命令。在"家庭或工作(专用)网络位置设置"下选择"启用 Windows 防火墙"单选按钮(见图 3-34)。

图 3-33　选择"Windows 防火墙"命令

图 3-34　"Windows 防火墙"设置窗口

8. 添加输入法

(1)右击任务栏右侧的键盘图标,在弹出的快捷菜单中选择"设置"命令(见图 3-35)。

(2)在弹出的"文本服务和输入语言"对话框中单击"添加"按钮(见图 3-36)。

(3)在"添加输入语言"对话框中,下拉垂直滚动条,勾选所需要的输入法(见图 3-37),单击"确定"按钮 。

(4)在"文本服务和输入语言"对话框中,单击"确定"按钮,完成添加输入法。

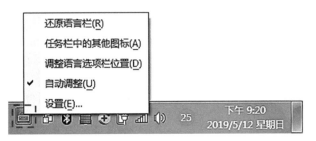

图 3-35　输入法设置

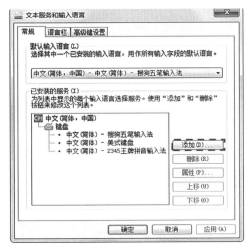

图 3-36　"文本服务和输入语言"对话框

图 3-37　"添加输入语言"窗口

9. 返回桌面

在其他程序或窗口操作时，如果想快速回到桌面，可通过任务栏中的"显示桌面"命令实现。

单击 Windows 7 "任务栏"最右侧的"小长方形"（见图 3-38），即可返回桌面。

图 3-38　显示桌面

3.2　Windows 10 操作系统简介

Windows 10 是目前为止微软公司推出的最新版本的操作系统，今后的操作系统都是在 Windows 10 的基础上进行升级。Windows 10 的版本较多，整体延续了 Windows 7 中使用度较高的功能，同时进行了全新的界面设计，加入了具有鲜明特色的新功能。下面详细讲解 Windows 10 操作系统的基本操作。

3.2.1　Windows 用户账户的创建和使用

Windows 10 存在本地账户和微软在线账户两个账户。在线账户可以同步设置日历等数据以及在 Microsoft Store 下载应用。对于大部分用户来说，本地账户已经足够使用了。两个账户之间可以切换。

1. 创建微软账户的方法

（1）单击"开始"菜单，单击当前账户头像，选择"更改账户设置"命令（见图 3-39）。

（2）在弹出的"设置"窗口中单击"账户信息"→"改用 Microsoft 账户登录"命令（见图 3-40）。如果没有微软账户则在"登录"窗口中选择"没有账户？创建一个！"选项（见图 3-41）。

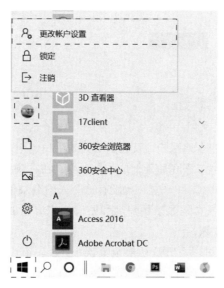

图 3-39　更改账户设置

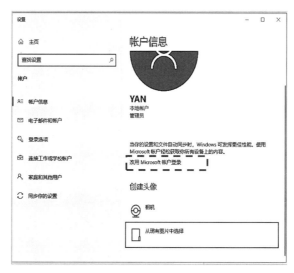

图 3-40　账户信息

（3）在"创建账户"窗口中输入账户信息，单击"下一步"按钮；输入密码（设置 Microsoft 账户密码），单击"下一步"按钮；输入个人信息，单击"下一步"按钮。

（4）此时，在注册时写入的邮箱会收到一封来自微软的验证邮件，复制验证码，将验证码填入验证窗口，单击"下一步"按钮，验证窗口将自动消失，注册完成。

图 3-41　登录

图 3-42　创建账户

2. 添加本地账户

在 Windows 10 中可添加本地账户，以方便不同的用户使用。具体操作步骤为：单击"开始"→"设置"→"账户"→"家庭和其他成员"命令；在右侧找到"其他用户"，单击"将其他人添加到这台计算机"命令；单击"我没有这个人的登录信息"；单击"添加一个没有 Microsoft 账户的用户"；输入本地账户用户名和密码，完成添加本地账户。

3. 本地账户切换至微软账户

以本地账户登录，可通过以下方法切换至微软账户。单击"开始"菜单，单击当前账户头像并单击"更改账户设置"命令；在"设置"窗口单击"你的账户"，单击"改用 Microsoft 账户登录"命令；输入微软账户及密码单击"登录"按钮；输入本地账户密码，单击"下一步"按钮，即切换完成。如果本地账户（当前 Windows）无密码，保持空即可。

4. 微软账户切换至本地账户

以微软账户登录，可通过以下方法切换至本地账户。

单击"开始"菜单，单击当前账户头像，选择"更改账户设置"。在弹出的"设置"界面中选择"你的账号"选择"改用本地账户登录"命令。在弹出的对话框输入"当前密码"，单击"下一步"按钮；输入本地账户密码，如果本地账户无密码保持空即可，单击"下一步"按钮；单击"注销并完成"按钮，注销后即切换为本地账户。

注意事项

无法创建 Microsoft 账户或无法正常切换账户

Windows 10 操作系统的用户想要对计算机账户设置进行更改，将本地账户切换成微软账户，却发现没有"改用 Microsoft 账户登录"选项，导致无法正常切换账户。可以参考以下步骤，再创建一个本地管理员账户。切换到新建的账户登录后再尝试改用 Microsoft 账户登录。

（1）按 Win+R 组合键打开运行窗口，再输入 netplwiz。

（2）在弹出的"用户账号"对话框中，单击"添加"按钮，单击"不是用 Microsoft 账户登录"命令，单击"本地账户"按钮，输入用户名密码、确认密码和密码提示后，单击"下一步"按钮，单击"完成"按钮即可。

（3）双击新建的"用户名称"，在弹出的对话框中选择"组成员"选项卡，勾选"管理员"复选框，单击"确认"按钮。

（4）右击"开始"，选择"关机或注销"→"注销"。

（5）使用新建的账户登录 Windows 10 系统即可切换微软账户。

3.2.2 操作"开始"菜单与桌面

"开始"菜单和桌面是开机进入系统后，进一步操作的入口。Windows 10 的"开始"菜单不同于 Windows 7，它附有磁贴。磁贴类似 Windows 桌面上的快捷方式，单击磁贴可以运行相应的应用程序，打开对应的文件（夹）或网站等，动态磁贴可以滚动显示实时信息。

1. Windows 10"开始"菜单的使用方法

1）使用全屏幕的"开始"菜单

单击"开始"→"设置"→"个性化"→"开始"命令，打开右侧的"使用'开始'全屏"开关（见图 3-43）。

常规功能被收集在左侧的菜单中，可以通过单击左上角的按钮进行查看。

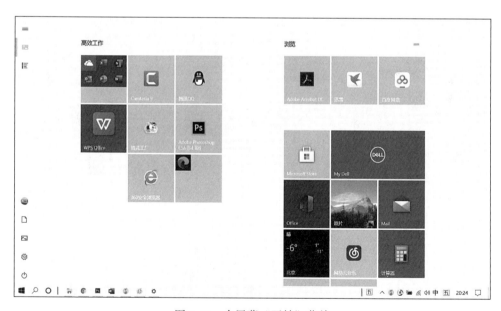

图 3-43 全屏幕"开始"菜单

2）改变"开始"菜单大小

将鼠标移动到"开始"菜单的上边缘，待鼠标变为双向箭头，可向上或向下拖动，改变"开始"菜单的大小（见图 3-44）。

按照相同的方法，可横向改变宽度，宽度取决于拥有的列数。

图 3-44 调整"开始菜单"大小

3）将应用固定到"开始"屏幕

在"开始"菜单左侧右击某个应用项目，在弹出的快捷菜单中单击"固定到'开始'屏幕"命令，如图 3-45 所示。之后应用图标或磁贴就会出现在右侧区域中。

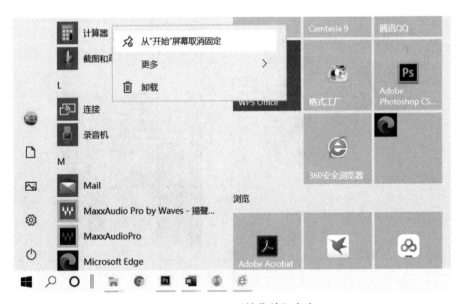

图 3-45 调整"开始菜单"大小

4）将应用固定到任务栏

在"开始"菜单中右击某个应用项目，在弹出的快捷菜单中单击"更多"→"固定到任务栏"命令，即可将应用固定到任务栏，方便日常使用。

5）调整磁贴大小

右击"磁贴",在弹出的快捷菜单中单击"调整大小"命令选择合适的大小即可。

6）移动磁贴

将鼠标放置在要移动的磁贴上,按住鼠标左键不放,移动至放置的位置松开鼠标,即可完成磁贴的移动。

7）关闭动态磁贴

右击"磁贴",在弹出的快捷菜单中单击"关闭动态磁贴"命令即可关闭。

2. 桌面

在 Windows 10 操作系统安装完毕后,会发现桌面上没有"此电脑"图标,通过以下设置即可在桌面显示"此电脑"图标。

（1）在桌面空白处右击,在弹出的快捷菜单中单击"个性化"命令。

（2）单击"主题"→"相关的设置"→"桌面图标设置"命令（见图 3-46）。

（3）勾选"计算机"或其他复选框,方便系统操作,单击"应用"按钮,单击"确定"按钮（见图 3-47）。

（4）返回桌面,可以看到"此电脑"图标。

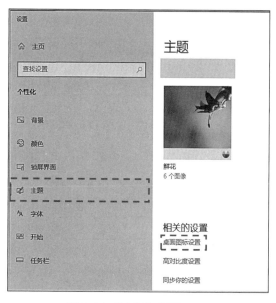

图 3-46 "主题"界面

图 3-47 桌面图标设置

3.2.3 Microsoft Edge 浏览器

Windows 10 最大的亮点是最新的 Microsoft Edge 浏览器。Internet Explorer 浏览器发展到 10 或 11 的时候,其对网页标准的支持,尤其是对 HTML5 的支持已相当不错,但 Internet Explorer 的体量过于臃肿,每发布一个新版本,都要考虑以前版本的兼容问题。于是,微软公司破釜沉舟,重新开始,一个代号为"斯巴达"的现代浏览器项目诞生了。这个项目所衍生的产品,就是 Windows 10 的默认浏览器 Microsoft Edge。

1. Microsoft Edge 浏览器的基本使用

打开 Microsoft Edge 浏览器进入首页，会看到 Edge 浏览器由"标签栏""功能栏""网页浏览区域"三部分组成。最上一行包括新建、关闭、刷新、前进和后退等基本功能。Edge 的界面十分简洁，很多功能与设置并不容易找到，下面简单讲解 Edge 的功能与设置。

Edge 的主要功能都集中在菜单一栏，包括阅读模式、共享网页等，单击"…"即"设置与其他"按钮，可以查看下载、历史记录、书签以及阅读列表（见图 3-48）。

- 阅读模式。浏览网站过程中，当不是具体页面信息时，"书籍"的图标即"阅读模式"是灰色的。但是浏览具体页面信息时，"书籍"的图标变为可单击状态。
- 添加到收藏夹或阅读列表。将网页添加到收藏夹或将网页添加到阅读列表。
- 添加备注。打开网页单击 ✎ 即"添加备注"，在网页标签下显示添加备注工具栏（见图 3-49）。通过添加备注工具，可在网页上进行备注、添加笔记、保存网页或阅读列表以及共享网页等操作，可对网页中的重点进行备注以方便下次阅读，并可以将备注共享给网络中的其他用户阅读。
- 共享此网页。单击 ⤴ 即将网页共享给网络中的其他用户或附近的设备。单击最下方的"在 Microsoft Store 中获取应用"命令，登录 Microsoft 账户，下载应用并安装，再次打开网页中的"共享网页"时，就会在共享中看到安装的应用。例如，单击 QQ，选择目标对象，单击"确定"按钮即可完成网页的共享（见图 3-50）。

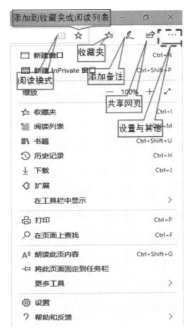

图 3-48　Edge 设置与其他

图 3-49　添加备注工具栏

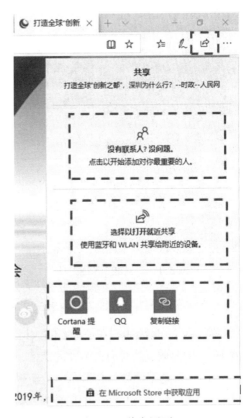

图 3-50　共享网页

2. 利用 Edge 浏览器进行无痕浏览

（1）打开 Edge 浏览器，单击右上角的"…"按钮，然后选择"新建 InPrivate 窗口"（见图 3-51），即可打开另一个 Edge 窗口。

（2）在地址栏输入网址即可访问网站，在左上角会有 InPrivate 标识（见图 3-52），而访问的网站则不会留有记录。

图 3-51 "设置与其他"菜单

图 3-52 InPrivate 访问页面

3. 扩展

微软公司为了满足用户无穷无尽的需求，推出了扩展商店，让开发者一起将 Edge 浏览器变得更好。用户只需要在系统中自带的微软官方商店搜索 Edge，或是单击浏览器右上角的"…"按钮，再单击"扩展"按钮，则会弹出"扩展"菜单（见图 3-53）。在"扩展"菜单中会显示可添加的插件或通过单击最下方的"了解更多应用"命令获取扩展。在无数扩展中选择需要的功能进行添加，如"鼠标手势""翻译""护眼模式"等功能。

选择"扩展"菜单中的 Translator For Microsoft Edge，单击"获取"按钮，则会自动完成"正在工作""正在启动"的步骤，即可在 Edge 浏览器中添加相应的插件。再次打开"扩展"菜单，启动刚安装的插件。打开 Edge 浏览器则在"地址栏"可以看到相应插件的图标（见图 3-54），单击插件图标，可进行相应的操作。

图 3-53 "扩展"菜单

图 3-54 "插件"按钮

4. Edge 浏览器设置

单击 Edge 浏览器右上角的"…"按钮，然后选择"设置"选项即可打开 Microsoft Edge 浏览器设置菜单（见图 3-55），可以对 Edge 浏览器模式、显示收藏夹栏、默认首页以及隐私和安全性等高级选项进行设置。

图 3-55　Edge 浏览器设置

3.2.4　Windows 10 的其他功能

1. Ribbon 界面

Ribbon 界面即功能区（见图 3-56），是新的 Microsoft Office Fluent 用户界面（UI）的一部分，收藏了命令按钮和图标的面板。功能区包含用于新建、编辑和导出等功能。Ribbon 把命令组织成一组"标签"，每一个应用程序都有一个不同的标签组，展示了程序所提供的功能。在每个标签里，各种相关的选项被组合在一起。Ribbon 使用户界面外观更加华丽，同时还能减少用户单击鼠标的次数。

图 3-56　Windows 10 资源管理器

Ribbon 界面是一种标签结构的用户界面，Windows 10 的文件资源管理器也应用了这种结构，不过默认是隐藏的状态。采用标签结构的设计方便用户进行相关设置的调用，使用更快捷，更有亲和力。Ribbon 界面默认分为文件、计算机功能区、查看 3 个大类标签页面。每个页面又集中对标签类进行具体细分，方便用户操作使用。文件标签主要针对磁盘类的记录、显示最近打开的文件及磁盘；计算机功能区主要集成系统常用的设置操作，方便用户调用和相关参数的调整；查看标签主要针对文件浏览器的使用习惯进行自定义操作。

Ribbon 界面功能可以把常用的功能放到最显眼的位置，方便使用，同时也保留了传统结构的菜单方式。Ribbon 界面的优点是图标分类集中存放，以图标的方式显示，使用更直观。

2. Cortana

Cortana（微软小娜）是 Windows 10 中一个很强大的功能。有了微软小娜，计算机的操作也将会变得更加便捷。开启微软小娜的具体步骤如下。

（1）单击"开始"菜单中的"设置"按钮（见图 3-57）。

（2）在"Windows 设置"窗口，单击"时间和语言"命令（见图 3-58）。

图 3-57 "设置"菜单

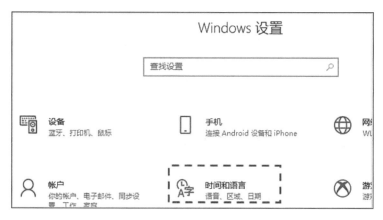

图 3-58 "Windows 设置"窗口

（3）在"时间与语言"窗口，单击左侧"语音"命令。如图 3-59 所示，在"语音"菜单的"语音语言"下拉列表中选择"中文（简体，中国）"选项。在"文本到语音转换"选项组的"语音"下拉列表中选择相应的发音（系统提供 3 种发音），并可以设定"速度"以及"预听语音"。在"时间与语言"窗口，单击左侧的"语言"命令。将语言设定为"中文（中华人民共和国）"。

设置完成后，微软小娜的基本设置已经完成。返回桌面，单击"开始"→"所有程序"→Cortana 或通过右击任务栏，在弹出的快捷菜单中选择"显示 Cortana"选项，然后单击任务栏的 ◎ 按钮打开 Cortana 窗口（见图 3-60）。

单击 Cortana 搜索栏中的"麦克风 🎤"，说"你好小娜"，让 Cortana 为您服务。Cortana 现在可以帮助用户轻松查找并更改计算机设置以及搜索等。如果在使用时遇到问题或需要进一步设置，可打开"开始"菜单，单击"设置"按钮，找到 Cortana 完成设置。

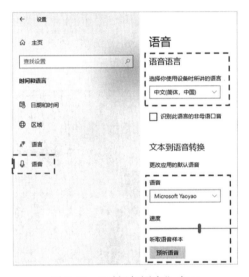

图 3-59 "时间与语言"窗口

图 3-60 Cortana 窗口

3. OneDrive

OneDrive 是一项云存储服务，支持安卓系统的智能手机、平板计算机产品和 Windows 系统的计算机。从 Windows 8 开始，操作系统中已经内置了 OneDrive 服务，用户可以将一些重要的文件数据上传至 OneDrive，以防数据丢失。

使用 OneDrive 前必须注册 Microsoft 账户，它是微软各种产品的统一账户。使用 Microsoft 账户可以登录 Outlook.com、OneDrive、Windows Phone 或 Xbox Live 等微软产品，以及任何运行 Windows 10 的计算机。通过统一账户方式可以减少不同产品之间的账户切换，更容易扩展用户所使用的产品。

在浏览器中打开百度网站，在百度搜索框中输入 OneDrive 并搜索，在搜索结果中单击微软公司官方 OneDrive 链接 Microsoft OneDrive（见图 3-61）。

图 3-61　搜索 OneDrive

单击 Microsoft OneDrive 链接，弹出 OneDrive 登录界面（见图 3-62），如果已有"Microsoft 账户"则输入邮箱地址和密码，即可登录；如果没有 Microsoft 账户，则单击"没有账户？创建一个"进行注册。

图 3-62　OneDrive 登录界面

单击 Microsoft OneDrive-Download 链接或直接在百度搜索"OneDrive 下载"，下载并安装 OneDrive。具体使用方法如下。

（1）单击"开始"菜单，打开所有程序，选择下面的 OneDrive。

（2）弹出"设置 OneDrive"界面（见图 3-63），如果已注册 Microsoft 账户或购买 Office

账户，直接输入"电子邮件地址"，单击"登录"按钮，出现输入密码窗口，即 Microsoft 账户或购买 Office 账户的密码，单击"登录"按钮。如果没有 Microsoft 账户，需要先创建一个账户。

图 3-63　"设置 OneDrive"界面

（3）弹出"你的 OneDrive 文件夹"界面（见图 3-64），可通过下方的"更改位置"链接，对本地保存位置进行修改，默认为 C 盘，单击"下一步"按钮，出现"你的 OneDrive 已准备就绪"界面（见图 3-65），单击"打开我的 OneDrive 文件夹"，出现 OneDrive 文件夹窗口（见图 3-66）。

图 3-64　OneDrive 文件夹设置

图 3-65　设置完成

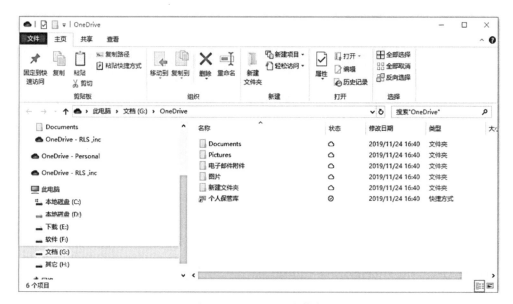

图 3-66　OneDrive 文件夹

此时，将文件放置在本地 OneDrive 文件夹中，则文件自动上传到云端，只要设备（移动端、计算机）中安装了 OneDrive 即可使用。如果已有 Microsoft 账户，同时以该账户登录 OneDrive，则在任务栏中会看到 ![] 图标，单击 ![] 图标，可查看 OneDrive 相关信息（见图 3-67）。单击"…"按钮，在弹出的菜单中选择"在线查看"命令，则可以线上登录 OneDrive，进一步在线上完成上传、同步、共享等操作。

4. 打开"控制面板"

在 Windows 10 中，"设置"的功能有取代"控制面板"的趋势，但有时候仍然要通过"控制面板"完成相关操作。下面介绍几种打开"控制面板"的方式。

（1）通过设置在桌面显示"控制面板"图标，右击桌面，在弹出的快捷菜单中单击"个性化"→"主题"→"相关设置"→"桌面图标设置"，勾选"控制面板"选项，单击"确定"按钮；返回桌面，"控制面板"图标显示在桌面上。

（2）通过"开始"菜单的全部程序找到"控制面板"。单击"开始"菜单，在全部程序中，单击"Windows系统"，则可以找到"控制面板"（见图3-68）。

图 3-67　OneDrive 窗口　　　　　　图 3-68　"开始"菜单的全部程序

（3）通过"Cortana（微软小娜）"找到"控制面板"。单击任务栏的 ◎ 按钮打开 Cortana 窗口，单击 Cortana 搜索栏中的 🎤，说"你好小娜"。在小娜识别时，再说"控制面板"或直接在搜索栏中输入"控制面板"即可显示"控制面板"，单击即可显示"控制面板"窗口。

5. 操作中心

操作中心也称为消息中心，一般显示在任务栏的右下角"🗩 操作中心"。如果通知图标消失，就无法使用操作中心的一些功能。下面介绍显示图标的方法。

（1）右击"开始"菜单，在弹出的快捷菜单中单击"设置"进入 Windows 设置界面后，选择"个性化"命令。

（2）在"个性化"界面左侧单击"任务栏"→"打开或关闭系统图标"命令（见图3-69）。

（3）在"打开或关闭系统图标"窗口打开"操作中心"开关按钮（见图3-70）。在任务栏的右下方看到"通知中心"图标，单击"🗩 控制中心"图标，在控制中心窗口则可看到常用功能区域与通知（见图3-71）。

6. 多窗口显示

自 Windows 7 开始，就加入了屏幕热区的概念，即当需要将一个窗口快速缩放至屏幕二分之一尺寸时，只须将窗口直接拖曳至屏幕两边即可。在 Windows 10 中这项功能被大大加强,可以将不同类型的程序放在不同的桌面,在切换任务时,只切换桌面而无须重新安排程序的窗口。

1)通过任务栏多窗口显示

在 Windows 10 中打开多个程序或文件夹的窗口时,打开任意一个窗口,在任务栏空白处右击(见图 3-72),在弹出的快捷菜单中选层叠、堆叠、并排显示窗口等方式,可方便地将当前桌面上打开的窗口进行自动排列。层叠显示窗口是把窗口按照一个叠一个的方式显示(见图 3-73)。堆叠显示窗口是把窗口按照横向、纵向平均分布的方式堆叠排列。并排显示窗口是把窗口按照纵向两个窗口,横向平均分布的方式排列。

2)四屏显示窗口:拖曳法

打开任意窗口,在窗口最大化或最小化情况下,将鼠标放置在标题栏上,按住鼠标左键不放,向四个方向(向四角顶点方向)拖曳,会将屏幕四等分,拖曳的窗口则占据相应的一个角。按相同的方法,可填充其余三个角,形成四屏显示(见图 3-74)。

图 3-69 "个性化"界面

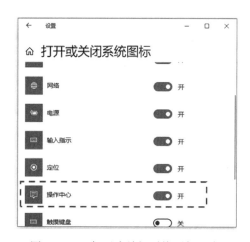

图 3-70 "打开或关闭系统图标"窗口

图 3-71 控制中心窗口

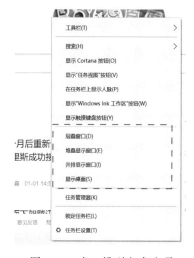

图 3-72 窗口排列方式选项

图 3-73　层叠窗口排列

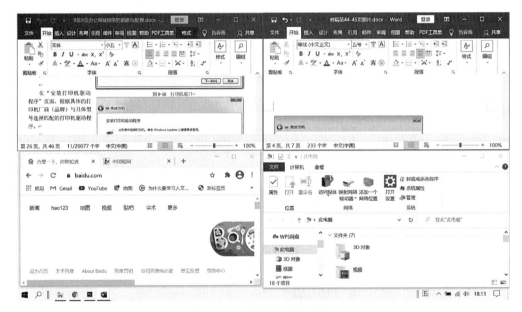

图 3-74　"四屏"显示窗口

3）两屏窗口显示：拖曳法+点选

打开任意窗口，在窗口最大化或最小化情况下，将鼠标放置在标题栏上，向水平方拖曳，则会将屏幕二等分（见图 3-75）。此时，另一半屏幕会以小窗口形式显示已打开的窗口。可根据需要选择相应的窗口，点选后将填充另一半屏幕。如果另一半屏幕不需要填充，只在空白处单击鼠标，小窗口将自动消失。

按照以上方法，还可以三屏显示。同时，多屏显示可以通过快捷键 Win +方向键的方式进行调整。

Windows 10 还提供虚拟桌面的功能（见图 3-76），可通过 Win+Tab 组合键建立虚拟桌面分组管理窗口。如要退出建立虚拟桌面，则按 Esc 键取消。

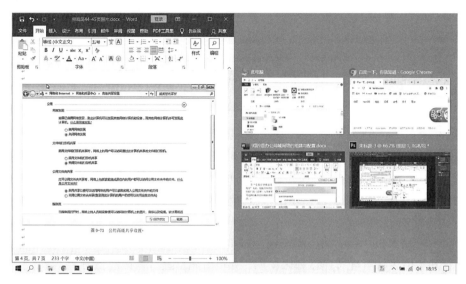

图 3-75 "两屏"显示窗口

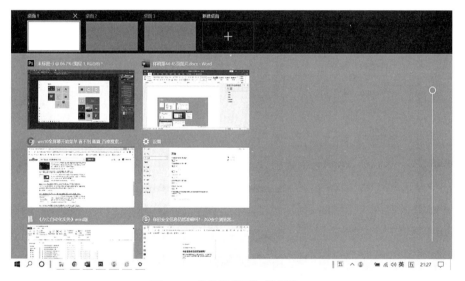

图 3-76 "虚拟桌面"管理窗口

7. 返回桌面

在 Windows 10 系统下操作办公软件时，会打开很多界面，如果需要返回桌面，逐一缩小界面，过程烦琐，以下介绍 3 种快速返回桌面的方法。

（1）在 Windows10 任务栏右下角最边缘的地方，有一个小竖条即"切换到桌面"按钮，单击小竖条（见图 3-77），可以快速返回桌面。再次单击小竖条，则返回切换前的窗口。

图 3-77 "返回桌面"按钮

Windows 7/10 操作系统的基本操作与文件管理

（2）使用快捷键返回桌面，快捷键为 Win +D。

（3）右击"开始"菜单，在弹出的快捷菜单中单击"桌面"命令，即可返回桌面。

Windows10 提供 EFS 加密文件系统、Hyper-V 虚拟化平台等功能，都极大地方便了用户的使用。

3.3 磁盘、文件与文件夹管理

3.3.1 磁盘管理

计算机中存放信息的主要存储设备是硬盘。硬盘不能直接使用，必须对硬盘进行分割，使其成为一块一块的硬盘区域，这就是磁盘分区。在传统的磁盘管理中，一个硬盘分为 3 类分区，主分区、扩展分区及逻辑分区。主分区是安装操作系统，能够进行计算机启动的分区。

1. 磁盘管理

单击"控制面板"→"系统和安全"→"管理工具"→"计算机管理"→"存储"→"磁盘管理"命令，可查看磁盘分区信息，并可对磁盘进行分区、重命名、格式化等管理（见图 3-78）。

图 3-78 磁盘管理

 提示

如何在不重装操作系统的情况下进行硬盘分区

大部分计算机都预装了正版 Windows 系统，但硬盘只有 C 盘，如何在不重新安装系统的情况下，将硬盘再分几个区，可以利用 Windows 自带的"磁盘管理"工具进行操作，具体步骤如下：

（1）右击"计算机"（或"此电脑"）再选择"管理"→"磁盘管理"。
（2）不要动"恢复分区"和"EFI系统分区"，否则预装系统将无法恢复。
（3）如果1TB的硬盘只有一个C盘。右击C盘，在弹出的快捷菜单中选择"压缩卷"命令。
（4）弹出"输入压缩空间量"对话框。这是重新分区后，C盘的空间大小。如果输入100GB，单击"压缩"命令。则会出现一个100GB的C盘和一个900GB的未分配空间。
（5）右击未分配空间，在弹出的快捷菜单中选择"新建简单卷"命令，弹出操作向导。根据实际需要，将未分配空间分为几个分区，确定每个分区的大小，根据"新建简单卷"向导完成相关设置，并给分区分配盘符号。
（6）完成操作后，在"磁盘管理"界面会看到多出一个分区，如D盘。剩下未分配的空间，按照上述步骤重新操作未分配的空间，直到全部分配完毕即可。
（7）新建分区不能直接使用，必须格式化后才能使用。通过"磁盘管理"工具可进行格式化或单击"计算机"（或"此电脑"）图标，进入"资源管理器"界面，右击"新建分区"，从弹出的快捷菜单中选择"格式化"命令，待格式化完成后即可使用。
磁盘分区管理须慎重，否则会引起磁盘数据丢失。

2. 磁盘分区

双击"计算机"图标，进入计算机窗口，将显示硬盘的磁盘分区信息。如图3-79所示，硬盘分为6个分区，系统磁盘默认为C盘，其余磁盘依次排列为D、E、F、G、H，磁盘名称可以重新命名。右击"本地磁盘（D:）"再选择"属性"命令，可查看磁盘详细信息、进行磁盘清理、共享设置等操作。

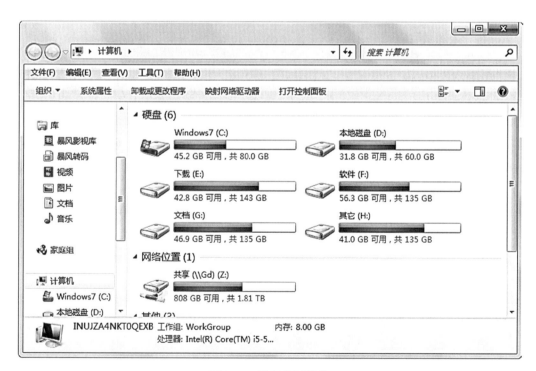

图3-79　磁盘分区信息

3.3.2 文件和文件夹的概念

计算机文件属于文件的一种，与普通文件载体不同，计算机文件是以计算机硬盘为载体存储在计算机上的信息集合。文件可以是文本文档、图片、程序等。文件通常具有由 3 个字母组成的文件扩展名，用于指示文件类型（例如，Word 文件以文档格式保存，并且文件扩展名为.docx 或.doc）。

在 Windows 操作系统中，文件是以单个名称在计算机中存储的信息的集合，是最基础的储存单位，文件通常以"文件图标+文件名+扩展名"的形式显示（见图 3-80）。

图 3-80　文件

1. 文件及文件的命名规则

在文件查询和显示时可以使用通配符"？"和"*"。

- "*"表示任意多个任意字符。"*.docx"表示所有以 docx 为扩展名的文件。
- "？"表示任意一个字符。"AAA.？"表示文件主名为 AAA，扩展名为任意一个字符的所有文件。

"A？B.*"表示文件主名含有 3 个字符，第一个字符为 A，第二个字符为任意一个字符，第 3 个字符为 B，扩展名为任意字符的文件。"？.TEM"表示文件主名为一个字符,扩展名为.TEM 的文件。"*.*"表示所有的文件。

2. 文件扩展名

（1）在 Windows 中，文件按照其所包含的信息主要可分为以下几种类型。

- 程序文件。包括可执行文件、系统命令文件和批处理文件。其中可执行文件的扩展名为.exe；系统命令文件的扩展名为.com；批处理文件的扩展名为.bat。程序文件可直接在 Windows 系统中运行。
- 支持文件。包括动态链接文件和系统配置文件。动态链接文件的扩展名为.dll；系统配置文件的扩展名为.sys。支持文件在可执行文件运行时起辅助作用而不直接运行。
- 文档文件。主要包括文档文件和普通文本文件。其中文档文件的扩展名为.doc 或.docx；普通文本文件的扩展名为.txt。文档文件可以直接用文字处理软件进行编辑。
- 多媒体文件。主要包括.wav 文件、.mpg 文件和.avi 文件等。多媒体文件是以数字形式存储的视频或音频信息。
- 图像文件。主要包括.bmp 文件、.jpg 文件和.gif 文件等。图像文件由图像处理程序生成，可通过图像处理软件进行编辑。

（2）Windows 7 查看文件扩展名的方法。

在文件所在文件夹，单击"工具"菜单，单击"文件夹选项"命令（见图 3-81）。

在弹出的"文件夹选项"对话框中，单击"查看"选项卡，通过移动窗口滚动条（见图 3-82），在"高级设置"列表框中，取消勾选"隐藏已知文件类型的扩展名"复选框，单击"确定"按钮，即可看到文件扩展名.docx（见图 3-83）。

3. 文件夹

文件夹是计算机中用于分类存储资料的一种工具，可以将多个文件或文件夹放置在一个文件夹中，文件夹由文件夹图标和文件夹名称组成（见图3-84）。

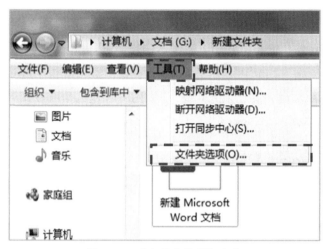

图3-81 "文件夹选项"命令

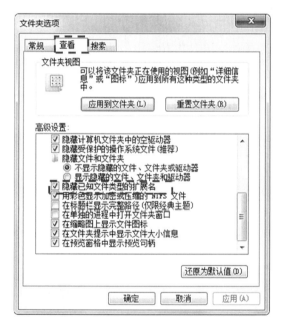

图3-82 "文件夹选项"对话框"查看"选项卡

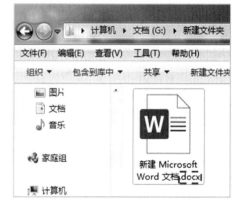

图3-83 显示文件扩展名

Windows中的文件夹是用于存储程序、文档、快捷方式和其他文件夹的容器。计算机中的文件夹分为标准文件夹（见图3-85）和系统文件夹（见图3-86）。文件夹中可以包含多个文件和文件夹，也可以不包含任何文件和文件夹，不包含任何文件和文件夹的文件夹称为空文件夹。

文件夹是为在计算机磁盘空间里分类储存电子文件而建立的独立路径的目录，即一个文件夹就是一个目录。

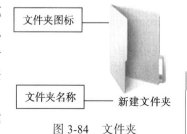

图3-84 文件夹

图 3-85 标准文件夹

图 3-86 系统文件夹

文件夹图标名称提供了指向对应磁盘空间的路径地址,它可以有扩展名,但不具有文件扩展名的作用。它有几种类型,如文档、图片、相册、音乐、音乐集等。使用文件夹方便了文件的共享,分门别类且有序存放文件,操作系统把文件组织在若干目录中。从本质上说,"开始"菜单和"控制面板"都是一个文件夹。

文件夹一般采用多层次结构,每一个磁盘有一个根文件夹,它包含若干文件和文件夹,类推下去形成的多级文件夹结构,将不同类型和功能的文件分类储存,既方便文件查找,又允许不同文件夹中的文件拥有同样的文件名。文件夹是用来组织和管理磁盘文件的一种数据结构。

对一个文件进行操作时,首先要了解文件所在的位置和名字,即文件所在哪个磁盘,在磁盘的哪个位置。磁盘使用磁盘盘符（字母与冒号）表示，如"D:"表示硬盘驱动器；磁盘上的位置使用"路径"表示，路径是用反斜杠"\"隔开的一系列子文件夹名，如图3-87所示的"黄河.JPG"，文件所在的路径表示为"D:\picture\黄河.JPG"。完整标识一个文件，应由4部分组成："盘符""路径""主文件名"".扩展名"。

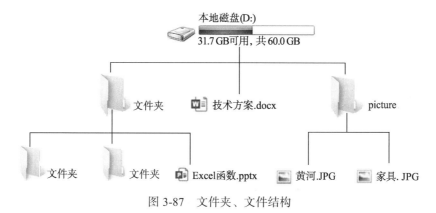

图 3-87　文件夹、文件结构

3.3.3　文件管理的主要工具

在 Windows 7 中，最基本的文件管理工具是"资源管理器"和"计算机"，它们除了可以完成文件的一般管理工作（如文件的建立、删除、复制等）外，还可以启动应用程序、管理打印机、管理计算机资源的设置和使用等。"资源管理器"和"计算机"工具的使用方法基本一致。

双击"计算机"图标或单击"开始"菜单中的"计算机"图标，打开"计算机"即"资源管理器"窗口（见图3-88）。从"计算机"文件夹中，可以访问计算机各磁盘位置，如硬盘、CD 或 DVD 驱动器以及可移动媒体，还可以访问连接到计算机的其他设备，如外部硬盘驱动器和 USB 闪存驱动器。

图 3-88　"资源管理器"窗口

1. "资源管理器"窗口

1）地址栏

地址栏出现在每个文件夹窗口的顶部，将当前文件夹的路径显示为以箭头分隔的一系列链接。单击地址栏左侧的图标，地址栏将更改为当前位置的路径。

除了通过在地址栏输入路径的方式打开文件夹，还可通过单击文件夹名或三角按钮来导航到其他文件夹中。对于常用位置（计算机、联系人、控制面板、文档、收藏夹、游戏、音乐、图片、回收站、视频），在地址栏输入名称后按 Enter 键，即可进入该文件夹位置。

2）搜索框

搜索框位于文件夹窗口右侧顶部。在搜索栏输入关键字，可查找当前文件夹中存储的文件或文件夹。

3）导航窗格

资源管理器以树形目录形式显示文件和文件夹，在一个窗口中可以同时看到源文件夹和目标文件夹，方便地对文件进行操作。在导航窗格中采用层次结构对计算机中的资源进行导航，最顶层的为"收藏夹""库""计算机"和"网络"等项目，其下层层细分为多个子项目（如磁盘和文件夹等）。单击各项目左侧的三角形按钮可展开其子项目；单击三角形按钮可收缩项目；单击项目名称可在工作区中显示其包含的内容，可以是磁盘、文件或文件夹等。当文件夹图标左边没有任何标记时，表示该文件夹已处于最底层，即该文件夹不再包含任何下一级文件夹。

使用导航窗格可以访问库、文件夹、保存的搜索结果，甚至可以访问整个硬盘。使用"收藏夹"部分可以打开所收藏的文件夹和搜索；使用"库"部分可以访问库。还可以使用"计算机"文件夹浏览文件夹和子文件夹。

4）窗口工作区

在窗口工作区中显示当前位置的所有资源内容。可以用不同的视图显示方式。例如较大（或较小）图标或者允许查看每个文件的不同种类信息的视图。更改文件在窗口中的显示方式，可单击工具栏右侧的"显示视图"按钮，选择合适的显示视图，如"大图标""列表"称为"详细信息"的视图（显示有关文件的多列信息）、称为"图块"的小图标视图以及称为"内容"的视图（显示文件中的部分内容）等。

5）预览窗格

利用预览窗格可以查看大多数文件的内容。例如，如果选择电子邮件、文本文件或图片，则无须在程序中打开即可查看其内容。单击工具栏中的"预览窗格"按钮可打开预览窗格。

6）细节窗格

利用细节窗格可以查看与选定文件关联的最常见属性，如作者、上一次更改文件的日期，以及可能已添加到文件的所有描述性标记。

2. 库

库是用于管理文档、音乐、图片和其他文件的位置，收集存储在多个位置中的文件。库实际上不存储项目，而是监视包含项目的文件夹，可以使用与在文件夹中浏览文件相同的方式浏览文件，还提供了按属性（如日期、类型和作者）排列查看文件的方式。

Windows 7 具有 4 个默认的库，分别为"文档""音乐""图片""视频"库，在"资源管理器"或"计算机"窗口的导航窗格中显示,同时"文档""音乐""图片"库也显示在"开始"菜单中(见图 3-89)。

可以将来自不同位置的文件夹包含到库中,一个库最多可以包含 50 个文件夹。库的删除将不会对在该库中访问的文件和文件夹有任何影响,但在库中对文件或文件夹的改变,却相当于在原始存储位置对文件或文件夹做出了改变。

3. 文件夹选项

在"资源管理器"窗口中,单击"工具"→"文件夹选项",或者单击"组织"下拉菜单中的"文件夹和搜索选项",在弹出的"文件夹选项"对话框(见图 3-90)中更改文件和文件夹执行的方式以及项目在计算机上的显示方式。单击"控制面板"中的"文件夹选项"也可打开"文件夹选项"对话框。

图 3-89 "库"窗口

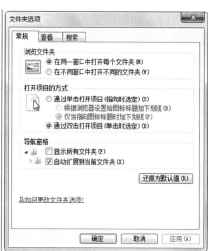

图 3-90 "文件夹选项"对话框

在"文件夹选项"对话框的"常规"选项卡中可以设置文件夹浏览方式,单击、双击打开文件的方式。在"文件夹选项"对话框的"查看"选项卡中,有更多的文件和文件夹高级设置,如"始终在工具栏上方显示菜单""显示隐藏的文件、文件夹和驱动器""隐藏已知文件类型的扩展名"等。

Windows 10 中采用 Ribbon 窗口,以"标签"与"功能组"的形式将命令选项直接显示在窗口,更便于操作。

3.3.4 文件(文件夹)管理操作

文件管理帮助用户对保存在计算机上的文件进行组织,以使文件在查找和使用上的效率更高。依靠计算机的操作系统,可以使用应用程序或通过操作系统的文件管理实用程序来组织和操作文件。

Windows 应用程序的"另存为"命令使用了操作系统的文件管理实用程序(见图 3-91)。可以利用其对文件和文件夹进行多种处理,如创建、重命名和删除文件。通过调整 Windows 文件管理实用程序"资源管理器"和"计算机",将文件按照列表的形式、图标的形式显示。

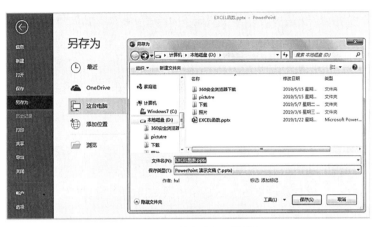

图 3-91 "另存为"对话框

计算机文件的位置是由文件路径定义的,它包含驱动器名、文件夹、文件名和扩展名。

Windows 目前支持最长达 255 个字符的文件名。这个限制是对整个文件路径的限制,包括驱动器名、文件夹名、文件名和扩展名。

1. 文件管理操作的基本方法

对于文件与文件夹操作的基本方式为查找、新建、重命名、属性更改、设置,以及复制、移动、删除等。对于文件与文件夹的操作,遵守选中操作的方式,即先选中文件或文件夹再操作。

- 查找:定位到某个对象的具体位置。
- 选中:操作一定是针对某一个对象进行的,选中使之成为当前操作对象。
- 操作:选中了操作对象,并进行相关的具体操作。

操作方式根据具体文件与文件夹大致有 4 种操作方式,即"菜单法""图标工具法""键盘操作法""鼠标操作法",如表 3-1 所示。

2. 查找操作

Windows 7 提供了查找文件和文件夹的多种方法,可以使用"开始"菜单上的搜索框进行查找存储在计算机上的文件、文件夹、程序和电子邮件,也可以使用文件夹或库中的搜索框进行查找文件或文件夹(见图 3-92)。

表 3-1 文件与文件夹的操作方式

操作方式	方 式 说 明
菜单法	使用菜单命令完成操作,适用于所有文件管理操作的操作方式。这种方式进一步分为"菜单栏下拉菜单法"和右击对象弹出的"快捷菜单法"
图标工具法	为了方便操作,系统将一些常用菜单命令以"工具图标"的形式列在窗口工具栏或功能区上,有关的操作可以直接单击"工具图标"
键盘操作法	一些菜单命令有其键盘操作的快捷方式,如"复制"可按 Ctrl+C 组合键,有关操作可以直接使用键盘快捷方式
鼠标操作法	图形界面中最为形象、最为简单的操作方式,通过单击鼠标和拖动鼠标,实现目标对象的相关操作,如复制、移动等

图 3-92 使用"开始"菜单中的搜索框搜索关键字

搜索基于文件名中的文本、文件中的文本、标记,以及其他文件属性,在搜索框内输入搜索的文件名或名称的一部分,就会即时出现搜索结果,同时搜索结果会进行自动分类。

3. 选中文件、文件夹

在对文件或文件夹进行复制、删除、移动、重命名操作之前,必须先对它进行选中。单击文件或文件夹图标,即可选中。选中多个文件或文件夹,可以有多种方式,如表 3-2 所示。

表 3-2 选中文件与文件夹的操作方式

操作方式	方式说明
鼠标操作法	单击要选择的对象,该对象即被选中,此时文件、文件夹或磁盘呈高亮。按住鼠标左键不放,在要选择的文件周围拖曳鼠标框选所需要的文件
键盘操作法	按 Ctrl+A 组合键:选中当前窗口所有内容 按 Shift+Home 组合键:选中当前文件与窗口顶部第一个文件间的所有内容 按 Shift+End 组合键:选中当前文件与窗口底部最后一个文件间的所有内容
菜单法	在"资源管理器"窗口中打开"编辑"下拉菜单。 • 全部选择:"资源管理器"右窗格的所有文件和文件夹均呈高亮度,即全部被选中 • 反向选择:取消已选择的内容,选中原来未选中的文件和文件夹,适合选取大量不连续排列的文件

1)鼠标操作

(1)若要选择一组连续的文件或文件夹,单击第一项,按住 Shift 键,再单击最后一项。

(2)若要选择相邻的多个文件或文件夹,在要选择的所有项目周围拖曳鼠标框选文件或文件夹。

(3)若要选择不连续的文件或文件夹,按住 Ctrl 键,单击要选择的每个文件或文件夹。

(4)若要选择窗口中的所有文件或文件夹,单击工具栏上的"组织"下拉菜单,单击"全选"命令。如果要从选择中排除一个或多个文件或文件夹,按住 Ctrl 键,再单击要排除的文件或文件夹。

2）鼠标和键盘配合操作

在实际操作中，鼠标和键盘应配合操作完成选中文件（文件夹）。

（1）选中单个文件（文件夹）。单击选中文件（文件夹）。

（2）选中连续的多个文件（文件夹）。单击第一个对象的图标，按住 Shift 键，再单击最后一个对象，则在两个对象之间的所有文件或文件夹都被选中（见图 3-93）。

图 3-93　连续选定多个文件（文件夹）

（3）选中不连续的多个文件（文件夹）。按住 Ctrl 键，同时单击多个不连续排列的文件（文件夹）。如图 3-94 所示，选中 Admin、App_Code 和 App_Data 3 个文件夹。按住 Ctrl 键，依次单击 Student 文件夹、examOline.sln、Login.aspx、Login.aspx.cs 3 个文件，则文件夹和文件均被选中。

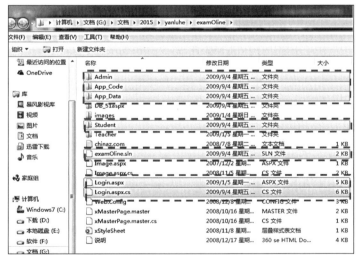

图 3-94　不连续选中多个文件（夹）

(4) 如果要取消对某个文件或文件夹的选择，在按住 Ctrl 键的同时，单击该对象即可。

(5) 按 Ctrl+A 组合键可选中所有文件与文件夹。

3.3.5 新建文件、文件夹与快捷方式

1. 新建文件、文件夹

在 Windows 中新建文件夹、文件和快捷方式的方法如下。

1）右击创建文件、文件夹

在需要建立文件、文件夹的位置右击，通过弹出的快捷菜单创建文件快捷方式、文件与文件夹（见图 3-95）。

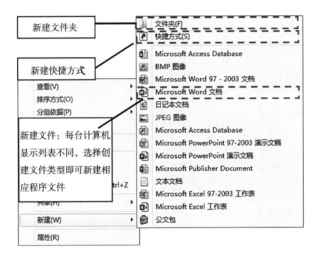

图 3-95 右击创建文件、文件夹与快捷方式

2）"资源管理器"中创建文件（夹）

在"资源管理器"中，单击菜单栏中的"文件"→"新建"命令（见图 3-96）。或者右击右侧窗格中的空白处，在弹出的快捷菜单中单击"新建"命令，打开下级子菜单，子菜单分成两部分，上部分用于新建文件夹和快捷方式，下部分用于创建文件。

图 3-96 "文件"菜单新建文件（夹）

3）程序中创建文件

创建新文件较为常见的方式是使用程序。例如，可以在文字处理程序中创建文本文档或在视频编辑程序中创建视频文件。有些程序在打开的同时创建文件，在保存文件处理结果时，单击"保存"按钮，弹出"另存为"对话框（见图3-97）。

在"另存为"对话框中，输入"文件名"，单击"保存"按钮，即完成文件的创建。在默认情况下，大多数程序将文件保存在常见文件夹（如"我的文档"和"我的图片"）中，便于查找文件，也可以选择目标位置放置文件。

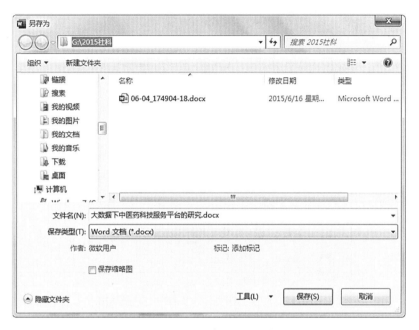

图3-97　"另存为"对话框

2. 新建快捷方式

快捷方式是一种对系统各种资源的链接，一般通过某种图标表示，使得用户方便、快速地访问有关资源。

1）新建快捷方式的方法

（1）打开要创建快捷方式的项目所在的位置。

（2）右击该项目，在弹出的快捷菜单中单击"创建快捷方式"。新的快捷方式将出现在原始项目所在的位置。

（3）将新的快捷方式拖曳到所需要的位置。

快捷方式图标和普通图标有所区别，快捷方式图标的左下角带有一个弯曲的箭头（见图3-98）。快捷方式的扩展名为".lnk"（代表link，链接）。

快捷方式所指向的文件大小与快捷方式自身大小无关。因为快捷方式不是程序、文件夹或文档的副本，而只是到达该文件的一个引用或指针，类似于一个链接。删除快捷方式并不删除其指向的程序、文件、文件夹资源，对快捷方式的更名、移动、复制等操作也不会对其程序、文件、文件夹资源带来任何影响。

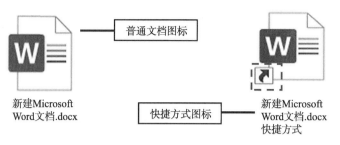

图 3-98　普通图标与快捷方式图标的区别

2）在桌面创建快捷方式

右击要创建桌面快捷方式的项目，在弹出的快捷菜单中单击"发送到"→"桌面快捷方式"（见图 3-99）。

图 3-99　"桌面快捷方式"命令

3）在"快速启动任务栏"或"开始"菜单中新建快捷方式

在桌面创建一个项目的快捷方式图标，按住鼠标左键将其拖曳到"快速启动任务栏"或"开始"菜单中。

3.3.6　文件、文件夹的其他操作

1. 复制与移动文件及文件夹

复制与移动文件或文件夹是常用的一种文件操作。复制是将文件或文件夹复制到新的位置，原位置保留文件或文件夹。而移动则是将文件或文件夹移到新的位置，原位置的文件或文件夹将被删除。其方法是选中文件或文件夹，复制文件或文件夹（Ctrl+C）切换至目标位置粘贴文件或文件夹（Ctrl+V）；选择文件或文件夹，剪切文件或文件夹（Ctrl+X）切换目标位置粘贴文件或文件夹（Ctrl+V）。

或使用"拖放"的方法（见图 3-100）复制和移动文件或文件夹，具体方法如下。

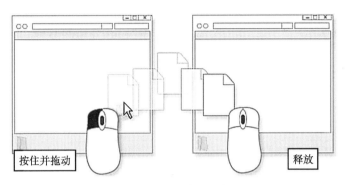

图 3-100　"拖放"的方法

（1）打开包含要移动的文件或文件夹。
（2）再打开移动目标的文件夹。
（3）将两个窗口并排置于桌面。
（4）从第一个文件夹将文件或文件夹拖动到另一个窗口的文件夹中。

使用拖放方法时，拖动某个项目在同一个磁盘驱动器上的两个文件夹之间进行，默认是移动该项目，而项目拖动到其他磁盘驱动器、网络位置中的文件夹或 CD 之类的可移动磁盘中，默认则是复制该项目。在任何情形下，按住 Shift 键拖放项目可执行移动操作；按住 Ctrl 键拖放项目可执行复制操作（见图 3-101）。

图 3-101　拖放复制的方法

复制或移动文件可使用"右键"拖放的方法在导航窗格中将文件从文件列表拖放至文件夹或库，从而不需要打开两个单独的窗口。也可以使用右键进行拖放，按住右键拖动项目到目标文件夹上释放右键时，会出现操作选择菜单，单击"移动到当前位置"或"复制到当前位置"命令，即可完成移动或复制操作（见图 3-102）。

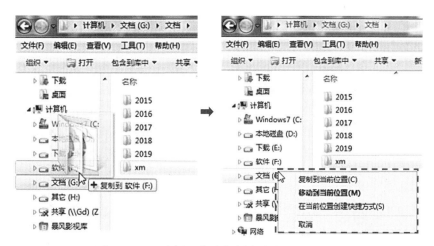

图 3-102　"右键"拖放复制或移动项目的方法

2. 删除文件或文件夹

删除文件或文件夹有 3 种方式。选中文件或文件夹按 Delete 键，完成删除（删除的文件或文件夹移至回收站）；选中文件或文件夹，删除（按 Shift+Delete 组合键，直接删除，而不移至回收站）；选中文件或文件夹右击，在弹出的快捷菜单中单击"删除"命令，完成删除（删除的文件或文件夹移至回收站）。其中，按 Delete 键实现逻辑删除，按 Shift+Delete 组合键实现物理删除（见图 3-103）。

图 3-103　删除文件或文件夹的快捷方式

如果不再需要某个文件或文件夹，可以将其从磁盘中删除，使磁盘空间得到充分利用，有利于程序的运行。删除文件夹，则该文件夹所包含的子文件夹、文件都将被删除。删除文件属性为"系统""只读"或"隐藏"的文件时，应特别慎重，否则将破坏系统，甚至造成死机。

 注意事项

逻辑删除与物理删除的区别

删除文件或文件夹有逻辑删除和物理删除之分，逻辑删除将"删除"的文件或文件夹放在"回收站"文件夹中；物理删除将"删除"的文件或文件夹从硬盘中直接删除。逻辑删除的文件或文件夹在需要时可以在"回收站"中进行"还原"操作和"删除"操作。物理删除的文件或文件夹永久删除。

3. 文件或文件夹的重命名

在 Windows 中，更改文件或文件夹的名字由以下两种方法。

- 右击文件，在弹出的快捷菜单中单击"重命名"命令，图标呈高亮显示（按 F2 键可实现对选中文件（夹）的重命名），输入新的名称。
- 选中的文件或文件夹名变为可编辑状态，输入新的名称，按 Enter 键或单击窗口的空白区域，完成重命名（见图 3-104）。更改文件扩展名时要格外小心，当扩展名改变时，操作系统弹出消息提示框进行确认，确认后图标形态会相应改变。

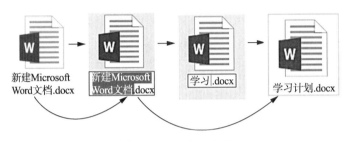

图 3-104　重命名文件

4. 文件或文件夹的属性

文件或文件夹的属性是指文件或文件夹的一些基本信息，如文件的大小、位置及创建日期等。右击选中的文件或文件夹，在弹出的快捷菜单中选择"属性"命令，打开属性对话框（见图 3-105）。

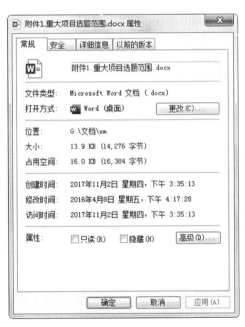

图 3-105　文件属性

在属性对话框中，查看到该文件或文件夹的类型、位置、大小、占用空间和创建时间、修改时间、访问时间。根据文件或文件夹类型的不同，属性对话框的内容不尽相同，选项卡的个数也有差异。通常可以在文件的属性对话框中查看常规、安全、自动播放等属性。

文件和文件夹的常规属性有只读和隐藏。只读表示文件或文件夹不能被更改或删除；隐藏表示文件或文件夹不显示，操作者无法查看或使用。勾选"属性"栏中的"只读""隐藏"复选框来更改文件或文件夹的属性。如果设置或修改了"属性"栏中的复选框，单击"确定"按钮；取消设置或修改则单击"取消"按钮（见图3-106）。

在Windows 7每个文件和文件夹还有压缩、加密等高级属性及包括安全信息在内的其他信息。

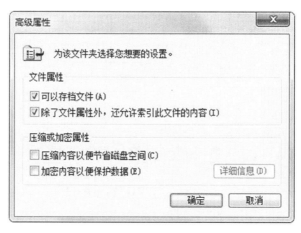

图3-106　"高级属性"对话框

思考题

1. 简述如何创建文件与文件夹及其快捷方式。
2. 简述打开文件有哪些方法。
3. 简述在文件（夹）命名时的注意事项。

上机练习

1. 设置计算机桌面主题。
2. 查看计算机文件扩展名。
3. 查看文件、磁盘属性。
4. 设置搜索以"搜索内容"方式搜索。

第 4 章　Word 2016

Word 是现代办公必备的工具之一，熟练掌握 Word 的操作是办公应用中非常重要的一个环节。本章主要学习 Word 文档内容的输入和编辑、查找与替换文本、打印文档等操作。为了使文档更加美观、规范，在完成内容的输入和编辑后，还需对文档进行必要的格式设置，如设置文本格式、段落格式等。制作一篇结构清晰、内容丰富、精致美观的文档，还需学习图文混排、页面设置等知识。

学习目标
- ❖ 掌握 Word 2016 基本功能和使用方法。
- ❖ 熟练 Word 2016 实现图文混排、邮件合并。

4.1　Word 2016 简介

4.1.1　Word 2016 窗口组成

Word 2016 窗口如图 4-1 所示，窗口的主要组成部分介绍如下。

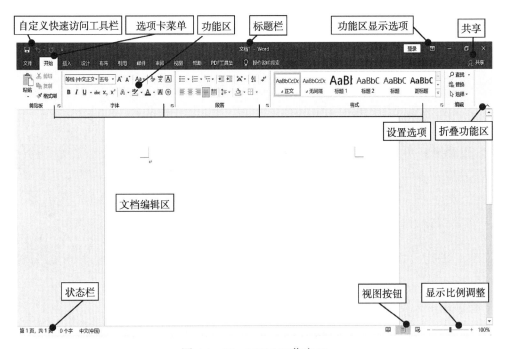

图 4-1　Word 2016 工作窗口

（1）自定义快速访问工具栏。用户可根据自己的操作习惯进行自定义快速访问工具的设置，单击"文件"选项卡菜单"选项"下拉菜单的"快速访问工具栏"命令。在"自定义快速访问工具栏"窗口，单击"从下列位置选择命令"下拉按钮，选择要添加的命令，单击"添加"按钮，即可将该命令添加到右侧的列表中，单击"确定"按钮，自定义快速访问工具栏，始终显示常用命令。

（2）选项卡菜单。功能区是一种全新的设计，它以选项卡的方式对命令进行分组和显示。功能区的外观根据屏幕的大小而改变。Word 通过更改控件的排列来压缩功能区，以便适应较小的屏幕使用 Word，用户可以根据需要对功能区进行个性化设置。Word 2016 有"文件""开始""设计""布局""引用""邮件""审阅""视图""帮助"功能选项卡，用户也可以自行添加功能选项卡，如图 4-1 中"有道翻译"。单击功能选项卡并浏览新增工具和常用的选项卡工具。

（3）功能区显示选项。显示"自动隐藏功能区""显示选项卡""显示选项卡和命令"三种方式。

（4）共享。与他人共享电子文档，如果要与其他用户共享则必须使用 OneDrive 或 Office 账户登录。

（5）状态栏。显示文档的基本信息，如当前页码、总页数、字数。单击状态栏可弹出导航窗口，可通过标题、页面查看文档，并有搜索功能。右击状态栏，则会在 Word 窗口左侧出现"自定义状态栏"（见图 4-2）。

（6）文档编辑区。Word 的页面编辑区域。

（7）折叠功能区。显示或隐藏功能区。

（8）视图按钮。单击相应按钮可快速切换阅读视图、页面视图和 Web 版式视图。

（9）显示比例调整。可通过滑块将页面显示调整至需要的显示比例。

图 4-2　自定义状态栏

4.1.2　Word 2016 基本操作

1. 启动 Word 2016

启动 Word 2016 的方法如下。

- 单击"开始"→"所有程序"→Microsoft Office→Word 2016 命令。
- 单击"开始"→"常用工具栏"→Word 2016 命令。
- 右击 Word 文件，在弹出的快捷菜单中单击"打开方式"命令，单击 Word 选项或双击 Word 文件。

2. 新建演示文稿

（1）启动 Word 2016 后，软件将自动创建一个名为"文档 1"的空白文档，或在 Word 2016 窗口中，按 Ctrl+N 组合键新建文档。

（2）单击"文件"选项卡菜单"新建"命令，单击"空白文档"按钮（或选择其他模板），即可新建文档（见图4-3）。在Word 2016中，可以通过两种方式获取模板文件：一种是Word程序自带的模板，如最近打开的模板、样本模板等；另一种是从Microsoft Office Online中下载模板，如会议议程、证书、奖状和名片等。

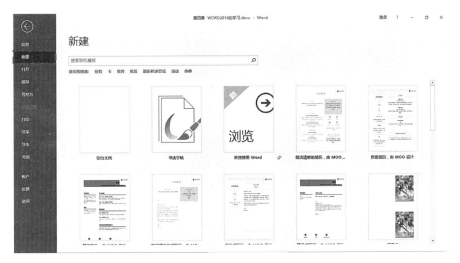

图4-3 "新建"窗口

（3）右击桌面或文件夹的空白处，在弹出的快捷菜单中单击"新建"命令，在其子菜单中选择"Microsoft Word 文档"命令，即可新建一个Word文档。

3. 保存演示文稿

Word 2016文档保存有3种方式，分别是保存新建的文档、保存已有的文档、另存为文档。需要注意文件被保存的路径及其保存类型。

（1）单击"文件"选项卡菜单"保存"或"另存为"命令。对于第一次保存的文档，无论选择"保存"或"另存为"命令，都会弹出"另存为"对话框（见图4-4）。在弹出的"另存为"对话框中设置保存路径、文件名及保存类型，单击"保存"按钮完成即可。

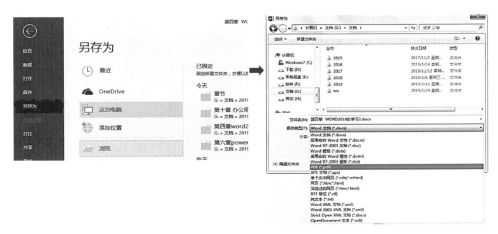

图4-4 "另存为"窗口

对原文档进行各种编辑后，如果希望不改变原文档的内容，可将修改后的文档另存为一个文档。单击"文件"选项卡左侧窗格中"另存为"命令，在"另存为"对话框中设置与前文档不同的保存位置、不同的保存名称或不同的保存类型，单击"保存"按钮完成。

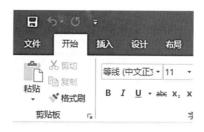

图 4-5　快速访问工具栏中的"保存"按钮

（2）单击"快速访问工具栏"中的"保存"按钮（图 4-5）。

（3）在 Word 2016 窗口中，按 Ctrl+S 组合键保存文档。

⚠ **注意事项**

> 保存时应将文档重新命名并存放在一个适当的位置，便于查找、编辑。命名要注意与正文主题相关，尽可能表达出正文主旨；文档保存的位置，尽量不保存到 C 盘，最好位置固定且注意分类。
>
> 在编辑文档过程中要及时保存，以防因断电、死机或系统自动关闭等情况造成信息丢失。

4. 打开文档

（1）进入该文档的存放路径，双击文档图标即可将其打开。

（2）在 Word 2016 窗口中单击"文件"选项卡，在左侧窗格中单击"打开"命令，在弹出的"打开"对话框中找到需要打开的文档并选中，单击"打开"按钮即可（见图 4-6）。也可以通过"最近"区域打开最近打开过的文档。

5. 关闭文档

（1）关闭文档，但不退出 Word 2016 应用程序。

- 单击"文件"选项卡，在弹出的菜单中选择"关闭"命令（见图 4-7）。
- 按 Ctrl+W 组合键。
- 按 Ctrl+F4 组合键。

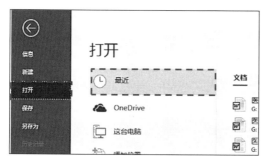

图 4-6　"打开"命令

图 4-7　"关闭"命令

(2)关闭文档的同时,退出 Word 2016 应用程序。
- 单击应用窗口右上方"关闭"按钮。
- 右击功能选项卡空白处,在弹出的快捷菜单中单击"关闭"命令(见图 4-8)。
- 按 Alt+F4 组合键。

图 4-8　左上角菜单

4.2　文档基本编辑

4.2.1　输入文本

1. 输入文本内容

在 Word 2016 操作过程中,输入文档是最基本的操作,通过"即点即输"功能定位光标插入点后,就可以录入文本了。文本包括汉字、英文字符、数字符号、特殊符号及日期时间等内容(见图 4-9)。

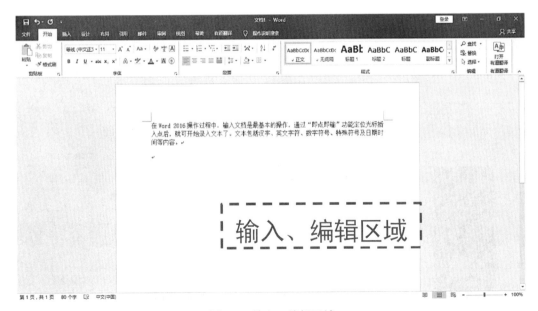

图 4-9　输入、编辑区域

2. 输入日期

（1）打开文档，将光标插入点定位到所需插入日期或时间的位置。

（2）单击"插入"选项卡菜单"文本"组中的"日期和时间"按钮（见图4-10）。

图4-10 "文本"组

（3）在"日期和时间"对话框中"语言（国家/地区）"下拉列表中选择语言种类，在"可用格式"列表框中选择日期或时间格式。

（4）单击"确定"按钮完成（见图4-11）。

图4-11 "日期和时间"对话框

3. 输入符号

对于普通符号，可通过键盘直接输入，如@、—、#、%等。而特殊符号不能通过键盘直接输入，如📖、🐍、☺等，可通过插入符号的方法进行输入。

（1）光标插入点定位在需要插入符号的位置。

（2）单击"插入"选项卡菜单"符号"组中的"符号"下拉按钮（见图4-12）。

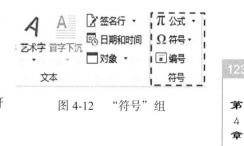

图4-12 "符号"组

（3）在弹出的"符号"对话框的"字体"下拉列表中选择适合的字体，如 Wingdings。
（4）在列表框中选中要插入的符号，如☺，单击"插入"按钮完成插入（见图 4-13）。

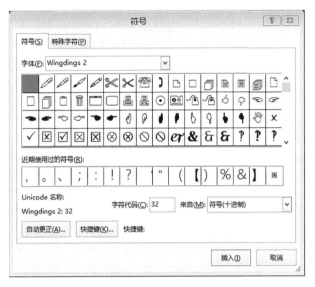

图 4-13　"符号"对话框

4.2.2　编辑文档内容

在编辑文档时，必须先选中需要编辑的文本，方可进行相应的操作。可对文本进行复制、删除、格式设置等操作。

1. 选择文本

在 Word 2016 中，经常需要选定部分或全部的文本进行编辑。

1）使用鼠标选择文本

选择任意连续文本时，可以将光标定位在选取文本之前或者之后，按住鼠标左键，向后或者向前拖动鼠标，直到选中所需要的文本后松开鼠标左键即可，被选中的文本会有相应的底纹而突出显示（见图 4-14）。

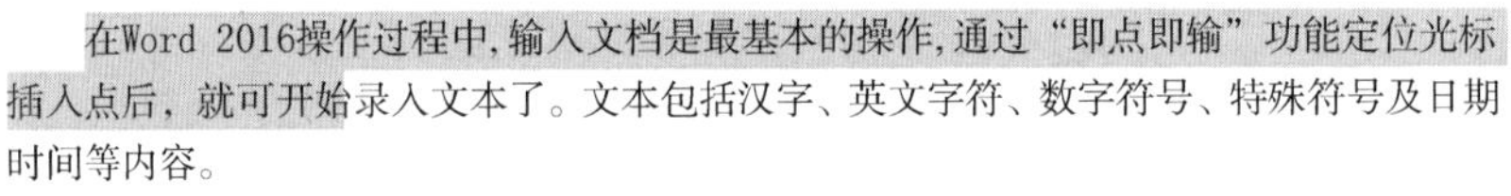

> 在Word 2016操作过程中，输入文档是最基本的操作，通过"即点即输"功能定位光标插入点后，就可开始录入文本了。文本包括汉字、英文字符、数字符号、特殊符号及日期时间等内容。

图 4-14　鼠标选择文本效果

2）其他选择文本的方式
- 选择词组：双击要选择的词组或按 F8 键 2 次。
- 选择一行文本：将鼠标指针移动到该行的行首，按住鼠标左键不放，拖曳鼠标至行尾即可选中所要选取一行文本或按 F8 键 3 次。
- 选择一段文本：将指针移动到该段第一行的行首，连续三击鼠标，即可选中所要选取的段落；或按 F8 键 4 次。

- 选择全部文本：单击"开始"选项卡菜单"编辑"组中的"选择"下拉按钮，在下拉菜单中选择"全选"命令或按 Ctrl+A 组合键。
- 选择垂直文本：按住 Alt 键，再按住鼠标左键拖动出一个矩形区域，选择完成后释放 Alt 键即可。
- 按 Shift+↓ 组合键，将选择光标所在处至下一行对应位置的文本；按 Shift+↑ 组合键，将选择光标所在处至上一行对应位置的文本；按 Shift + ← 组合键，将选择光标所在处左侧的一个字符；按 Shift + → 组合键，将选择光标所在处右侧的一个字符。
- 按 Shift+Home 组合键，将选择光标所在处至行首的文本；按 Shift+End 组合键，将选择光标所在处至行尾的文本。
- 按 Shift+PageDown 组合键，将选择从光标所在处至下一屏的文本；按 Shift+PageUp 组合键，将选择从光标所在处至上一屏的文本。
- 按 Shift+Ctrl+↓ 组合键，将选择光标所在位置至本段段尾的文本；按 Shift+Ctrl+↑ 组合键，将选择光标所在位置至本段段首的文本；按 Shift+Ctrl+← 组合键，将选择光标所在处左侧的一段文本；按 Shift+Ctrl+→ 组合键，将选择光标所在处右侧的一段文本。
- 按 Shift+Ctrl+Home 组合键，将选择从光标所在处至文档开头的文本；按 Shift+Ctrl+End 组合键，将选择从光标所在处至文档末尾的文本。

如果要取消被选择的文本，则在文档的空白处单击鼠标即可释放被选中的文本。

2. 复制文本

对于文档中内容重复部分的输入，可以通过复制和粘贴操作完成，从而提高文档编辑效率。复制文本的 4 种操作方法如下。

- 选中要复制的内容，单击"开始"选项卡菜单"剪贴板"组中的"复制"按钮，即可复制所选内容。将光标移至需要粘贴对象的位置，单击"开始"选项卡菜单"剪贴板"组中的"粘贴"下拉按钮，即可在光标所在位置粘贴所复制的内容。
- 右击要复制的内容，在弹出的快捷菜单中单击"复制"命令，即可复制所选内容。将光标移至需要粘贴对象的位置并右击，在弹出的快捷菜单中单击"粘贴选项"中的一种粘贴方式即可。
- 选中要复制的内容后，按 Ctrl+C 组合键复制所选内容，将光标移至需要粘贴对象的位置，按 Ctrl+V 组合键粘贴所复制的内容。
- 选中要复制的内容后，按住 Ctrl 键的同时，按住鼠标左键并拖曳文档到需要粘贴对象的位置，松开鼠标即可将选择的内容复制到指定位置。

3. 移动文本

移动文本的 3 种常用方法如下。

- 选择需要移动的文本内容，单击"开始"选项卡菜单"剪贴板"组中的"剪切"按钮，将光标定位到修改后的位置，单击"剪贴板"组中的"粘贴"下拉按钮，即可移动选中的文本。
- 选中要移动的内容后，按 Ctrl+X 组合键剪切所选内容，将光标移至需要粘贴对象的位置，按 Ctrl+V 组合键粘贴所剪切的内容。
- 选中要移动的内容后，按住鼠标左键并拖曳要移动的内容到目标位置，鼠标将显示为空心箭头且下方带有一个方框的样式，释放鼠标左键即可完成移动文本。

4. 删除多余的文本

当输入错误或多余的内容对其进行修改时，可以将光标插入点定位到要修改文本的后面，按下 BackSpace 键删除光标左侧的内容。也可以将光标定位到要删除文字的前面，按 Delete 键或 Del 键，删除光标后面的内容。

5. 插入与改写文本

Word 2016 状态栏不显示"插入"和"改写"状态，可以在状态栏上右击，勾选"改写"（见图 4-15）选项，状态栏则显示"插入"状态（见图 4-16）。

图 4-15　自定义状态栏　　　　图 4-16　"状态栏"输入状态

- 输入文本时，当状态栏显示"插入"按钮表示当前为"插入"状态。"插入"状态下输入文本，是在光标所在位置添加文字。
- 输入文本时，当状态栏显示"改写"按钮表示当前为"改写"状态。"改写"状态下输入文本，输入的文本替代原来的文本。

可在状态栏中单击"插入"或"改写"按钮，或者按 Insert 键，实现两种状态间切换。

6. 撤销、恢复与重复操作

- 撤销操作可以依次撤销前面所执行的操作，从而使文档内容还原。单击快速访问工具栏中的"撤销"按钮，每单击一次可撤销一步操作，按 Ctrl+Z 组合键也可撤销一步操作（见图 4-17）。
- 在执行撤销操作后，快速访问工具栏中的"重复"按钮将变为"恢复"按钮。用户可以使用恢复功能，恢复之前所撤销的操作，按 Ctrl+Y 组合键，按下一次则可恢复一次操作（见图 4-18）。
- 在没有进行任何撤销操作的情况下，"恢复"按钮会显示为"重复"按钮。单击"重复"按钮或按 Ctrl+Y 组合键，可重复上一步操作。

7. 查找、替换文本

1）查找文本

单击"开始"选项卡菜单"编辑"组中的"查找"下拉按钮或按 Ctrl+F 组合键，将在窗口左侧显示"导航"选项卡，用户可以在"搜索"文本框中输入要查找的内容，即可在"导航"选项板中列出查找到的对象，并显示相匹配内容的数量，在文档中将重点突出查找到的内容（见图 4-19 和图 4-20）。

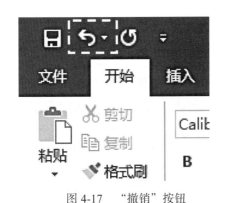

图 4-17 "撤销"按钮

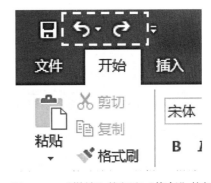

图 4-18 "撤销"按钮和"恢复"按钮

图 4-19 "编辑"组

图 4-20 查找搜索内容

2）替换文本

单击"编辑"组中的"替换"按钮或按 Ctrl+H 组合键，打开"查找和替换"对话框，在"查找内容"文本框中输入要替换的内容，如输入"文本"一词，在"替换为"文本框中输入替换后的内容，如输入"字符"。单击"替换"按钮，会逐个替换指定的对象，同时查找到下一处需要替换的内容；单击"全部替换"按钮，即可替换所有内容。单击"更多"按钮，可实现更多替换，如大小写、格式、字体、段落标记等（见图 4-21）。

8. 打印文档

打开需要打印的 Word 文档，单击"文件"选项卡菜单中"打印"选项（见图 4-22）。

- 打印预览：在打印窗口的右侧中即可预览打印效果。
- 打印输出：用户可以设置打印的份数、页数，以及选择打印机、纸张大小等，设置完成后，单击"打印"按钮即可进行打印。

图 4-21 "替换"选项卡

图 4-22 "打印"窗口

4.3 设置文档格式

⚠ 注意事项

在对文档进行格式设置时,必须先选定要设置的内容,再进行设置的操作。只有在选中状态下设置,格式效果才能生效。

在 Word 文档中输入文本后,为能突出重点、美化文档,可对文本设置字体、字号、字体颜色、加粗、倾斜、下画线和字符间距等格式。

1. 设置字体格式

在 Word 2016 中,通过"开始"选项卡菜单中的"字体"组和"字体"对话框两种方式设置文字格式。单击"开始"选项卡菜单中"字体"组右下方的 按钮（见图 4-23），即可弹出"字体"对话框。

图 4-23 "字体"组

1）字体、字号和字体颜色

打开需要编辑的文档，选中要设置字体、字号和字体颜色的文本，单击"开始"选项卡菜单"字体"组中"字体""字号"和"字体颜色"文本框右侧的 ▼ 下拉按钮，选择需要的值即可（见图 4-23）。

在"字体"组中，还可对文本进行加粗倾斜效果，设置上标或下标，为文本添加下画线，文本突出显示等设置，如图 4-24 所示，通过"字体"对话框"字体"选项卡可实现字体更多设置。

图 4-24 "字体"对话框

2）设置字符间距

单击"字体"组右下方的 按钮，即可弹出"字体"对话框，单击"高级"选项卡，可对文本进行字间距的设置。

- 字符间距是指各字符间的距离，通过调整字符间距可使文字排列得更紧凑或疏散。

- 在"高级"选项卡中，还提供了 Open Type 功能，通过 Open Type 字体的功能选择，可使原来的英文文本更加赏心悦目。

2. 设置段落格式

对文档进行排版时，通常会以段落为基本单位操作。段落的格式设置主要包括段落的对齐方式、缩进、间距、行距、边框和底纹等，合理设置段落格式，可使文档结构清晰、层次分明。

1）设置段落的对齐方式

段落对齐样式是影响文档版面效果的主要因素。在 Word 2016 中提供了 5 种常见的对齐方式，包括左对齐、居中、右对齐、两端对齐和分散对齐。对齐方式分布在"开始"选项卡菜单的"段落"组中（见图 4-25）。

图 4-25 "段落"组

2）设置段落缩进

段落的缩进是指段落与页边的距离，段落缩进能使段落间更有层次感。Word 2016 提供了 4 种缩进方式，分别是左缩进、右缩进、首行缩进和悬挂缩进。用户可以使用段落标记、"段落"对话框（见图 4-26）和"段落"组 3 种方式设置段落缩进。

单击"视图"选项卡菜单的"显示"组，勾选"标尺"选项。在 Word 文档编辑区出现标尺，通过标尺进行缩进设置，（见图 4-27）。

图 4-26 "段落"对话框

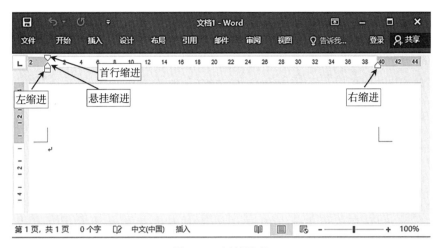

图 4-27 标尺缩进

3）设置间距与行距

调整文档中的段间距和行间距可以有效地改善版面的效果，用户可以根据文档版式的需求，设置文档中的段间距和行间距。

设置段与段之间段前、段后距离，单位有行、磅，数值可通过 按钮调整或手动输入；行距指段格中行与行之间的距离，可选择单倍行距、1.5 倍行距、固定值、多倍行距等，再设置数值（见图 4-26）。

4）设置边框与底纹

在制作文档时，为修饰或突出文档中的内容，可对标题或者一些重点段落、文字添加边框或者底纹效果。

单击"开始"选项卡菜单"段落"组中的 按钮（见图 4-28），单击下拉按钮，可看到多种添加框线的选项，单击"边框和底纹"选项（见图 4-29），弹出"边框与底纹"对话框，在"应用于"下拉列表中选择"文字"或"段落"为其添加边框或底纹（见图 4-30）。

图 4-28 "边框"按钮　　　　图 4-29 "边框和底纹"命令

5）项目符号与编号

项目符号和编号是指在段落前添加的符号或编号（见图4-31）。在制作规章制度、管理条例等方面的文档时，合理使用项目符号和编号不但可以美化文档，还可以使文档层次更为清晰。项目符号和编号有3种应用方式：项目符号、编号和多级列表。

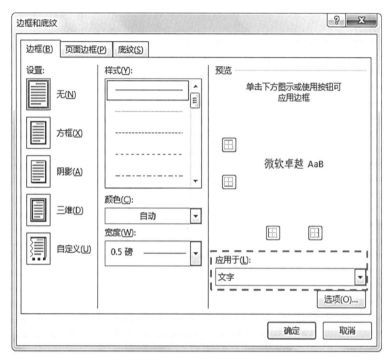

图4-30 "边框和底纹"对话框

图4-31 项目符号、编号和多级列表

- 项目符号。应用项目符号是指在文档中的并列内容前添加的统一符号，使文档条理清晰且分明。在Word中提供了多种项目符号，用户也可以根据需要自定义新的项目符号。
- 编号。编号与项目符号有类似的地方，编号是将连续的项目排列，使用编号可以使文档更有条理地排列，更有层次感。
- 多级列表。应用多级列表可以清晰地表现复杂的文档层次。在Word中可以拥有9个层级，在每个层级里面可以根据需要设置不同的形式和格式。

3. 复制与清除格式

在对文本设置格式的过程中，可根据需要对格式进行复制与清除操作，以提高编辑效率。

1）复制格式

当需要对文档中的文本或段落设置相同格式时，可通过"格式刷"按钮复制格式。选中要复制的格式所属文本，单击"开始"选项卡菜单"剪贴板"组中的"格式刷"按钮（见图 4-32）。此时鼠标呈刷形状，按住鼠标左键不放，拖曳鼠标选择需要设置相同格式的文本。完成后释放鼠标，即完成复制格式。

注意事项

> 单击"格式刷"按钮只能进行一次格式的复制。
> 如果要对多个内容复制相同的格式，将光标放至所要复制的格式中，双击"格式刷"按钮，就能连续复制格式。单击"格式刷"按钮或按 Esc 键即可取消连续复制格式刷操作。

2）清除格式

对文本设置各种格式后，若需要还原为默认格式，则可使用 Word 的"清除格式"功能，快速清除字符格式（见图 4-33）。选择需清除格式的文本，单击"开始"选项卡菜单"字体"组中的"清除格式"按钮，之前所设置的字体、颜色等格式即可被清除掉，还原为默认格式。

此外，单击"开始"选项卡菜单"样式"组的 按钮（见图 4-34），弹出如图 4-35 所示菜单，选择"清除格式"，取消已有格式。

图 4-32 "格式刷"命令

图 4-33 "清除格式"命令

图 4-34 "样式"组

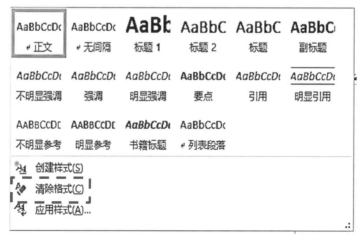

图 4-35 "样式"设置

4.4 图文混编

4.4.1 编辑图形与艺术字

为了使文档内容更加丰富,可以在其中插入自选图形、艺术字等对象进行点缀。本节将讲述对象的插入及相应的编辑方法。

1. 绘制与编辑自选图形

在 Word 2016 中自带了许多图形,用户绘制图形后,可以对图形进行各种设置,包括设置图形的大小、样式、添加阴影及三维效果等(见图 4-36)。

图 4-36 "形状"下拉按钮

1)插入自选图形

单击"插入"选项卡菜单"插图"组中的"形状"下拉按钮,在下拉菜单中可以选择多种图形(见图 4-37),如选择"笑脸"图形,在页面中按住鼠标左键拖动,即可绘制出该图形。

2)编辑自选图形

新建 Word 文档,在该文档中绘制一个图形。选中图形,单击"格式"组中的"编辑形状"按钮(见图 4-38),在弹出的菜单中选择"更改形状"命令,选择更改的图形。

图 4-37 "形状"下拉菜单

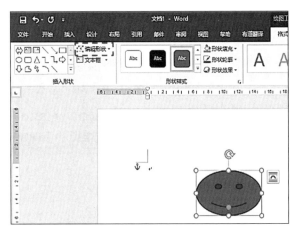

图 4-38 编辑图形

3）设置图形大小

设置图形大小可以有以下 3 种方法。
- 选择图形，将光标移动到边框上的控制点，当光标变为双向箭头时，向内或向外拖动鼠标即可调整图形大小。
- 选择图形，右击，在弹出的菜单中选择"其他布局选项"命令，即可打开"布局"对话框，选择"大小"选项卡，用户可以根据需要在"高度"和"宽度"变数框中设置图形大小。
- 选择图形，即自动进入"格式"选项卡，在"大小"组中可设置图形尺寸（见图 4-39）。

图 4-39　"大小"组

4）设置图形样式

选择一个绘制好的图形，即可进入"格式"选项卡。

在"形状样式"组中单击"形状填充"下拉按钮，可以设置形状颜色、渐变填充和图案填充等；单击"形状轮廓"下拉按钮，可以设置图形轮廓颜色、粗细以及线条类型；单击"形状效果"下拉按钮，可以为形状设置阴影、三维、发光等效果（见图 4-40）。

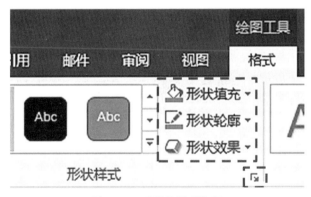

图 4-40　"形状样式"组

单击"形状样式"组中的 按钮或右击图形，在弹出的菜单中单击"设置形状格式"命令，则在 Word 窗口左侧弹出"设置形状格式"对话框，可对图形进行更多样的格式设置（见图 4-41）。

2．插入艺术字

新建一个 Word 文档，单击"插入"选项卡菜单"文本"组中的"艺术字"下拉按钮（见图 4-42）。

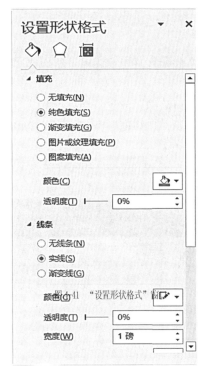

图 4-41 "设置形状格式"对话框

图 4-42 "艺术字"下拉按钮

在下拉菜单中可以选择多种艺术字样式，选择完成后，在文档中可以直接输入文字，即可得到艺术字效果。选择"艺术字"按钮，即自动进入"格式"选项卡菜单，在"艺术字样式"组中可设置样式（见图 4-43）。单击"艺术字样式"组中的 按钮，则在 Word 窗口左侧弹出"设置形状格式"对话框，可对艺术字进行颜色、轮廓样式、阴影以及柔化边缘等效果设置。

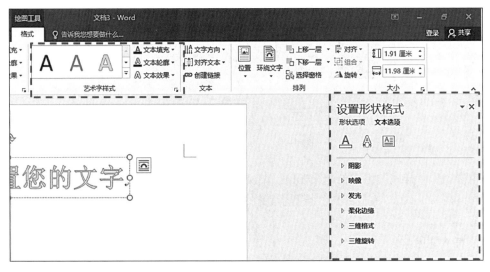

图 4-43 "艺术字样式"格式设置

3. 插入文本框

文本框用于在图形或图片上插入注释、批注或说明性文字。

打开需插入文本框的文档,单击"插入"选项卡菜单"文本"组中的"文本框"下拉按钮(见图 4-44),选择需要的文本框样式,输入文本内容即可。

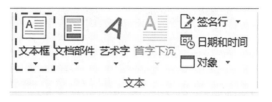

图 4-44 "文本框"下拉按钮

4. 将多个对象组合成一个整体

1)设置叠放次序

如果在文档中绘制了多个图形时,图形会互相重叠,导致图形被遮盖,不能正常显示。此时,就需要调整图形的叠放顺序。

新建 Word 文档,绘制 3 个图形,选择图形,单击"排列"组,在弹出的菜单中可以选择"上移一层"或"下移一层"命令(见图 4-45)。单击▼按钮,在下拉菜单中选择更多的命令。

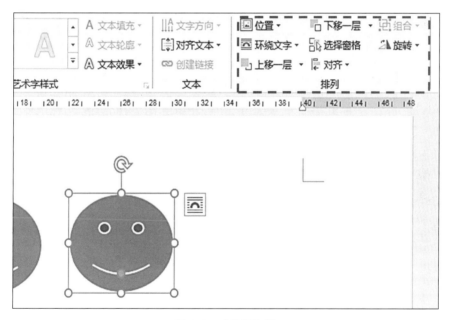

图 4-45 "排列"组

2)组合对象

在文档中创建多个图形,可以同时对图形做移动操作,并且还能保持它们的相对位置关系。这时就需要使用组合图形功能,将多个图形组合变成一个整体,以便于对其进行各种操作。组合多个图形有以下两种方式。

- 依次选择需要组合的图形,右击,在弹出的快捷菜单中单击"组合"命令,即可将多个图形进行组合。
- 依次选择需要组合的图形,单击"排列"组中的"组合"下拉按钮(见图 4-46),即可将多个图形进行组合。

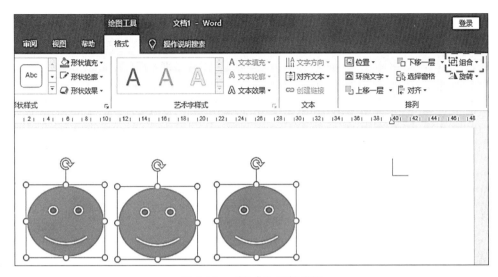

图 4-46 "组合"下拉按钮

选中已组合的图形,单击"排列"组中的"组合"下拉按钮,在下拉菜单中单击"取消组合"命令即取消组合。

4.4.2 编辑图片

在 Word 文档中,单击"插入"选项卡,在"插图"组中有"图片""图表"或"屏幕截图"等命令,可完成图形、图表的插入操作。

1. 插入图片

(1)单击"插入"选项卡菜单"插图"组中的"图片"命令(见图 4-47)。

图 4-47 "插图"组

(2)在"插入图片"对话框中找到所需要插入的图片,单击"插入"按钮,即可将图片插入文档。

2. 设置图片大小

1)手动调整图片大小

选择需要调整的图片,将光标指向边框上的控制点,当光标变成横向或纵向的箭头时拖动鼠标,即可调整图片宽或高;如果光标为斜向双向箭头并按住 Shift 键拖动,即可等比例调整图片大小。但这种方法只能对图片大小进行大致的调整,并不能精确地调整图片大小。

2)精确调整图片大小

选择需要调整的图片,即可在"格式"选项卡菜单"大小"组中看到一个数值框,输入数值可精确调整图片的宽度和高度（见图 4-48）；单击"大小"组的 按钮，弹出"大小"选项卡，可对图形进行更精确的设置。

3. 设置图片亮度和对比度

打开需要调整的图片，单击"格式"选项卡菜单"调整"组中的"校正"按钮，在弹出的面板中可以选择图片的锐化/柔化、亮度和对比度效果（见图 4-49）。

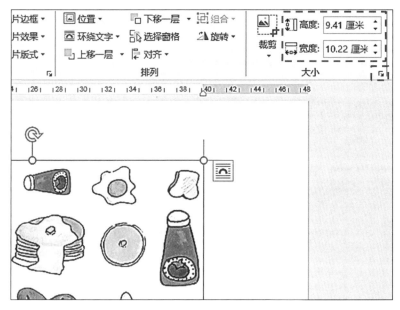

图 4-48　"大小"组

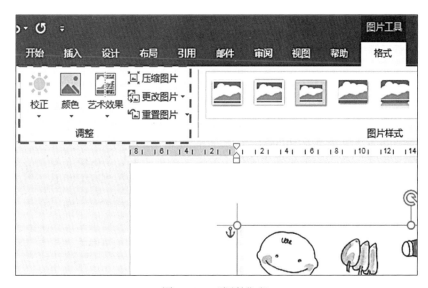

图 4-49　"调整"组

4. 旋转图片

选中或双击图片，进入"格式"选项卡菜单"排列"组中的"旋转"下拉菜单，在下拉菜单中可选择旋转类型或通过图片上方的 按钮旋转（见图4-50）。

5. 裁剪图片

（1）选中或双击图片，进入"格式"选项卡，单击"大小"组中的"裁剪"下拉按钮，在下拉菜单中选择裁剪方式（见图4-51）。

（2）单击"裁剪"命令，用户可以对图片进行自由裁剪，拖动任意一个边框，即可对该边缘进行裁剪。

（3）单击"裁剪为形状"命令，在弹出的子菜单中有多组形状，用户可以根据需要选择各种形状。

（4）单击"纵横比"命令，在其子菜单中可以选择各种比例的裁剪方式。

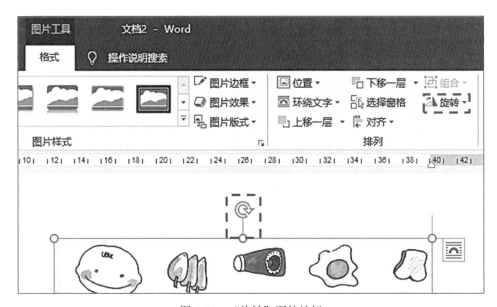

图4-50 "旋转"下拉按钮

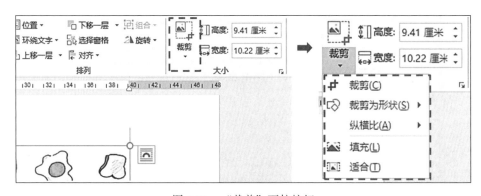

图4-51 "裁剪"下拉按钮

6. 文字环绕

（1）选中图片，单击"格式"选项卡"排列"组中的"环绕文字"下拉按钮（见图4-52），在下拉菜单中可以选择设置图片环绕方式。

（2）单击"其他布局选项"命令，在弹出的"布局"对话框中单击"环绕文字"命令，可以看到 7 种文字环绕方式（见图 4-53），用户可以根据需要选择合适的环绕方式。

（3）选中图片，在图片右侧出现 按钮，单击后则弹出"布局选项"对话框，选择合适的文字环绕方式（见图 4-54）。

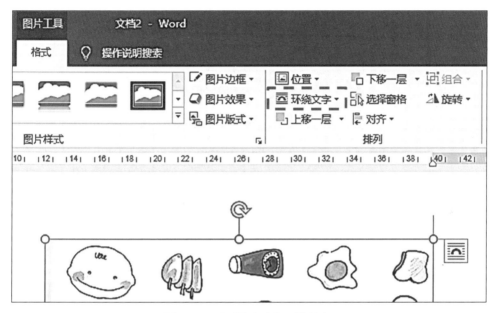

图 4-52 "环绕文字"下拉按钮

图 4-53 "环绕文字"下拉菜单

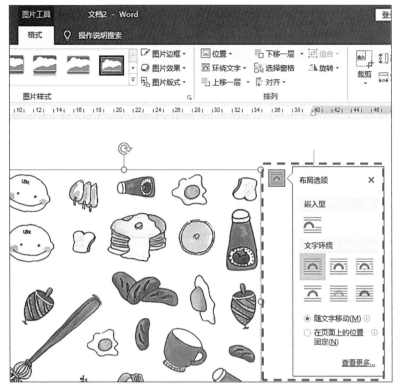

图 4-54 "布局选项"菜单

4.4.3 SmartArt 图形的应用

SmartArt 图形主要用于表明单位、公司部门之间的关系,以及各种报告、分析之类的文件,并通过图形结构和文字说明有效地传达作者的观点和信息。

1. 插入 SmartArt 图形

新建一个 Word 文档,单击"插入"选项卡菜单"插图"组中的 SmartArt 按钮(见图 4-55),将弹出"选择 SmartArt 图形"对话框(见图 4-56),在其左侧显示 9 大类图形。

图 4-55 SmartArt 按钮

2. 编辑 SmartArt 图形

1)更改布局和类型

在 Word 中创建 SmartArt 图形后,选择当前的 SmartArt 图形,可以更改其布局,也可以直接将该图形转换为其他类型的 SmartArt 图形。

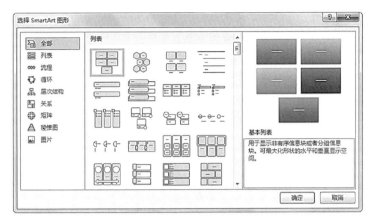

图 4-56 "选择 SmartArt 图形"对话框

单击 SmartArt 图形区域内的空白处,即可将整个图形选中,单击"设计"选项卡菜单中的"版式"选项组更改版式样式,在"SmartArt 样式"中更改颜色、选择样式。单击"重置"中的"重置图形"初始化图形(见图 4-57)。

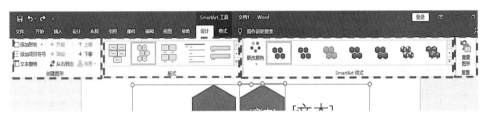

图 4-57 "设计"菜单选项卡

2) 输入文本内容
- 单击"设计"选项卡菜单"创建图形"选项组中的"文本窗格"按钮,即可打开"文本窗格"对话框,在需要输入内容的文本框中输入文字,右侧相应的图形中会即时显示输入的内容(见图 4-58)。
- 单击要输入文字的图形,该图形将转变为可以编辑的文本框形状,在其中输入文字内容即可。

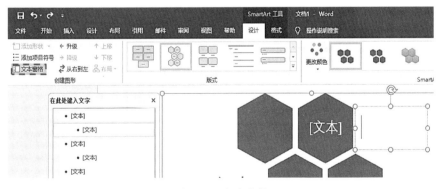

图 4-58 文本窗格

4.4.4 编辑表格

表格由一行或多行单元格组成，可以使内容简明、方便、直观。如课程表、简历表、通讯录和考勤表等。

图 4-59 "表格"下拉按钮

1. 插入表格

将光标插入点定位在需插入表格的位置，单击"插入"选项卡菜单"表格"组中的"表格"下拉按钮（见图 4-59）。在下拉菜单中利用"虚拟表格"功能，插入在 10 列 8 行范围内的表格（见图 4-60），当超出这个范围，则可使用"插入表格"命令（见图 4-61）。在下拉菜单中单击"插入表格"命令，设置行数和列数，单击"确定"按钮。

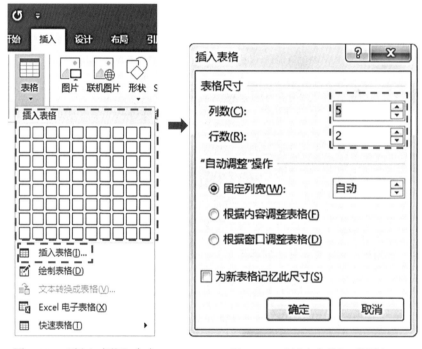

图 4-60 "插入表格"命令　　　图 4-61 "插入表格"对话框

2. 绘制表格

单击"插入"选项卡菜单"表格"组中的"表格"下拉按钮，单击"绘制表格"命令（见图 4-62）。在编辑区任意拖曳鼠标以绘制需要的表格。可以用同样的方法在绘制的表格里绘制行列边界线。

3. 表格的基本操作

对表格的数据进行操作前，首先要选择表格的数据，再进行相关操作。下面介绍几种选择表格中不同元素的方法，熟练掌握选择表格中的元素，有效提高表格编辑操作。

1）选择单元格

对单元格进行选择，包括选择一个单元格，选择多个连续单元格和选择多个不连续单元格。选择单元格的常见方式如下。

- 选择一个单元格时,将光标移动到表格单元格内侧的左边缘。当光标变成➤时单击单元格,则选中该单元格。
- 选择多个连续的单元格时,单击要选择的某个单元格且按住鼠标左键拖曳主要选择区域,将会选中相应的单元格。
- 选择多个不连续的单元格时,将光标移动到单元格内侧左边缘,当光标变成➤时,按住 Ctrl 键,并单击多个不连续的单元格,则选中多个不连续的单元格。

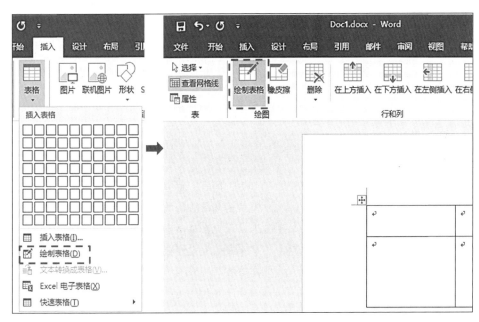

图 4-62　"绘制表格"命令

2)选择表格中的行

选择表中的行有以下 3 种方式。

- 选择一行表格。将光标定位到待选行前,当光标变成➤时,单击选中光标右侧所对应的行。
- 选择多个连续的行。将光标定位到待选行前,当光标变成➤时,单击并向上或者向下拖曳鼠标,将会选中多个连续的行。
- 选择多个不连续的行。将光标定位到待选行前,当光标变成➤时,按住 Ctrl 键,并单击行可选中多个不连续的行。

3)选择表格中的列

选择列有以下 3 种方式。

- 选择一列时,将光标定位到待选列的上方,当光标变成⬇时,单击选中光标下方对应的列。
- 选择多个连续的列,将光标定位到待选列上方,当光标变成⬇时,单击并向左或者向右拖曳鼠标,将会选中多个连续的列。

- 选择多个不连续的列时，将光标定位到任意待选列的上方，当光标变成↓时，按住Ctrl键，并单击则选中多个不连续的列。

4. 表格工具

1）"设计"选项卡

选中表格，功能区切换为"表格工具"的"设计"选项卡，可通过"表格样式选项"组、"表格样式"组和"边框"组，对表格样式进行设置（见图4-63）。

图4-63 "设计"选项卡

2）"布局"选项卡

（1）设置行高和列宽。

选中表格，功能区切换到"表格工具"的"布局"选项卡。选中需要设置行高的行，右击，在弹出的菜单中单击"表格属性"命令，在"表格属性"对话框中选择"行"选项卡，勾选"指定高度"复选框，设置行高参数即可（见图4-64）。

设置列宽的方法与行高的方法类似。选中需要设置列宽的列，单击菜单"布局"选项卡菜单中的"单元格大小"组，可以设置列宽参数（见图4-65）。

图4-64 "表格属性"对话框　　　　图4-65 "单元格大小"组

（2）插入和删除单元格。

选中要插入或删除的单元格，单击"布局"选项卡菜单中的"行和列"组，选择对应的插入选项命令或删除命令，完成单元格插入或删除（见图4-66）。

（3）合并单元格。

- 选择需要合并的单元格，右击，在弹出菜单中单击"合并单元格"命令即可合并单元格。
- 选择需要合并的单元格，单击"布局"选项卡菜单"合并"组中的"合并单元格"命令即可合并单元格。

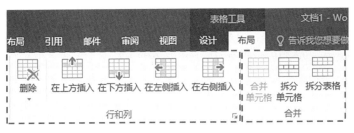

图 4-66 "行和列"组

（4）设置表格文本对齐。

打开需要设置的表格，选中一行单元格，右击，在弹出的快捷菜单中单击"表格属性"命令。或单击"布局"选项卡菜单"单元格大小"组的 按钮（见图 4-67），打开"表格属性"对话框，选择对齐方式（见图 4-68）。

图 4-67 "单元格大小"组

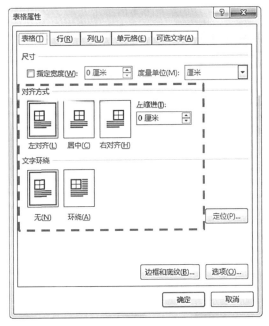

图 4-68 "表格属性"对话框

（5）设置表格边框和底纹。
- 选择需要设置的表格，右击，在弹出的快捷菜单中单击"表格属性"命令，打开"表格属性"对话框,单击"边框和底纹"按钮,在弹出的"边框和底纹"对话框中选择相应的选项设置表格边框和底纹(见图 4-69 和图 4-70)。

- 选中表格,单击"开始"选项卡菜单"段落"组的 下拉按钮,可看到多种添加框线的选项,单击"边框和底纹"命令,弹出"边框与底纹"对话框,设置表格边框和底纹。
- 选中表格,单击"表格工具"的"设计"选项卡。单击"边框"下拉按钮,在下拉菜单中单击"边框和底纹"命令(见图 4-71),弹出"边框和底纹"对话框,设置表格边框和底纹。
- 选中表格,单击"表格工具"的"设计"选项卡。单击"边框"组的 按钮(见图 4-72),弹出"边框和底纹"对话框。

图 4-69 "边框和底框"按钮

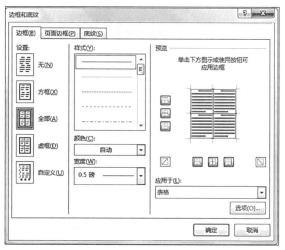

图 4-70 "边框和底纹"对话框

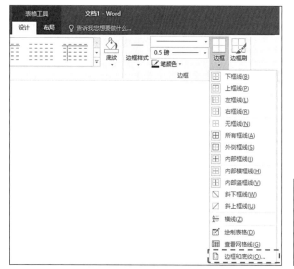

图 4-71 "边框"下拉菜单

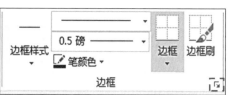

图 4-72 "边框"组

（6）表格与文本相互转换。

- 将表格转换成文本。选中要转换为文本的表格，单击"布局"选项卡菜单"数据"组中的"转换为文本"命令，在弹出的对话框中选择文本的分隔符，单击"确定"按钮，所选表格即可转换成文本（见图 4-73）。
- 将文字转换成表格。选中要转换为表格的文字，单击"插入"选项卡菜单"表格"组中的"表格"下拉按钮（见图 4-74），在下拉菜单中单击"文本转换成表格"命令，根据设置提示或预选对文本内容进行分隔设置，单击"确定"按钮（见图 4-75），所选文字即可转换成表格。

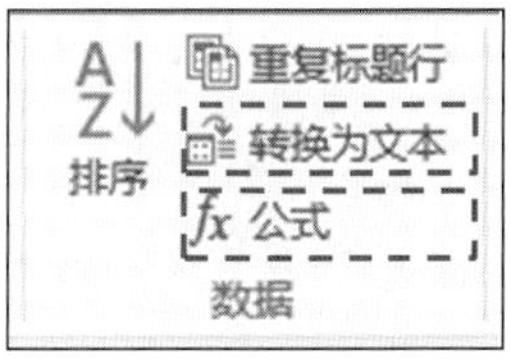

图 4-73　"数据"组

（7）计算表格数据。

- 将光标定位到需放置运算数值的单元格中，单击"布局"选项卡菜单"数据"组中的"公式"命令。
- 打开"公式"对话框，通过"粘贴函数"选取需要的函数即可（见图 4-76）。

图 4-74　"表格"下拉菜单

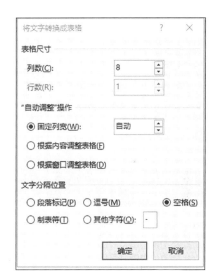

图 4-75　"将文字转换成表格"对话框

图 4-76　"公式"对话框

4.5　Word 高级应用

4.5.1　页面布局

通过"布局"菜单选项卡中的"页面设置"组，可对 Word 页面进行文字方向、页边距、纸张方向、纸张大小等设置。

1. 设置纸张大小和方向

打开 Word 文档，单击"布局"选项卡菜单"页面设置"组中的"纸张大小"下拉按钮（见图 4-77），在下拉菜单中可以选择预设的多种纸张大小。单击 按钮，打开"页面设置"对话框，可以设置精确的数值。

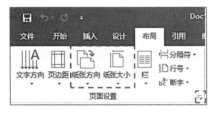

图 4-77　"页面设置"组

2. 设置纸张方向和页边距

- 单击"布局"选项卡菜单"页面设置"组中的"纸张方向"下拉按钮，在下拉菜单中可以设置页面方向为"纵向"或"横向"。
- 单击"布局"选项卡菜单"页面设置"组中的"页边距"下拉按钮，在下拉菜单中可以选择预设样式。
- 单击"自定义页边距"命令，在"页面设置"对话框中可以设置"上""下""左""右"的精确的数值（见图 4-78 和图 4-79）。

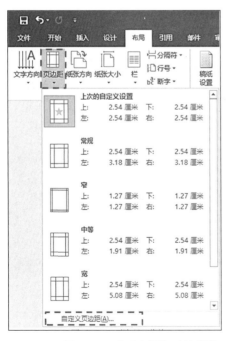

图 4-78　"页边距"下拉菜单

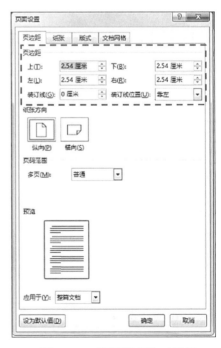

图 4-79　"页面设置"对话框

用户还可以通过拖曳鼠标设置页边距。单击"视图"选项卡菜单"显示"组中的"标尺"命令，Word 页面将显示标尺，将光标指向标尺中灰蓝色刻度线与白色刻度分界的位置，光标将变成双向箭头，此时按住鼠标左键向左或向右拖动，即可调整页边距的大小。

3. 设置页面颜色与边框

1）设置页面颜色

打开 Word 文档，单击"设计"选项卡菜单"页面背景"组中的"页面颜色"下拉按钮（见图 4-80），在下拉菜单中选择一种颜色，如蓝色。除了单色背景外，还可以设置其他填充效果。单击"填充效果"命令，在"填充效果"对话框中设置渐变、纹理、图案和图片 4 种填充效果（见图 4-81）。

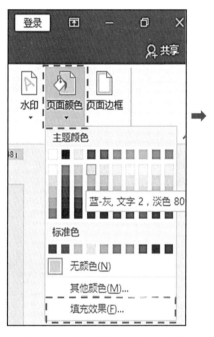

图 4-80　"页面颜色"下拉菜单

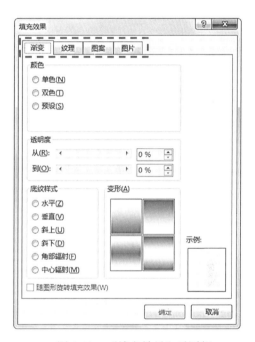

图 4-81　"填充效果"对话框

2）页面设置边框

单击"设计"选项卡菜单"页面背景"组中的"页面边框"按钮，在弹出的"边框和底纹"对话框中可以设置边框样式、颜色、艺术型，以及线条宽度等（见图 4-82）。

单击"选项"按钮，在打开的对话框中设置"测量基准"为文字，确定后得到设置页面边框的效果（见图 4-83）。

3）设置文档水印效果

打开 Word 文档，单击"设计"选项卡菜单"页面背景"组中的"水印"下拉按钮（见图 4-84），在下拉菜单中可以选择一种预设水印样式，这时页面中将自动添加半透明的水印底纹。

单击"自定义水印"命令，在"水印"对话框中单击"图片水印"单选按钮，为背景添加图片水印。单击"文字水印"单选按钮，设置水印文字内容、颜色等。

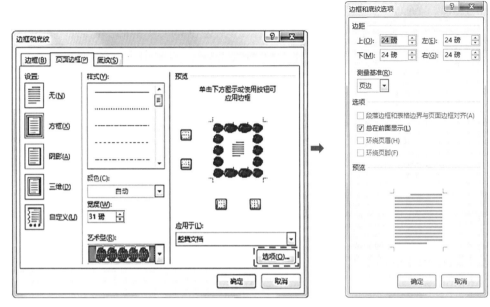

图 4-82 "边框和底纹"对话框　　图 4-83 "边框和底纹选项"对话框

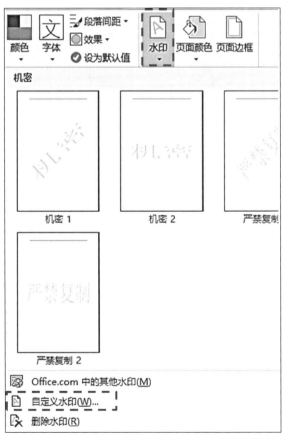

图 4-84 "水印"下拉按钮

图 4-85 "水印"对话框

4.5.2 设置页眉与页脚

打开 Word 文档,单击"插入"选项卡菜单"页眉和页脚"组中的"页眉"下拉按钮,在下拉菜单中选择预设的页眉样式。

设置页眉样式后,单击"插入"选项卡菜单"页眉和页脚"组中的"页脚"下拉按钮,在下拉菜单中预览页脚样式,单击"编辑页脚"命令,即可对页脚进行编辑(见图 4-86)。

图 4-86 "页眉和页脚"组

1. 插入页码

打开 Word 文档,单击"插入"选项卡菜单"页眉和页脚"组中的"页码"下拉按钮,在下拉菜单中单击"页面底端"命令,在其子菜单中选择预设样式(见图 4-87)。

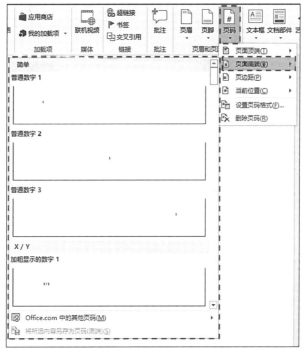

图 4-87 "页码"下拉菜单

确认后即可在每页中指定的位置上按顺序添加页码。双击页码将自动进入页眉、页脚编辑状态。

2. 设置页码格式

打开 Word 文档，单击"插入"选项卡菜单"页眉和页脚"组中的"页码"下拉按钮，在下拉菜单中单击"设置页码格式"命令（见图 4-88）。

在"页码格式"对话框中可以设置"编号格式"和"页码编号"等选项（见图 4-89）。

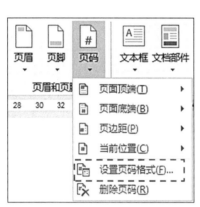

图 4-88 "设置页码格式"命令

图 4-89 "页码格式"对话框

4.5.3 运用样式编排文档

样式是具有统一格式的一系列排版命令的集合，使用样式可以简化对文档的编辑操作，节省排版时间，使用同一个样式，可以使文档具有统一风格的格式，从而使版面整齐、美观。在 Word 中提供了字符样式和段落样式。

1. 应用样式

（1）选中需要应用样式的文本，单击"开始"选项卡菜单"样式"选项组中的 ▼ 按钮（见图 4-90），则可在弹出的面板中选择需要的样式（见图 4-91）。

图 4-90 "样式"组

（2）选择需要应用样式的文本，单击"开始"选项卡菜单"样式"选项组中的 ▫ 按钮，则可在弹出的"样式"列表中选择需要的样式（见图 4-92）。

2. 修改样式

（1）单击"开始"选项卡菜单"样式"选项组中的 ▫ 按钮，弹出"样式"对话框，则可在弹出的列表中选择需要的样式。单击右侧的下拉按钮，单击"修改"命令，在打开的"修改样式"对话框中可以重新设置样式的格式。

（2）右击"样式"选项组中需要修改的样式，在弹出的菜单中单击"修改"命令（见图 4-93），在打开的"修改样式"对话框中可以重新设置样式的格式（见图 4-94）。

图 4-91　其他样式菜单　　　　　　　图 4-92　"样式"列表

图 4-93　"修改"命令　　　　　　　图 4-94　"修改样式"对话框

3. 清除格式

在设置文档样式的过程中，如果用户想恢复到最初的样式，可单击"开始"选项卡菜单"样式"组中的"其他样式"菜单，单击"清除格式"按钮（见图 4-95），即可将已设定的样式恢复到最初状态。

4. 样式删除

在设置文档版式的过程中，样式过多会影响样式的选择，用户可以将不需要的样式从样式列表中删除，样式删除的方法如下。

- 单击"样式"选项组中的 ▼ 下拉按钮，在弹出的列表框中右击需要删除的样式，在弹出的菜单中单击"从样式库中删除"命令，即可将指定的样式删除。
- 单击"样式"选项组中的 按钮，在弹出的"样式"对话框中选择一种需要的样式，单击右侧 ▼ 下拉按钮，单击"从样式库中删除"命令，即可将指定的样式删除（图 4-96）。

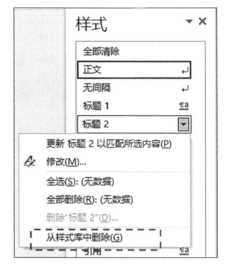

图 4-95　"清除格式"命令　　　　　图 4-96　"从样式库中删除"命令

4.5.4　设置特殊版式

对文档进行排版时，还可以设置一些特殊版式，以实现特殊效果，如分栏排版、竖排文档等。

1. 设置分栏

选中要设置分栏排版的文本，单击"布局"选项卡菜单"页面设置"组中的"分栏"下拉按钮（见图 4-97），在下拉菜单中选择分栏方式，如"两栏"，此时所选对象将以两栏的形式显示（见图 4-98）。

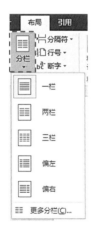

图 4-97　"分栏"下拉菜单　　　　　图 4-98　"两栏"效果

2. 设置竖排文档

选中文本，单击"布局"选项卡菜单"页面设置"组中的"文字方向"下拉按钮，在下拉菜单中单击"垂直"命令（见图4-99），设置效果如图4-100所示。

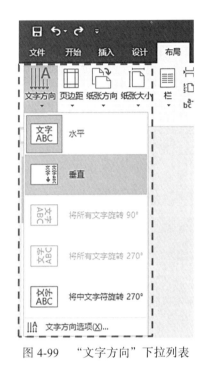

图4-99　"文字方向"下拉列表

图4-100　"垂直文字方向"效果

3. 设置首字下沉

将光标定位到需设置首字下沉的段落，单击"插入"选项卡菜单"文本"组中的"首字下沉"下拉按钮（见图4-101），在弹出的"首字下沉"对话框"位置"栏中单击"下沉"选项（见图4-102），并设置首字的字体、下沉行数等参数，单击"确定"按钮，设置效果如图4-103所示。

图4-101　"首字下沉"下拉按钮

4. 插入目录

首先设定大纲级别。选中需要设置为标题的内容，单击"开始"选项卡菜单"段落"组中的 按钮（见图4-104），弹出"段落"对话框。在"缩进和间距"选项卡"常规"窗格中设置"大纲级别"（见图4-105）。

设置完成大纲级别后，单击"引用"选项卡菜单中的"目录"下拉按钮进行手动目录编写，或单击"自定义目录"命令（见图4-106）。在弹出的"目录"对话框中设置"显示级别"，单击"确定"按钮，即可在光标所在位置创建目录（见图4-107）。

图 4-102 "首字下沉"对话框

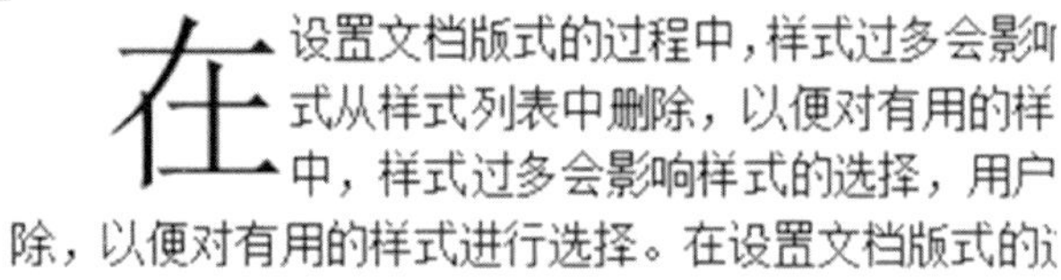

图 4-103 "首字下沉"效果

图 4-104 "段落"组

图 4-105 "段落"对话框

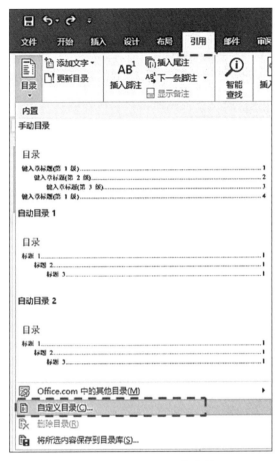

图 4-106 "目录"下拉菜单

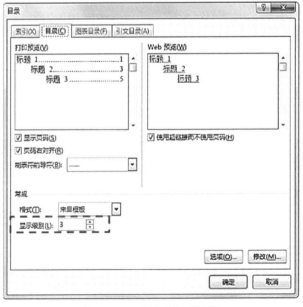

图 4-107 "目录"对话框

4.5.5 审阅文档

1. 批注

批注是文档作者与审阅者的沟通渠道,审阅者可将自己的见解以批注的形式插入到文档中,供作者查看或参考。

1)添加批注与修订

选中要添加批注的文本,单击"审阅"选项卡菜单"批注"组中的"新建批注"命令(见图4-108),在窗口右侧弹出批注框,在其中输入批注内容。

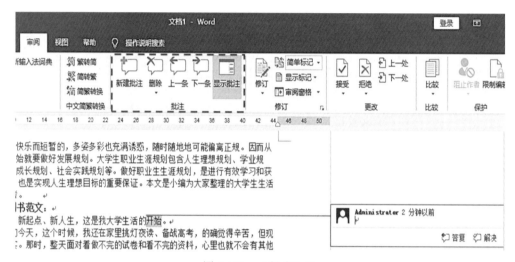

图 4-108　"批注"组

2)编辑批注

编辑批注的方法有以下两种。

- 将光标插入批注的文字中,右击,在弹出的快捷菜单中单击"编辑批注"命令。
- 将光标插入批注框,选中文本内容即可进行编辑。

2. 修订

选中需要修订的文本,单击"审阅"选项卡菜单"修订"组中的"审阅窗口"下拉按钮(见图4-109),将在左侧修订窗口看到文档编辑的记录。

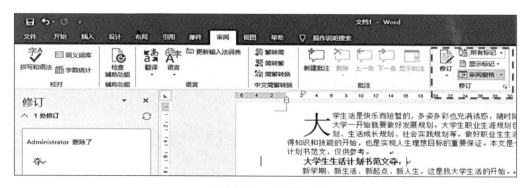

图 4-109　"修订"组

4.5.6 保护重要文档

为了保护重要文档内容的安全，可以对文档设置相关权限及密码。

1. 设置编辑权限

打开需要保护的文档，选择"文件"选项卡，单击左侧窗格"信息"命令，单击"保护文档"下拉按钮（见图4-110），在下拉菜单中根据具体需要选择保护文档方式。

2. 设置文档密码

打开需要设置密码的文档，单击"文件"选项卡左侧窗格的"另存为"命令。单击"另存为"对话框中的"工具"下拉按钮，在下拉菜单中单击"常规选项"命令（见图4-111）。

在"常规选项"对话框中"打开文件时的密码"和"修改文件时的密码"文本框中输入密码，单击"确定"按钮。

返回"另存为"对话框，单击"保存"按钮保存设置（见图4-112）。

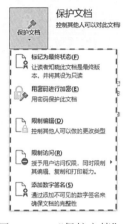

图 4-110　"保护文档"下拉菜单

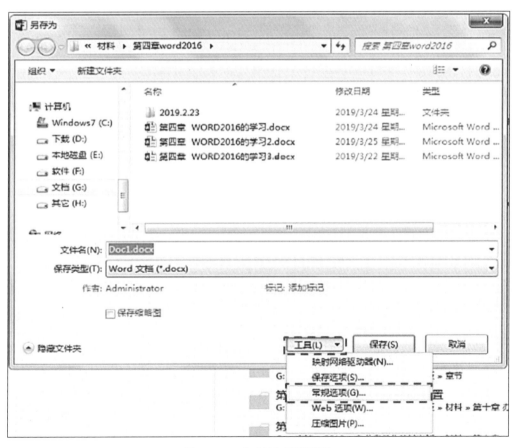

图 4-111　"工具"下拉菜单

图 4-112 "常规选项"对话框

4.5.7 邮件合并

在 Office 中分别建立两个文档：一个 Word 主文档（如未填写的信封等）和一个包括变化信息的数据源 Excel（填写的收件人、发件人、邮编等），然后使用邮件合并功能在主文档中插入变化的信息，合成后的文件用户可以保存为 Word 文档，可以打印出来，也可以以邮件形式发出去。下面以"邮件合并分步向导"的方式演示邮件合并，具体步骤如下。

（1）单击"邮件"选项卡菜单"开始邮件合并"组中的"开始邮件合并"下拉按钮，在下拉菜单中单击"邮件合并分步向导"命令（见图 4-113）。

（2）选择文档类型。在 Word 窗口右侧的"邮件合并"向导对话框，单击"信函"单选按钮，单击"下一步：开始文档"按钮（见图 4-114）。

（3）选择开始文档。单击"使用当前文档"单选按钮，在 Word 编辑区输入主文档内容，如邀请函。单击"下一步：选择收件人"按钮（见图 4-115）。

（4）选择收件人。Word 提供 3 种方式选择收件人："使用现有列表""从 Outlook 联系人中选择"和"键入新列表"（见图 4-116）。单击"键入新列表"单选按钮，单击"创建"命令，弹出"新建地址列表"对话框（见图 4-117）。在"新建地址列表"对话框输入正文所需要信息，单击"确定"按钮，对新建列表命名并保存，单击"下一步：撰写信函"按钮。

（5）撰写信函。将光标定位到插入合并域的位置，单击其他项目命令，在弹出的"插入合并域"对话框中选择姓名，单击"插入"命令插入所选姓名，单击"关闭"按钮。单击"下一步：预览信函"按钮（见图 4-118）。

图 4-113 "开始邮件合并"下拉菜单　　　　图 4-114 选择文档类型

图 4-115 选择开始文档

图 4-116 选择收件人

图 4-117 "新建地址列表"对话框

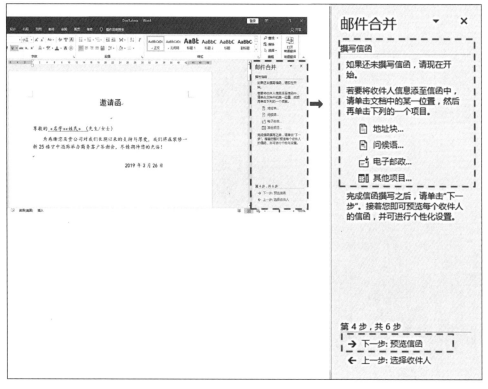
图 4-118 撰写信函

（6）预览信函。在正文中查看不同姓名的信函。单击"下一步：完成合并"按钮（见图 4-119）。

（7）完成合并。若将自动生成的所有信函全部显示，单击"编辑单个信函"命令。

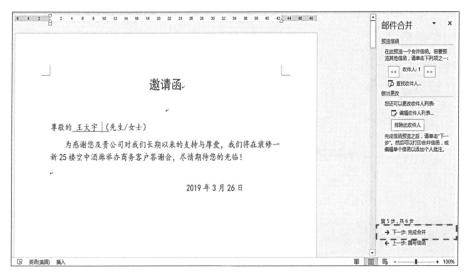

图 4-119　预览信函

4.6　Word 2016 上机实践

某高校学生会计划举办一场"大学生科技创业大赛"的活动，拟邀请相关的专家和老师。校学生会需要制作一批邀请函，并分别发送给相关的专家和老师。按照如下要求完成邀请函的制作。

1）创建文档

输入文字（见图 4-120）。单击快速访问栏的"保存"按钮或单击"文件"选项卡菜单的"保存"命令，将文件命名为"邀请函.docx"。

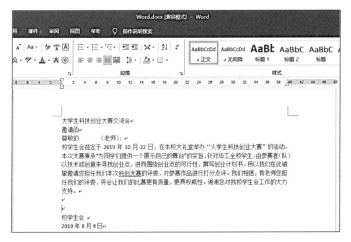

图 4-120　输入邀请函内容

2）调整文档版面

要求页面高度 18 厘米，宽度 30 厘米，上下页边距 2 厘米，左、右页边距 3 厘米。

（1）单击"布局"选项卡菜单"页面设置"组中 按钮（见图 4-121），在弹出的"页面设置"对话框中单击"纸张"选项卡，在"宽度"文本框输入 30 厘米，在"高度"文本框中输入 18 厘米（见图 4-122）。

图 4-121　"页面设置"组

（2）单击"页边距"选项卡中"上""下"文本在"左""右"文本框中输入 2 厘米，在"左""右"文本框中输入 3 厘米，单击"确定"按钮（见图 4-123）。

图 4-122　"纸张"选项卡

图 4-123　"页边距"选项卡

3）设置邀请函背景

（1）单击"设计"选项卡菜单"页面背景"组中的"水印"下拉按钮，在下拉菜单中单击"自定义水印"命令。

（2）在弹出的"水印"对话框中单击"图片水印"单选按钮，单击"选择图片"按钮，在弹出的"插入图片"对话框中选择"背景图片.jpg"（见图 4-124）。将"缩放"设为 160%，取消"冲蚀"复选框（见图 4-125）。单击"应用"预览，单击"关闭"按钮。

也可以单击"设计"选项卡菜单"页面背景"组中的"页面颜色"下拉按钮，单击"填充效果"命令在"填充效果"对话框中单击"图片"→"选择图片"，选择相应的图片添加为背景。此方法图片将重复填充为背景。

4）调整邀请函中内容文字的字体、字号和颜色

（1）选中"大学生科技创业大赛交流会"文本，单击"开始"选项卡菜单"字体"组"字体"下拉列表框中的"幼圆"选项；在"字号"下拉列表框中单击"小初"选项；在"字体

颜色"下拉列表框中选择"深蓝";单击"加粗"按钮;单击"段落"组中的"居中"按钮。

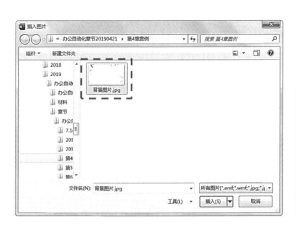

图 4-124 选定图片

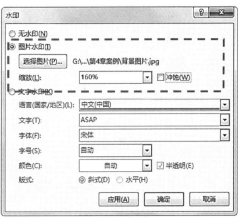

图 4-125 "水印"对话框

（2）选中"邀请函"文本，单击"开始"选项卡菜单"字体"组中"字体"下拉列表框的"隶书"选项；在"字号"下拉列表框中单击"小一"选项；"在字体颜色"下拉列表框中单击"黑色"；单击"加粗"按钮；单击"段落"组中的"居中"按钮。

（3）选中其余文本，单击"开始"选项卡菜单"字体"组中"字体"下拉列表框的"隶书"选项；单击"字号"下拉列表框中的"四号"选项。文档页面设置效果如图 4-126 所示。

图 4-126 文档设置效果

5）调整邀请函中内容文字段落对齐方式

（1）选中"邀请函"文本，单击"开始"选项卡菜单的 按钮，在弹出的"段落"对话框中单击"缩进和间距"选项卡，将"间距"窗格中"段前"变数框设为"0.5 行"。

（2）选中正文的文本（4~8 行），单击"开始"选项卡菜单的 按钮，在弹出的"缩进和间距"选项卡中设置"缩进"窗格的"特殊格式"为"首行",设置"缩进"为"2字符"(见图4-127)。

(3)选中文本中的日期,单击"开始"选项卡"段落"组中的"右对齐"按钮。选中"校学生会"文本,单击"开始"选项卡菜单的按钮,在弹出的"段落"对话框中单击"缩进和间距"选项卡,设置"缩进"窗格"右侧"变数框为6字符。

图4-127 "段落"对话框

6)邮件合并

在"尊敬的"和"(老师)"文本之间,插入拟邀请的专家和老师姓名,拟邀请的专家和老师姓名在"通讯录.xlsx"文件中。每页邀请函中只能包含一位专家或老师的姓名,所有的邀请函页面另外保存在名为"创业大赛邀请函.docx"文件中。

(1)将鼠标定位于"尊敬的"之后,单击"邮件"选项卡菜单"开始邮件合并"组中的"选择收件人"下拉按钮,在下拉菜单中单击"使用现有列表"命令(见图4-128),在"选取数据源"对话框中选择"通讯录.xlsx"文件,再选择"通讯录"工作表(见图4-129)。

(2)单击"邮件"选项卡菜单"编写和插入域"组中的"插入合并域"下拉按钮,单击"姓名"选项,单击"插入"按钮,单击"关闭"按钮(见图4-130)。

(3)单击"邮件"选项卡菜单"预览结果"组中的"预览结果"按钮预览插入域后邀请函的结果。

图4-128 插入姓名

图 4-129 "选择表格"对话框

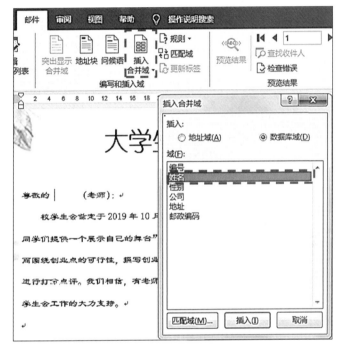

图 4-130 "插入合并域"对话框

(4)单击"邮件"选项卡菜单"完成"组中的"完成并合并"下拉按钮,在下拉菜单中单击"编辑单个文档"命令,在弹出的"合并到新文档"对话框中单击"确定"按钮(见图 4-131)。

图 4-131 "合并到新文档"对话框

（5）单击"文件"选项卡菜单中的"另存为"命令，选择目标文件夹，将文件命名为"创业大赛邀请函.docx"。通过 Word 窗口右下角的"缩放"，可查看邀请函文档（见图 4-132）。

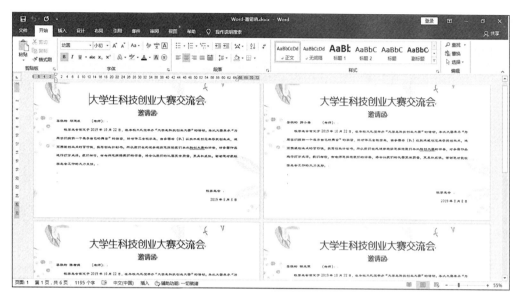

图 4-132　合并文档效果

思考题

1. 简述选定文本的几种方法。
2. 简述如何使用格式刷设置文本样式。
3. 简述如何实现文本与表格的相互转换。

上机练习

1. 在状态栏调出"改写"，并将"改写"改为"插入"。
2. 将文档另存为.pdf 格式。
3. 在文档中插入一幅图片，并为其排版。
4. 进行邮件合并的操作。

第 5 章　Excel 2016

　　Microsoft Office Excel 是一套功能完整、操作简易的电子表格软件，提供丰富的图表工具与强大的函数功能，能有效地管理与分析数据。掌握 Excel 的基本操作，是现代办公的必备技能之一。

学习目标
- ❖ 掌握 Excel 2016 基本功能和使用方法；引用单元格的几种常见形式；掌握公式的概念，能够正确的输入和编辑公式以完成相应运算；掌握函数的概念，能够输入和编辑函数，并使用常用函数。
- ❖ 掌握 Excel 2016 函数的运用；图表的制作；数据透视表的制作。

5.1　Excel 2016 简介

5.1.1　Excel 2016 窗口组成

1. 窗口介绍

Excel 2016 窗口如图 5-1 所示，窗口的主要组成部分介绍如下。

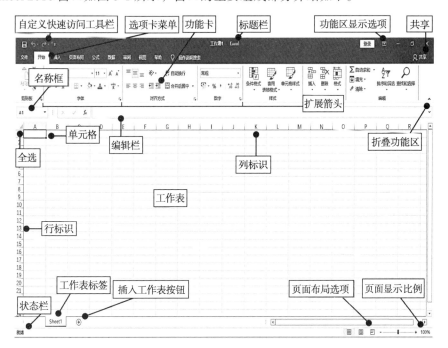

图 5-1　Excel 2016 工作窗口

（1）自定义快速访问工具栏。用户可根据操作习惯，进行自定义快速访问工具栏的设置。单击"文件"选项卡菜单"选项"下拉菜单中的"快速访问工具栏"进行设置。单击"从下列位置选择命令"下拉列表，从中选择要添加的命令，单击"添加"按钮，即可将该命令添加到右侧的列表中（见图5-2），单击"确定"按钮即可。

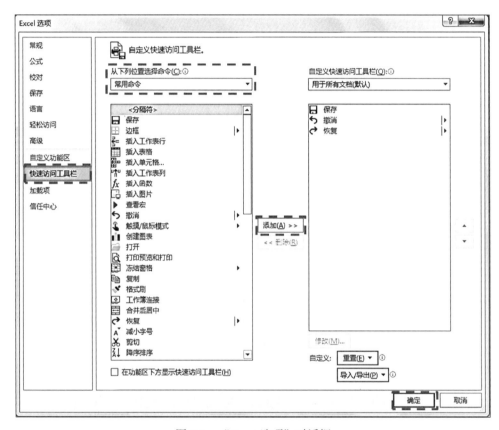

图 5-2　"Excel 选项"对话框

（2）选项卡菜单。Excel 功能区主要包含文件、开始、插入、页面布局、公式、数据、审阅和视图等选项卡菜单，用户也可以通过单击"文件"→"选项"→"自定义功能区"进行添加或删除。

（3）功能区显示选项。切换功能区的三种显示方式，分别为"自动隐藏功能区""显示选项卡"和"显示选项卡和命令"。

（4）共享。与他人共享电子表格，如果要与其他用户共享则必须使用 OneDrive 或 Office 账户登录。

（5）名称框。实现快速定位当前光标所在位置，快速选择区域，可以对单元格或者选择的区域定义名称。

（6）编辑栏。编辑栏又称为公式栏，显示当前活动单元格的内容。选中单元格后，当单元格为具体数据时，编辑栏也出现相同的数据。当单元格中是使用公式计算的数值时，编辑栏中则只显示公式。

（7）折叠功能区。显示或隐藏功能区。

（8）单元格。一行与一列的交叉处为一个单元格，单元格是电子表格的最小元素，用于输入各种类型的数据和公式。在 Excel 中，每一个单元格对应一个单元格地址（即单元格名称），用列的字母加行的数字来表示单元格地址。例如，选择 B 列第 2 行的单元格，在名称框中将显示该单元格地址为 B2。

（9）工作表。工作表是显示在工作簿窗口中的表格，一个工作表可以由 1048576 行和 256 列构成，行号显示在工作簿窗口的左侧，列号显示在工作簿窗口的上广方。

（10）状态栏。状态栏在 Excel 界面的最底部，主要包含页面布局选项和页面显示比例。状态栏还显示出当前操作的各种相关信息。

（11）页面布局选项。单击相应按钮可快速切换普通视图、页面视图、分页预览视图。

（12）页面显示比例。可通过滑块将页面显示调整至所需要的显示比例。

2. 工作簿基本概念

Excel 工作簿是一个 Excel 文件，它可以由一到多个工作表组成，最多可以有 255 个工作表。工作表由许多的单元格组成。单元格中可以进行填写内容和设置格式等操作。

- 工作簿：Excel 创建的文件。
- 工作表：工作簿的组成部分，存储和处理数据的主要文档，有数据工作表和图表工作表。
- 单元格：工作表存储数据的最基本元素。
- 单元格区域：多个单元格组成的矩形区域，例如"左上角单元格:右下角单元格" 即（A1:F9），（见图 5-3）。
- 单元格、工作表和工作簿如图 5-4。

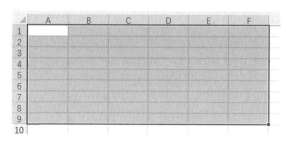

图 5-3　A1:F9 单元格区域

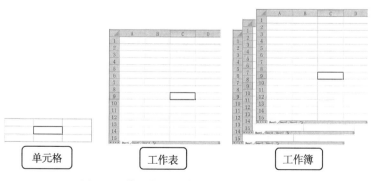

图 5-4　单元格、工作表和工作簿的关系

5.1.2 Excel 2016 基本操作

1. 启动 Excel 2016

- 单击"开始"菜单→"所有程序"→Microsoft Office→Excel 2016 命令。
- 单击"开始"菜单→"常用工具栏"→Excel 2016 命令。
- 选中 Excel 文件，右击，在弹出的快捷菜单中单击在"打开方式"命令，单击 Excel 或双击 Excel 文件。

2. 创建工作簿

启动 Excel 2016 应用程序后，将自动新建一个名为"工作簿 1"的工作簿。在使用 Excel 的过程中，用户还可以通过如下两种方法创建新的工作簿。

- 创建空白工作簿。单击"文件"选项卡菜单中的"新建"命令，"可用模板"窗格中选择"空白工作簿"选项，单击"创建"按钮即可（见图 5-5）。
- 根据模板创建工作簿。在 Excel 中，可以通过两种方式获取模板文件，一种是 Excel 程序自带的模板，如最近打开的模板、样本模板等；二是从 Microsoft Office Online 中下载模板，如列表、预算和日历等。

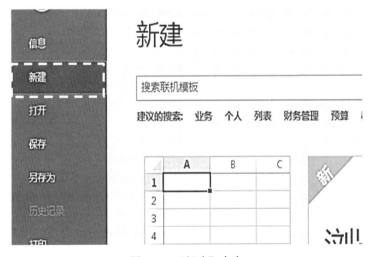

图 5-5 "新建"命令

3. 保存工作簿

用户应养成及时保存工作簿的习惯，预防在意外情况下文档丢失造成不必要的损失。

- 单击"文件"选项卡菜单中的"保存"命令。对于新建的工作簿，单击"保存"或"另存为"，都会弹出"另存为"对话框，在"另存为"对话框中设置文件保存的位置、文件名称和保存类型（见图 5-6）。
- 保存已有工作簿的过程中，不会弹出"另存为"对话框，将使用原路径和原文件名对已有工作簿进行保存。
- 如果需要对修改后的工作簿进行重新命名或更改工作簿的保存位置时，可以单击"文件"选项卡菜单中的"另存为"命令，在弹出的"另存为"对话框中重新设置文件的保存位置、文件名或保存类型，单击"保存"按钮即可。

图 5-6 "另存为"命令

4. 打开工作簿

对于已经创建的 Excel 工作簿，如果需要查看其内容或是对其进行修改和编辑，可以通过以下几种方式打开工作簿。

- 单击"文件"选项卡菜单中的"最近所用文件"命令，在中间窗格显示最近使用过的文件名称，选择所需的文件即可打开该工作簿。
- 单击"文件"选项卡菜单中的"打开"命令，在弹出的"打开"对话框，选择所需的文件后，单击"打开"按钮即可（见图5-7）。
- 双击 Excel 文件即可打开 Excel 文件。

图 5-7 "打开"命令

5. 关闭工作簿

（1）关闭工作簿但不退出 Excel 应用程序的方法。

- 单击"文件"选项卡菜单中的"关闭"命令（见图5-8）。
- 按 Ctrl+W 组合键。
- 按 Ctrl+F4 组合键。

图 5-8 "关闭"命令

（2）关闭工作簿并退出 Excel 应用程序的方法。
- 单击文件窗口右上角的"关闭"按钮。
- 右击功能选项卡空白处，在弹出的快捷菜单中选择"关闭"命令。
- 按 Ctrl+F4 组合键。

5.1.3 工作表操作

1. 选中和切换工作表

（1）选中单个工作表。单击所需要的工作表即可选中（见图 5-9）。

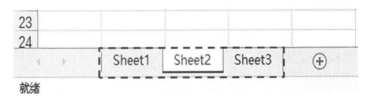

图 5-9 选择单个工作表

（2）选中多个工作表。按住 Ctrl 键，同时单击所需要的工作表，即可选择多个工作表（见图 5-10，已选中 Sheet1 与 Sheet2）。若要取消则在任意表上单击，即可取消多个工作表同时选中。

（3）切换工作表。单击所需要的工作表即可切换当前工作表。

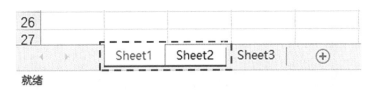

图 5-10　选择多个工作表

2. 添加工作表

通过"工作表标签"右侧的 ⊕ 按钮（见图 5-11）或右击"工作表标签"，在弹出的快捷菜单中单击"插入"命令，在弹出的"插入"对话框中选择"工作表"，单击"确定"按钮即可插入工作表。

图 5-11　添加工作表

3. 复制工作表

鼠标定位到需要复制的"工作表标签"，右击，在弹出的快捷菜单中单击"移动或复制"命令，打开"移动或复制工作表"对话框，勾选"建立副本"复选框，同时选定需要复制的位置（在打开的工作簿之间移动），单击"确定"按钮即可（见图 5-12）。

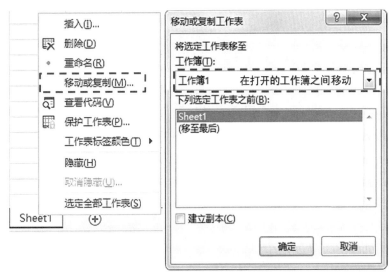

图 5-12　"移动或复制工作表"对话框

4. 删除工作表

- 选中需要删除的"工作表标签",按 Delete 键即可将删除工作表。
- 右击需要删除的"工作表标签",在弹出的快捷菜单中选择"删除"命令,即可删除工作表(见图 5-13)。

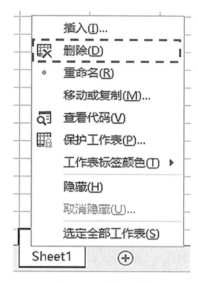

图 5-13　删除工作表

5. 移动工作表

- 鼠标定位到需要移动的"工作表标签",按住鼠标左键不放,当鼠标变成 时,拖曳工作表移动到需要的位置,松开鼠标即可完成工作表的移动(见图 5-14)。
- 鼠标定位到需要移动的"工作表标签",右击,在弹出的快捷菜单中选择"移动或复制"命令,在弹出的"移动或复制工作表"对话框中选择需要移动的位置,单击"确定"按钮即可完成工作表的移动。

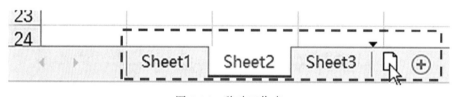

图 5-14　移动工作表

6. 重命名工作表

当一个工作簿中存在多个工作表时,为了方便用户对工作表进行查找、移动或复制等操作,应该对使用的工作表进行重命名。用户可以通过如下 2 种方法对工作表进行重命名。

- 鼠标定位到需要移动的"工作表标签",双击,工作表标签名称变为灰色,输入新名称即可(见图 5-15)。
- 如图 5-16 所示,鼠标定位到需要移动的工作表标签,右击,在弹出的快捷菜单中选择"重命名"命令。此时,工作表标签名称变为灰色,输入新名称即可(见图 5-16)。

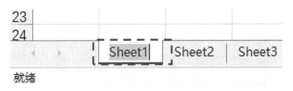

图 5-15　双击工作表标签名称

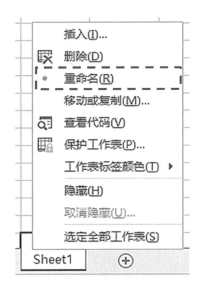

图 5-16　"重命名"命令

此外，通过右击"工作表标签"所弹出的快捷菜单，还可以实现"插入""删除""工作表标签颜色"等功能。

7. 隐藏和取消隐藏工作表

当工作表中的数据过多时，为了方便操作，用户可以将暂时不用的内容隐藏。

1）隐藏工作表

在隐藏工作表的操作中，用户可以对工作表中的行、列和工作表进行单独隐藏。

（1）隐藏行。选中需要隐藏行所在的某个单元格，单击"开始"选项卡"单元格"选项组中的"格式"下拉按钮，在下拉菜单中单击"隐藏和取消隐藏"→"隐藏行"命令（见图 5-17）。

（2）隐藏列。选中需要隐藏列所在的某个单元格，单击"开始"选项卡"单元格"选项组中的"格式"下拉按钮，在下拉菜单中单击"隐藏和取消隐藏"→"隐藏列"命令。

（3）隐藏工作表。选中需要隐藏工作表，单击"开始"选项卡"单元格"选项组中的"格式"下拉按钮，在下拉菜单中单击"隐藏和取消隐藏"→"隐藏工作表"命令。

2）取消隐藏工作表

当隐藏工作表中的对象后，如果想将其显示出来，可以对其进行取消隐藏操作。

（1）取消隐藏行。选中需要操作的工作表，按 Ctrl+A 组合键全选该工作表，单击"开始"选项卡"单元格"选项组中的"格式"下拉按钮，在下拉菜单中单击"隐藏和取消隐藏"→"取消隐藏行"命令，即可取消隐藏工作表中的所有行（见图 5-18）。

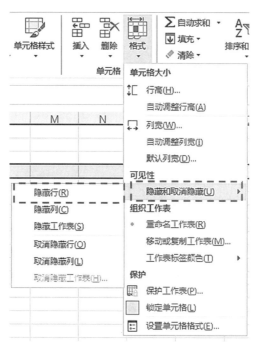

图 5-17 "隐藏和取消隐藏"命令

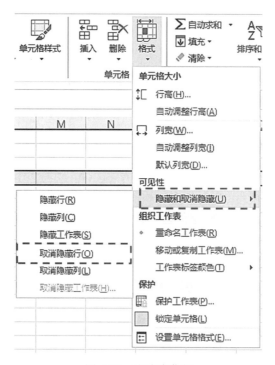

图 5-18 取消隐藏行

（2）取消隐藏列。选中需要操作的工作表，按 Ctrl+A 组合键全选该工作表，单击"开始"选项卡"单元格"选项组中的"格式"下拉按钮，在下拉菜单中单击"隐藏和取消隐藏"

→"取消隐藏列"命令,即可取消隐藏工作表中的所有列。

(3)取消隐藏工作表。选中需要操作的工作簿,单击"开始"选项卡"单元格"选项组中的"格式"下拉按钮,在下拉菜单中单击"隐藏和取消隐藏"→"取消隐藏工作表"命令,在弹出的"取消隐藏"对话框中选择需要取消隐藏的工作表,单击"确定"按钮即可取消隐藏指定的工作表中。

8. 工作表设置格式

"页面布局"选项卡中包含"主题""页面设置""调整为合适大小""工作表选项"和"排列"选项组。主要设置 Excel 工作表页面样式,可为工作表选择主题、纸张方向、页边距、背景添加、打印区域设置等操作(见图 5-19)。

图 5-19 "页面布局"选项卡

9. 保护工作表

(1)选中需要保护的工作表,单击"文件"选项卡,在左侧窗格中单击"信息"命令,在中间窗格单击"保护工作簿"下拉按钮,在下拉菜单中单击"保护当前工作表"命令(见图 5-20)。

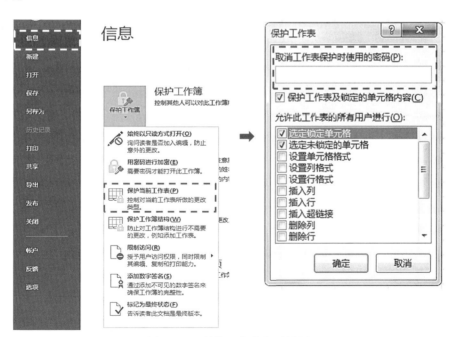

图 5-20 "保护工作表"对话框

(2)在"保护工作表"对话框中的"取消工作表保护时使用的密码"文本框中输入密码,单击"确定"按钮。

（3）在"确认密码"对话框中再次输入密码，单击"确定"按钮即可完成。

5.1.4 单元格操作

1. 选中单元格

在输入数据之前，首先需要选中单元格。用户可以根据具体的情况，选择一个单元格或多个单元格。

1）单元格
- 单击选中单元格。
- 使用方向键选中单元格。
- 通过"转到"命令选中单元格。在"名称框"输入单元格地址，如B2，按Enter键。
- 根据条件选中单元格。单击"开始"选项卡→"编辑"组→"查找和选择"下拉按钮→"转到"或"定位条件"命令，选择具体条件进行查找（见图5-21）。

图 5-21 条件查找

2）单元格区域
- 按住鼠标左键并拖曳。
- 单击首单元格，同时按Shift键，单击末单元格，选择连续的单元格区域。
- 单击首单元格，同时按Ctrl键，单击其他单元格，选择不连续的单元格区域。

3）整行与整列

单击行标或列标同时按 Shift 键，拖曳鼠标选中结尾行或列，则选中连续行与列区域；单击行标或列标，同时按住 Ctrl 键，单击选中行或列，则选中不连续行或列区域。

2. 数据类型键

1）数据类型

- 数字：可进行数学计算（默认右对齐）。
- 数值（整数、小数、分数）。
- 日期、时间。
- 文本：说明数据的含义，不进行数学计算（默认左对齐）。
- 中文汉字、字母。
- 数字和文本或符号的组合。
- 逻辑值：TRUE、FALSE（默认居中对齐）。

2）字符型数据

字符型数据是由字母、汉字或其他字符开头的数据。例如，在单元格中输入标题、姓名等，用户可以通过如下几种方式在单元格中输入字符型数据。

- 选中单元格输入数据后，按 Enter 键即可。
- 选中单元格，单击编辑栏输入数据后，按 Enter 键或单击编辑栏中的"输入"按钮即可。
- 双击单元格，当光标定位单元格内输入数据，按 Enter 键即可。此方法多用于修改数据时使用。

3）数值型数据

数值型数据是由数字、符号等内容组成，例如日期、时间、数值等（见图 5-22）。数值型数据的输入方法如下。

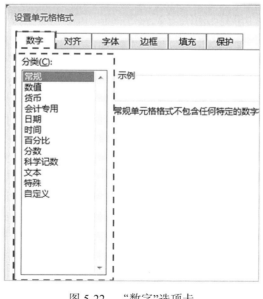

图 5-22　"数字"选项卡

- 选中单元格输入数据。
- 选中单元格，右击，在弹出的快捷菜单中单击"设置单元格格式"命令，在"设置单元格格式"对话框中设置数据格式，单击"确定"按钮完成设置。在单元格内输入数据。

4) 符号

选中单元格，单击"插入"选项卡菜单"符号"组中的"符号"命令，在"符号"对话框的"字体"下拉列表框中选择符号类型，再选中要插入的符号，单击"插入"按钮（见图5-23）。

图 5-23 "符号"对话框

3. 输入数据

在单元格中输入数据，必须先选中单元格再输入数据。

1) 选中单元格

通过方向键、Enter 键、Tab 键选中单元格。

- 通过方向键（↑↓←→）在工作表单元格中移动光标选中单元格。
- 按 Enter 键向下移动光标，按 Tab 键向右移动光标；按 Shift + Enter/Tab 组合键，则可实现反向，即向上/向左移动光标，快速选中单元格。

按 Enter 键移动方向，可通过"文件"→"选项"→"高级"→"编辑选项"进行设置（见图5-24）。

2) 连续的单元格区域中选中单元格（见图5-25）

在连续的单元格区域中，按 Enter、Tab、Shift+Enter、Shift+Tab 在区域内快速移动光标，选中单元格。

如果要退出连续单元格选择，单击工作表空白处或按任意方向键，即可取消对区域的选择。

3) 多个单元格/区域同时输入相同数据

通过 Ctrl 或 Shift 键，选中目标单元格或区域，在活动单元格中输入数据，按 Ctrl+Enter

组合键，即可在连续的单元格中输入相同的数据；按 Shift+Enter 组合键，即可在不连续的单元格中输入相同的数据。

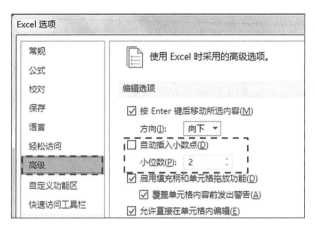

图 5-24　"Excel 选项"对话框

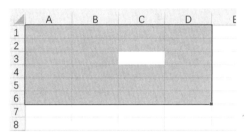

图 5-25　连续单元格中选择任意单元格

4）输入日期和时间
- 在单元格中直接输入"2/3""2-3""2018/9/8""2018-8-2"等数据都会被自动识别成日期，而"10:18"和"10:18:16"之类的数据则会被自动识别成时间（见图 5-26）。
- 日期+空格+时间。如在单元中输入 6/12 15：12 后，单击或按 Enter 键即可。
- 按 Ctrl+；组合键，输入当前日期。
- 按 Ctrl+Shift+：组合键，输入当前时间。

5）输入分数
- 整数+空格+分子/分母　→ 3 1/2。
- 0+空格+分子/分母　→ 0 3/5、0 9/5。

6）强制转为文本类型
所有类型的数据以'(英文单引号)开始，都将强制转为文本类型（不参与数值计算）。

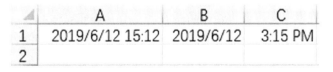

图 5-26　输入日期和时间

4. 自动输入数据

1）记忆式输入

记忆式输入是指用户在输入单元格数据时,系统自动根据用户已经输入过的数据提出建议,以减少用户重复录入。此种方法对于同列、连续单元格且文本类型有效。

在输入数据时,如果所输入数据的起始字符与该列其他单元格中的数据起始字符相符,Excel 会自动将符合的数据作为建议显示,并将建议部分反白显示,如果需要输入同样的文本内容,按 Enter 键即可;如果不需要建议的文本,继续手动输入即可(见图 5-27)。

图 5-27　记忆式输入

2）填充数据

自动填充是指将用户选择的起始单元格中的数据,复制或按序列规律延伸到所在行或列的其他单元格中。如果工作表的某一行或列中的数据是有规律的序列,则可以通过使用 Excel 中的自动填充功能填充数据。

(1)填充相同数据。在某个单元格内输入数据,如"学习",选中该单元格,将鼠标指向所选单元格右下角的填充框,待指针变为 + 形状,按住鼠标左键并向下或向右拖动鼠标,则所拖动的单元格中自动填充"学习"(见图 5-28)。

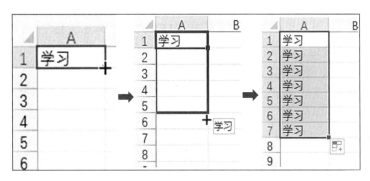

图 5-28　自动填充

(2)填充序列数据。选择输入有序的数据单元格。如图 5-29 所示,选中 A1 与 A2 单元格,将鼠标指向所选单元格右下角的填充柄,待指针变为 + 形状,按住鼠标左键并横向或纵向拖动鼠标到需要填充的范围,松开鼠标即可自动填充具有规律的数据。在自动填充完毕后会出现 图标,即"自动填充选项"图标,单击下拉按钮,在下拉列表中可选择其他填充格式。

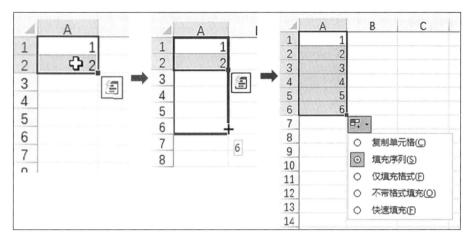

图 5-29　自动填充序列

（3）填充自定义序列。单击"文件"选项卡菜单中的"选项"命令，在弹出的"Excel 选项"对话框中单击"高级"标签，单击"常规"中的"编辑自定义列表"（见图 5-30）。在"自定义序列"对话框的"输入序列"中输入新序列，单击"添加"按钮后再单击"确定"按钮即可。也可以通过导入的方式导入自定义序列（见图 5-31）。

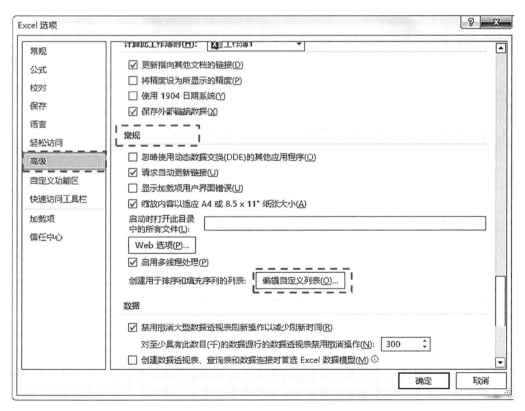

图 5-30　"Excel 选项"对话框

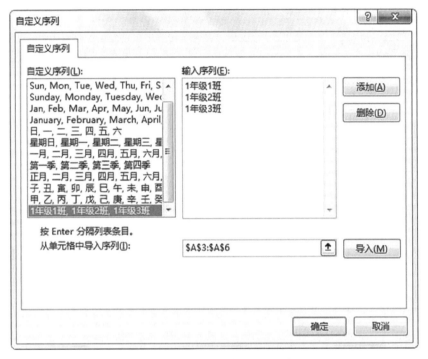

图 5-31 "自定义序列"对话框

在单元格内输入自定义的序列,如"1 年级 1 班"。将鼠标放置到单元格右下角,待指针变为 + 形状,下拉填充自定义序列(见图 5-32)。

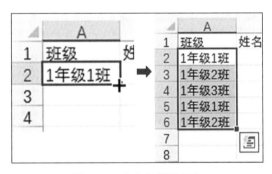

图 5-32 自定义序列填充

3)导入数据

Excel 2016 可通过入导入文本类数据、网站类数据、数据库类数据的方式,为单元格输入数据。下面介绍文本类数据导入方式,导入文本类数据主要有两种常用文件格式。

- 带分隔符的文本文件(.txt):其中通常使用制表符(Tab)分隔文本的每段文字。
- 逗号分隔的文本文件(.csv):其中通常使用英文逗号(,)分隔文本的每段文字。

具体操作方法如下。

(1)打开 Excel 2016,单击"数据"选项卡菜单"获取外部数据"组中的"自文本"命令,在弹出的"导入文本文件"对话框中选择要导入的文本文件,单击"导入"命令(见图 5-33)。

图 5-33 "自文本"命令

(2)在"文本导入向导"对话框中选择文件类型,单击"下一步"按钮(见图 5-34)。

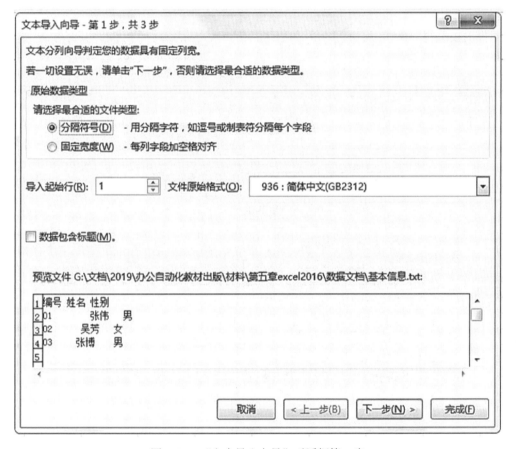

图 5-34 "文本导入向导"对话框第 1 步

(3)选择"分隔符号"类型,在"数据预览"窗格可以看到导入数据效果,单击"下一步"按钮(见图 5-35)。

(4)选择"列数据格式",单击"完成"按钮。

(5)在弹出的"导入数据"对话框中设置数据的放置位置,可以是现有工作表或新工作表,单击"确定"按钮(见图 5-36),即可在 Excel 中看到导入的数据(见图 5-37)。

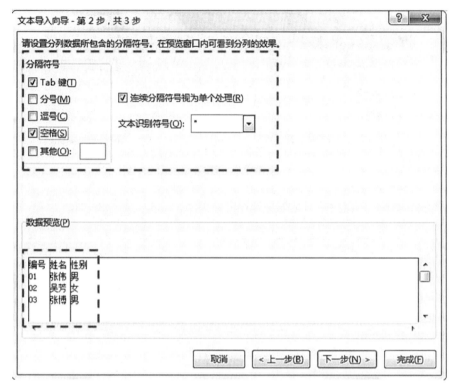

图 5-35 "文本导入向导"对话框第 2 步

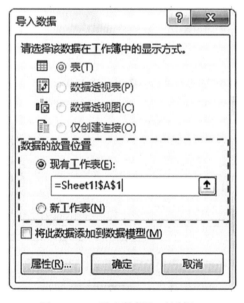

图 5-36 "导入数据"对话框   图 5-37 导入数据效果

4）数据验证

在 Excel 2016 中数据有效性称为数据验证。

（1）序列。打开 Excel 2016，选择要设置的单元格区域，单击"数据"选项卡菜单"数据工具"组中的"数据验证"命令,在弹出的"数据验证"对话框中单击"设置"选项卡,在"允许"下拉列表中选择"序列",在"来源"文本框中,序列内容使用英文状态下逗号隔开各个选项,单击"确定"按钮完成设置(见图 5-38)。

图 5-38 "数据验证"对话框

在设置区域中的任意单元格,单击下三角按钮选择需要的内容(见图 5-39)。如果输入与验证条件不符,则会弹出信息提示框(见图 5-40)。

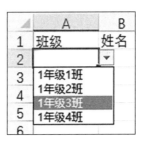

图 5-39 数据验证条件

图 5-40 "数据验证"信息提示框

（2）设置字符长度。选择要设置的单元格区域，如 C2 单元格，右击，在弹出的快捷菜单中单击"设置单元格格式"命令，在"设置单元格格式"对话框单击"数字"选项卡，在"分类"列表框中选择"文本"，单击"确定"按钮。

单击"数据"选项卡菜单"数据工具"组的"数据验证"命令，在弹出的"数据验证"对话框中单击"设置"选项卡，在"验证条件"中分别选择"文本长度""等于""18"，单击"确定"按钮（见图 5-41）。

图 5-41 "数据验证"对话框

此时，在单元格中输入 18 位身份证号码，验证通过并转换为文本格式。如果输入不符合验证条件，将弹出信息提示框（见图 5-42）。

图 5-42 信息提示框

5）修改数据

（1）全部替换。选择要修改数据的单元格，直接输入修改后的数据即可。

（2）修改部分数据有以下3种方法。
- 双击单元格，在鼠标指定光标的位置对单元格的内容进行修改，按Enter键确定即可（见图5-43）。

图5-43　修改部分数据

- 单击单元格，将光标移到编辑栏，即可对单元格的内容进行修改。
- 单击单元格，按F2键，在鼠标指定光标的位置对单元格的内容进行修改。

6）删除数据

删除数据是指清除单元格中的内容、格式和批注，并非删除单元格，注意区分两者的不同。

选中要清除的单元格、行或列，单击"开始"选项卡菜单中"编辑"选项组的"清除"下拉按钮，在下拉菜单中选择需要的命令，即可清除相应的对象（见图5-44）。

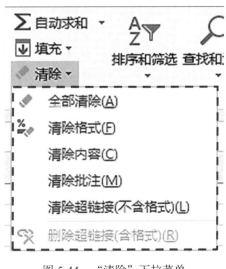

图5-44　"清除"下拉菜单

7）复制与移动数据。

（1）复制数据。选中要复制的单元格或单元格区域，单击"开始"选项卡菜单"剪贴板"组中的"复制"下拉按钮，将选中的内容复制到剪贴板中（见图5-45）。

选中目标单元格或单元格区域，单击"开始"选项卡菜单"剪贴板"组中的"粘贴"命令，或右击，在弹出的快捷菜单中单击"选择性粘贴"命令，在弹出的"选择性粘贴"对话框中选择相应的粘贴方式（见图5-46）。

图 5-45 "复制"下拉按钮

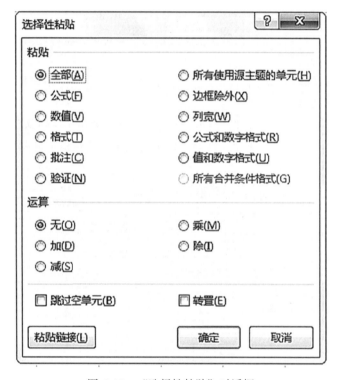

图 5-46 "选择性粘贴"对话框

（2）移动数据。选中要移动的单元格或单元格区域，单击"开始"选项卡菜单"剪贴板"组中的"剪切"命令，将选中的内容剪切到剪贴板中。选中目标单元格或单元格区域，单击"开始"选项卡菜单"剪贴板"组中的"粘贴"命令。

8）查找与替换数据

在 Excel 中，用户可以通过"查找"的方式定位工作表的某一位置；可以通过"替换"方式一次性替换工作表中特定的内容。单击"开始"选项卡菜单"编辑"选项组中的"查找和选择"下拉按钮（见图 5-47），单击"查找"或"替换"命令，在弹出的"查找和替换"对话框中单击"选项"按钮，可进行更多查找设置（见图 5-48）。

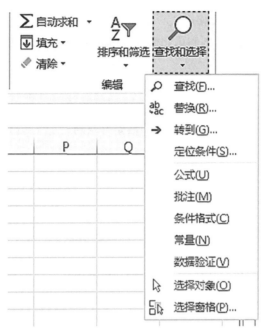

图 5-47 "查找和选择"下拉按钮

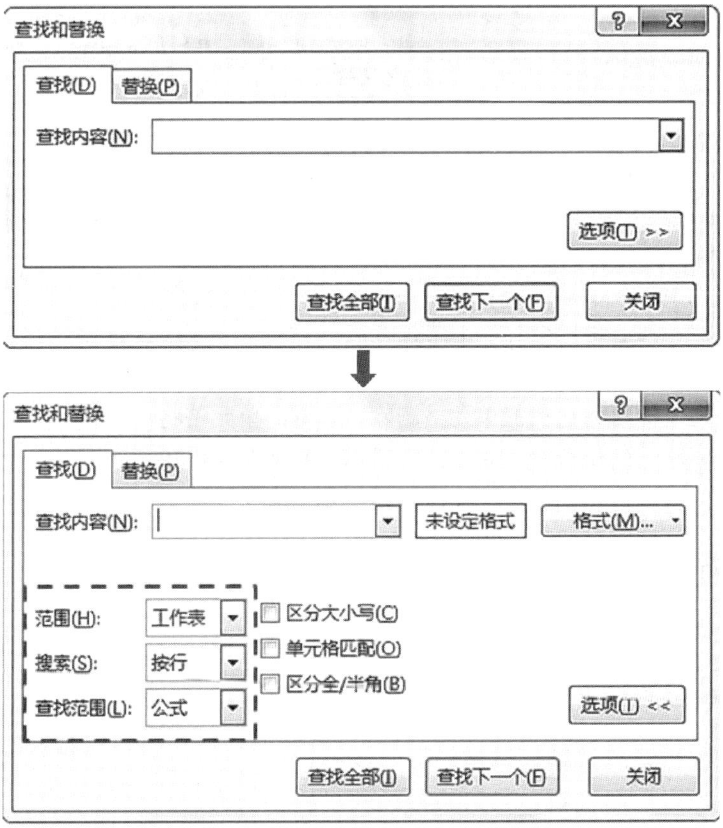

图 5-48 "查找和替换"对话框

9）插入/删除行、列、单元格

在工作表中经常需要对行、列和单元格进行相应的编辑操作，如设置工作表内单元格的行高和列宽，或是合并和删除单元格。

（1）选择。

- 选择行或列。单击对应行号或列号。
- 选择连续的行或列。选中需要选择的起始行或列，按住鼠标左键不放并拖曳至要选择的末尾行或列处释放鼠标。
- 选择不连续的行或列。按住 Ctrl 键，同时依次单击需要选择的行号或列号。

（2）插入行、列、单元格有以下两种方法。

- 定位需要插入单元格的位置，单击"开始"选项卡菜单"单元格"选项组中的"插入"下拉按钮，根据不同的需要选择不同的选项即可完成行、列、单元格的插入（见图 5-49）。
- 定位需要插入单元格的位置，右击，在弹出的快捷菜单中单击"插入"命令，在弹出的"插入"对话框中根据需要完成单元格、行、列的插入（见图 5-50）。

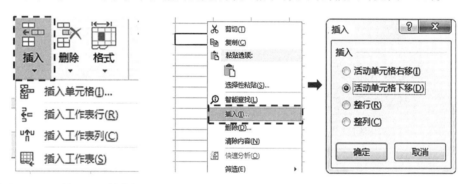

图 5-49　"插入"下拉按钮　　　　图 5-50　"插入"对话框

（3）删除行、列、单元格有以下两种方法。

- 选中需要删除的单元格，单击"开始"选项卡菜单"单元格"选项组中的"删除"下拉按钮，即可将选择的单元格删除，下方的单元格将向上移动（见图 5-51）。
- 选中需要删除的单元格，右击，在弹出的快捷菜单中单击"删除"命令，在弹出的"删除"对话框中根据需要完成删除（见图 5-52）。

 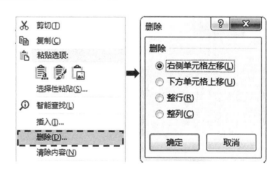

图 5-51　"删除"下拉按钮　　　　图 5-52　"删除"对话框

10）设置行高与列宽

选中需要设置的行列或列宽的单元格，单击"开始"选项卡菜单"单元格"选项组中的"格式"下拉按钮（见图 5-53），在弹出的"行高"或"列宽"对话框中输入合适的数值，单击"确定"按钮即可。

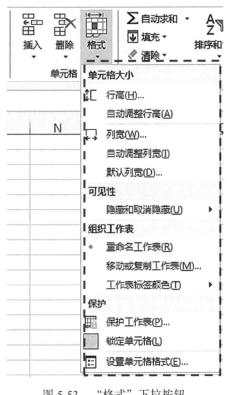

图 5-53 "格式"下拉按钮

图 5-54 "行高""列宽"对话框

11）合并与拆分单元格

- 选中要合并的单元格区域，单击"开始"选项卡菜单"对齐方式"选项组中的"合并后居中"下拉按钮，在下拉列表中选择"合并单元格"命令，即可合并所选单元格（见图 5-55）。
- 拆分单元格只要选择"取消单元格合并"命令即可。

12）设置单元格格式

单元格格式设置共有 3 种：样式格式、数字格式和条件格式。

（1）样式格式。通过"开始"选项卡菜单"字体"组、"对齐方式"组、"样式"组"单元格样式"下拉按钮可进行如下设置（见图 5-56）。

- 字体/字号、文字颜色、加粗/倾斜/下画线/删除线等。
- 单元格边框、填充颜色/底纹。
- 文本方向/对齐方式。
- 使用内置单元格样式。

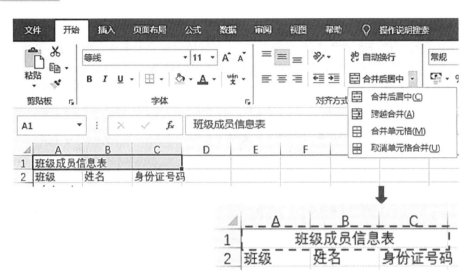

图 5-55 合并单元格

图 5-56 "开始"选项卡

（2）数字格式。选中单元格，单击"开始"选项卡菜单"数字"组中的"其他设置"，或单击"开始"选项卡菜单"单元格"组的"格式"，还可以通过右击选中的单元格，在弹出的快捷菜单中选择"设置单元格格式"命令，在"设置单元格格式"对话框中通过"分类"列表框进行设置。

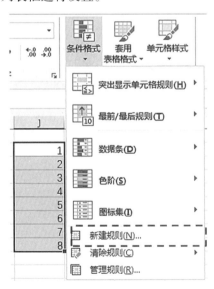

通过"设置单元格格式"还可以对单元格进行对齐、字体、边框、填充等设置。

（3）条件格式。使用条件格式，不仅可以筛选工作表中的数据，还可以在单元格中添加颜色以突出显示其中的数据。

- 设置条件格式。选中要设置条件格式的单元格或单元格区域，单击"开始"选项卡菜单"样式"组中的"条件格式"下拉按钮，在下拉菜单中设置需要的条件，选择"新建规则"命令（见图 5-57）。

在"新建格式规则"对话框的"选择规则类型"中选择"只为包含以下内容的单元格设置格式"，在"编辑规则说明"中进行相应的设置，单击"确定"按钮。符合设定条件的单元格突出显示（见图 5-58）。

图 5-57 选择"新建规则"命令

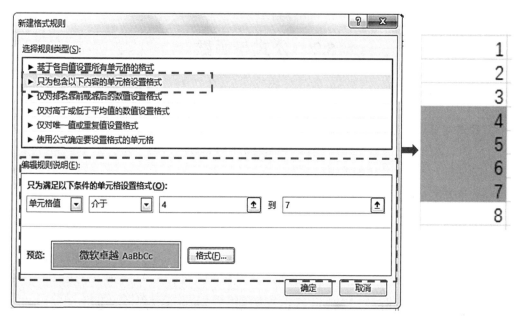

图 5-58 "新建格式规则"对话框

- 清除规则。选中包含条件格式的单元格区域,单击"条件格式"下拉按钮,在下拉菜单中单击"清除规则"中的"清除所选单元格的规则"命令即可(见图 5-59)。

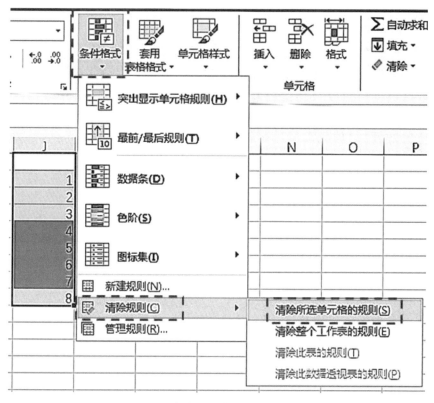

图 5-59 "清除所选单元格的规则"命令

5.2 公式与函数

5.2.1 公式的应用

1. 公式的基本概念

公式和函数用于实现数据计算。本节将具体介绍 Excel 公式的含义、公式的运算符号、输入公式的方法，数组公式和编辑公式等内容。

- 公式是对数据执行计算和操作的等式。公式是使用运算符和函数，对工作表数据以及普通常量进行运算的等式。
- 函数是预先定义的计算公式，可实现复杂的计算和操作。

在工作表中，可以使用公式和函数对表格中的原始数据进行处理。通过公式以及公式中调用的函数，除了可以进行数据计算（如加、减、乘、除）外，还可以完成较为复杂的财务、统计及科学计算等。如图 5-60 所示，公式表示为先计算 A1～A100 单格元的和，再除以 A1～A100 单元格的计数 100，最终求得 A1～A100 单元格的平均值；函数表示通过 AVERAGE 函数计算 A1～A100 单元格区域的平均值，两个表达式不同，繁简程度不同，但计算结果相同。

2. 公式的组成与输入

1）公式的组成

一个完整的公式由以下几部分组成。

- 等号"="：相当于公式的标记，表示等号之后的字符为公式。
- 运算符：表示运算关系的符号，如加号"+"、引用符号":"。
- 函数：预定义的计算关系，可将参数按特定的顺序或结构进行计算，如 SUM 函数。
- 单元格引用：参与计算的单元格或单元格区域，如单元格 A3、单元格区域 A1:C5。
- 常量：参与计算的常数。

公式的分解（见图 5-61）。

- 以等号"="开始。
- 引用（单元格引用①/区域引用②/名称引用③）。
- 运算符④。
- 函数⑤。
- 常量（数字或文本）⑥。

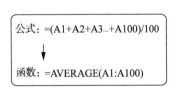

图 5-60 公式与函数的对照

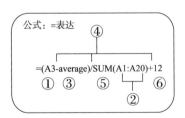

图 5-61 公式的表达式分解

2）输入公式

公式必须以等号"="开始。如输入"=A1+A2"，Excel 则识别输入的是公式，而不是文本数据。以下举例说明公式的输入（见图 5-62）。

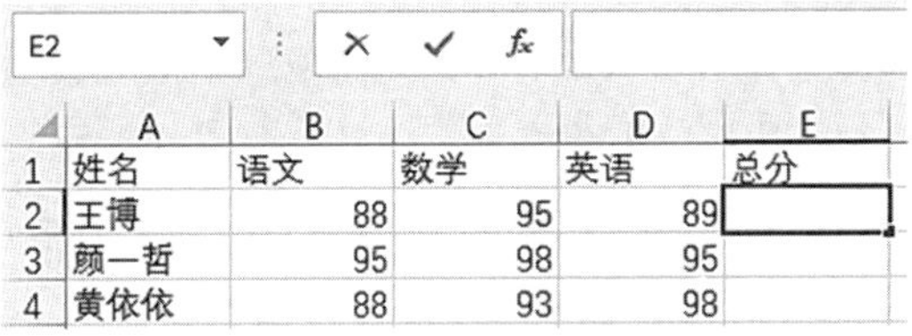

图 5-62　学生成绩表

如要在 E2 单元格中显示王博的各科总分，则 E2 单元格的公式为"=B2+C2+D2"。选中 E2 单元格，并将指针移到数据编辑栏或在单元格中输入"=B2+C2+D2"（见图 5-63），单击编辑栏上的 ✓ 按钮或按 Enter 键，在 E2 单元格中显示计算结果。

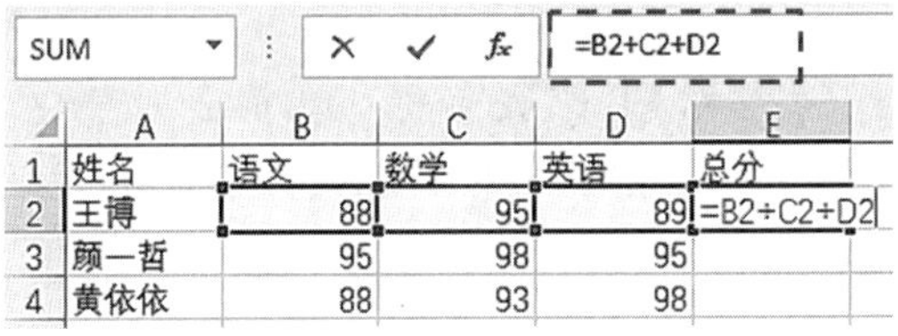

图 5-63　输入公式

3. 填充公式

学生成绩表中其他学生的总成绩可通过自动填充完成公式的计算。将鼠标放置在 E2 单元格的右下角，待光标变成 + 形状，按住鼠标左键并拖曳至 E4 单元格，释放鼠标即可完成其他学生的求和运算（见图 5-64）。

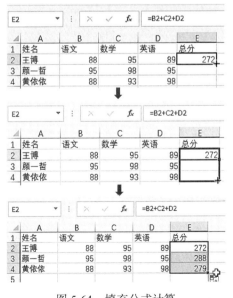

图 5-64　填充公式计算

4. 单元格引用

在 Excel 中对单元格的引用类型有绝对引用、相对引用和混合引用。它们之间既有区别，又有联系。

1）相对引用

单元格的相对引用是指在生成公式时，对单元格或单元格区域的引用基于它们与公式单元格的相对位置。使用相对引用后，系统将会记住建立公式的单元格和被引用单元格的相对位置关系，在复制公式时，新的公式单元格和被引用的单元格仍保持这种相对位置，如 A1、B2、C2（见图 5-65）。

以单元格引用为例。

（1）工作表内引用——单元格地址，如 A1。

（2）工作表间引用——工作表名称!单元格地址，如 Sheet1!A1。

（3）工作簿间引用。

① [工作簿名称]工作表名称!单元格地址，如 [Book1.xlsx]Sheet1!A1。注意：工作簿处于打开状态。

② '完整路径[工作簿名称]工作表名称'!单元格地址，如 'C:\My Documents\[Book1.xlsx]Sheet1'!A1。注意：工作簿处于关闭状态，文件路径必须完整，可包含路径中的空格，并用单引号括起来。

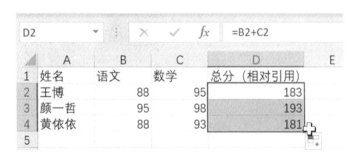

图 5-65　相对引用

2）绝对引用

单元格的绝对引用是指在生成公式时，对单元格或单元格区域的引用是单元格的绝对位置。不论包含公式的单元格处在什么位置，公式中所引用的单元格位置都不会发生改变，如 $A$1、$B$2、$C$2（见图 5-66）。

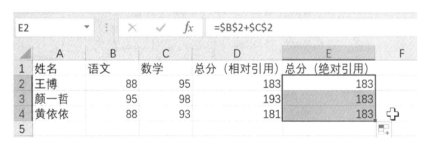

图 5-66　绝对引用

3）混合引用

混合引用是指行采用相对引用而列采用绝对引用，或是列采用相对引用而行采用绝对引用。绝对引用列采用$A、$B等形式，绝对引用行采用$1、$1等形式。复制公式时，绝对引用的部分不会变动，而相对引用的部分则会随情况的变化而变化（见图5-67）。

图5-67 混合引用的组合

4）相对引用与绝对引用的举例说明

如在 E2 单元格输入绝对引用地址的公式"=$B$2+$C$2"，可选中 E2 单元格并输入"=B2+C2"，将鼠标光标放置在 B2 前，按 F4 键，B2 会切换成$B$2 的绝对引用地址，也可以直接在编辑栏中输入"=$B$2"，接着输入"+C2"，按 F4 键将 C2 变成$C$2，按 Enter 键。此时，复制 E2 单元格，在 E3 单元格粘贴公式， E3 单元格的值仍为 183，编辑栏显示的公式为"=$B$2+$C$2"（见图5-68）。

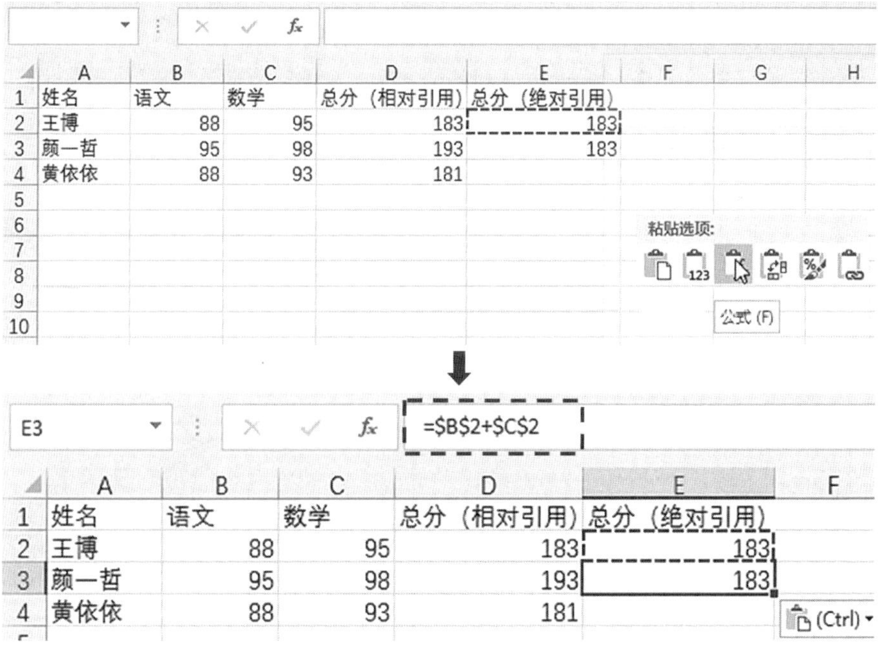

图5-68 绝对引用

使用绝对地址，无论公式复制到何处，Excel 都引用 B2 单元格和 C2 单元格的值相加，所以 E2 单元格和 E3 单元格的结果相同。

5）混合引用的举例说明

继续沿用上例，在 D2 单元格输入"=B2+C2"，按 Enter 键，计算结果为 183。在 E2 单元格输入"=$B2+$C2"，按 Enter 键，计算结果为 183；D2 与 E2 的计算结果相同（见图5-69）。

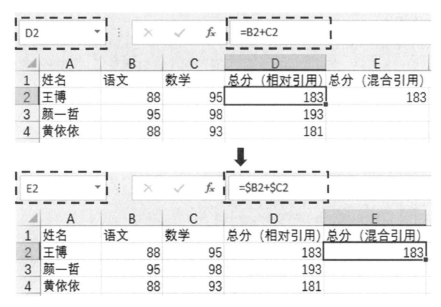

图 5-69 混合引用

复制 E2 单元格公式,在 E3 单元格粘贴公式,计算结果与所对应的 D3 单元格计算结果相同。同样的方式操作,E4 单元格与 D4 单元格的计算结果相同。

将光标放置在 E3 单元格,编辑栏显示的公式为"=$B3+$C3",则为混合引用,表示列为绝对地址,不变;行为相对地址,会相对改变。因此,通过粘贴公式或自动填充,在 E 列与 D 列的计算结果相同(见图 5-70)。

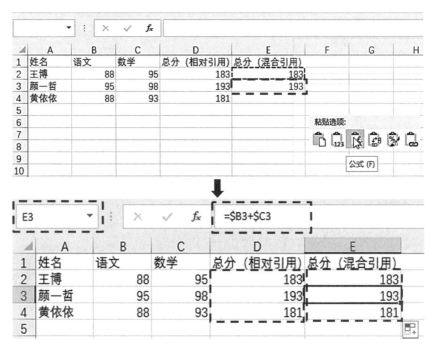

图 5-70 混合引用与相对引用对照

注意事项

公式中的应用技巧
切换相对引用与绝对引用的快捷键 F4 键。 按 F4 键，可以循环改变单元格引用的类型，从相对引用到绝对引用再到混合引用；例如 B2 单元格，第 1 次按 F4 键，绝对引用，$B$2；第 2 次按 F4 键，只有行编号是绝对地址，B$2；第 3 次按 F4 键，只有列编号是绝对地址，$B2；第 4 次按 F4 键，还原为相对引用，B2。

6）运算符

Excel 包含 4 种类型的运算符：算术运算符、比较运算符、文本运算符和引用运算符，每种运算符都有其相应的优先级，如表 5-1 所示。

表 5-1　运算符含义及优先级

类别	运算符	含　义	示例	优先级
引用运算符	:	区域运算，生成对两个引用之间所有单元格的引用	C1:E6	1
	[空格]	交叉运算，生成对两个引用区域中共有单元格的引用	A1:C5 B2:E9	2
	,	联合运算，合并多个引用为一个引用	A1:C5，B2:E9	3
算术运算符	–	负号	–10	4
	%	百分比	60%	5
	^	乘方	5^3	6
	*　/	乘、除	5*9/3	7
	+　–	加、减	7+2–3	8
文本运算符	&	将两个或多个文本值连接为一个文本值	"3"&"m"→"3m"	9
比较运算符	=、>、< >=、<=、<>	比较两个值的大小，结果为逻辑值	10<6→FALSE	10

5.2.2　函数的应用

Excel 中的函数是预定义的公式，它们使用称为参数的特定数值按特定的顺序或结构进行计算。可以直接用函数对某个区域内的数值进行一系列处理，如分析、处理日期值和时间值等。

1. 函数的概述

函数是由 Excel 内部定义、完成特定计算的公式。例如，求单元格 A1～H1 中一系列数字的和，可以输入函数"=SUM(A1:H1)"，而不是输入公式"=A1+B1+C1+…+H1"。函数可以使用区域引用（如区域名称为 SALES 的区域）及数字值（如 58.64）。

使用函数时，可以在单元格中直接输入函数，也可以使用函数向导插入函数。函数由 3 种元素构成。

- "="等号：表示后面为函数（公式）。
- 函数名（如 SUM）：表示将执行的操作。
- 变量（如 A1:H1）：表示函数将作用的值的单元格地址。变量通常是一个单元格区域，也可以表示为复杂的内容。

2. 函数的分类

在 Excel 中提供了几百个预定义的函数供用户使用，分为 11 种类型，如数学和三角函数、文本函数、财务函数、逻辑函数、统计函数、日期和时间函数等。常用的函数包括以下几类。

- 数学和三角函数：进行数学和三角函数的计算。
- 逻辑函数：判断真假或复合检验。
- 文本函数：分为文本合并、文字提取、字符清洗、文字替换、精确查找、长度计算 6 部分。
- 日期和时间函数：计算日期和时间或设置日期和时间格式的函数。
- 统计函数：根据相应的因素对数据区域进行计算与分析。

3. 输入函数

函数是按照特定的语法顺序进行运算。函数的语法是以函数名开始，在函数名后面是括号，括号之间是该函数的参数。函数的输入方式包括手动输入、使用函数向导、使用函数列表和编辑栏函数按钮。下面以"求和"函数为例进行介绍。

1）手动输入

简单的函数可以采用手动输入的方法。在单元格中或编辑栏中输入等号（=），再输入函数语句即可，如"=sum(B2:C2)"（见图 5-71）。按 Enter 键会生成函数结果，同时，Excel 会将函数名自动转化为大写，即"=SUM(B2:C2)"。

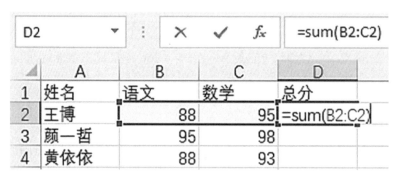

图 5-71　手动输入函数

2）"自动求和"下拉按钮

选中要求和的单元区域，单击"公式"选项卡菜单"函数库"组的"自动求和"下拉按钮，选择"求和"，按 Enter 键即可完成求和（见图 5-72）。或单击"开始"选项卡菜单"编辑"组中的"自动求和"命令。

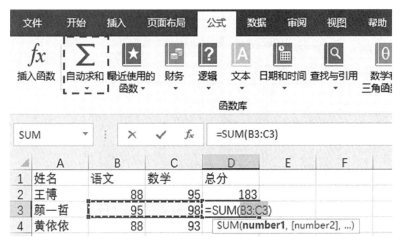

图 5-72 "自动求和"下拉按钮

3）函数向导

单击"公式"选项卡菜单"函数库"组中的"插入函数"按钮，在弹出的"插入函数"对话框的"搜索函数"文本框中输入"求和"，单击"转到"按钮，系统将自动搜索相应的函数，在"选择函数"列表框中选择求和函数 SUM（见图 5-73）。单击"确定"按钮，弹出"函数参数"对话框，在 Numberl 文本框中输入需要计算的单元格区域，如 B4:C4。或通过 ↑ 按钮，选择需要计算的单元格区域（见图 5-74）。

图 5-73 "插入函数"对话框

图 5-74 "函数参数"对话框

单击"确定"按钮即可计算出单元格区域的求和结果。

4. 数组的使用

数组是多个元素的集合。一个单元格区域,包含多个数据,把它作为整体参与数据运算,这个区域的数据就是一个数组。

- 按 Ctrl+Shift+Enter 组合键,系统自动生成花括号{}括起数组公式(注意:花括号不能手动输入)。如:{=INDEX(Sheet2!$E$2:$E$10,MATCH(Sheet3!B2&Sheet3!C2&Sheet3!D2,Sheet2! $B$2:$B$10&Sheet2!$C$2:$C$10&Sheet2!$D$2:$D$10,0))}。
- 数组常量:用{}括起(手动输入常量内容),按 Ctrl+Shift+Enter 组合键结束输入。如{={1,2,3,4;5,6,7,8}}(分号换行,逗号换列,外{}自动生成)。

选中 A1:B4 单元格区域,在英文输入状态下,在 A1 单元格输入"={1,5;2,6;3,7;4,8}"。按 Ctrl+Shift+Enter 组合键,Excel 则自动添加花括号{}即"={1,5;2,6;3,7;4,8}}"。此时,在 A1:B4 单元格区域,就输入了相应的常量(见图 5-75)。

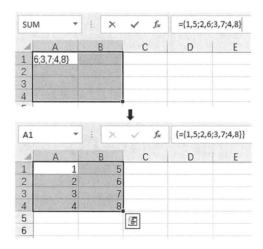

图 5-75 创建二维常量

选中 C1:C4 单元格区域，在单元格中输入"=A1:A4*B1:B4"，按 Ctrl+Shift+Enter 组合键，Excel 则自动添加花括号{}即"{=A1:A4*B1:B4}"。在 C1:C4 区域，填充计算结果（见图 5-76）。

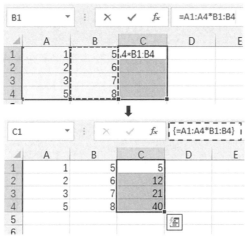

图 5-76　数组计算

5. 公式错误值类型

在公式计算时，有时会因为输入、区域选取等问题出现错误。公式错误时通常有一些错误值，各个错误值代表不同的含义，每种错误值都有不同的原因和解决方法，如表 5-2 所示。

表 5-2　公式错误值类型与原因

错误值类型	原　　因
######	单元格列宽不足以显示内容，或日期或时间为负值
#DIV/0!	0 作为除数，或引用空白单元格作为除数
#N/A	无信息/数值可引用
#NAME?	引用无法识别的文本/不存在的名称
#NULL!	指定两个并不相交区域的交点
#NUM!	引用无效的数值（超限）
#REF!	引用无效的单元格（被引单元格被删除或覆盖）
#VALUE!	引用不正确的数据类型

5.3　图表的应用

5.3.1　图表的基本操作

1. 图表介绍

图表是工作表中的数据用图形表示，图表可以使数据更加易于表现数据之间的关系，更加直观、易于理解。在 Excel 中使用图表对数据进行统计、分析，可以更加明显地表现出数据的趋势。

1）图表的基本功能

图表将数据图形化表示，可以动态地随相应数据的变化而自动更新。将数据用图表进行描述，可使抽象、枯燥的数据变得形象直观、易于理解，清晰表现出数据的差异、变化趋势和数据间的关系。采用不同的图表类型，可以展现数据不同方面的特点规律。

2）图表放置位置

与数据位于相同工作表中为嵌入式图表；单独占据一个新工作表即图表工作表。

3）图表的组成

一个完整的图表由图表区、绘图区、数据系列、横坐标轴、纵坐标轴、网格线、图例、标题和数据标签组成（见图5-77）。

① 图表区。
② 绘图区。
③ 数据系列（某一行/列）。
④ 横坐标轴（分类轴）。
⑤ 纵坐标轴（数值轴）。
⑥ 网格线。
⑦ 图例。
⑧ 标题（图表标题、横纵坐标轴标题）。
⑨ 数据标签。

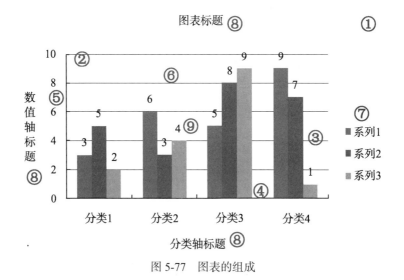

图5-77 图表的组成

4）常用的图表类型（见图5-78）

① 柱形图：显示一段时间内的数据变化或各项数据之间的比较情况。
② 折线图：显示随时间而变化的连续数据适用于在相等时间间隔下数据的变化趋势。
③ 饼图：显示一个数据系列中各项大小与各项总和的比例。
④ 条形图：显示各项之间的比较情况（适用于分类轴标签较长的情况）。

⑤ 面积图：用于强调数量随时间变化的程度，也可用于引起对总值趋势的注意。
⑥ XY 散点图：显示若干数据系列中两个变量之间的关系。
⑦ 股价图：显示股价的波动或显示温度的波动。
⑧ 曲面图：以曲面显示数据的变化情况和趋势。
⑨ 雷达图：显示若干数据系列的聚合值。

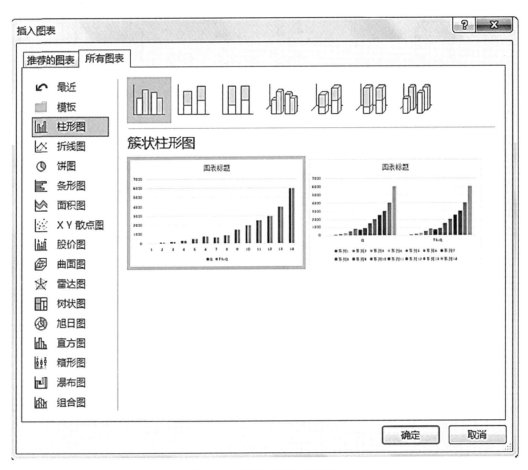

图 5-78 "插入图表"对话框

2. 创建图表

图表可分为嵌入式图表和图表工作表。可将嵌入式图表看作一个图形对象，作为工作表的一部分进行保存。当要与工作表数据一起显示或者打印一个或多个工作表时，可以使用嵌入式图表。图表工作表是工作簿中具有特定工作表名称的独立工作表，如要独立于工作表数据查看或编辑较为复杂的图表，或希望节省工作表上屏幕空间时，可以使用图表工作表。

选中数据单元格区域，如图 A2:B17。单击"插入"选项卡菜单"图表"选项组中相应的图表类型下拉按钮，在弹出的图表列表中选择需要的图表样式即可（见图 5-79）。

如果修改了图表的来源数据，图表则会自动更新，无须重新绘制图表。

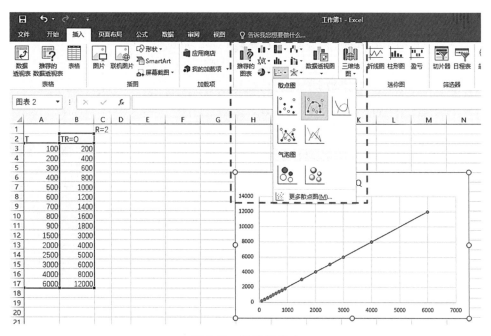

图 5-79　选择图样式

5.3.2　编辑图表

图表建立后,用户还可以对图表进行修改。如对图表的类型、数据系列、标题、坐标轴、网格线、图例、数据标志和数据表等图表元素进行编辑。

选中图表,则在选项卡菜单中出现"图表工具",其中包含"设计""格式"选项卡(见图 5-80)。

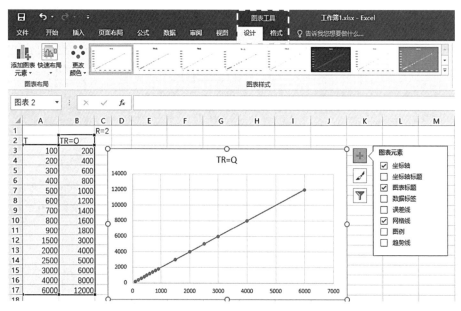

图 5-80　"设计"选项卡

1）添加图表元素

选中图表，单击"图表工具"的"设计"选项卡菜单中的"添加图表元素"下拉按钮打开下拉菜单（见图5-81）。

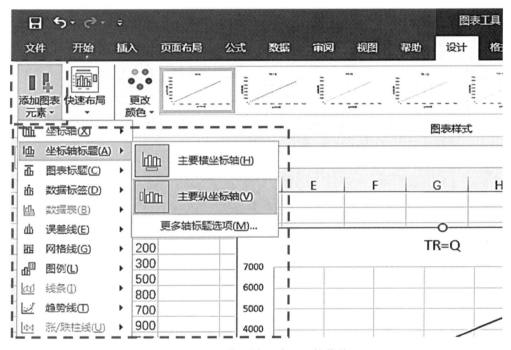

图 5-81 "添加图表元素"下拉菜单

也可以在图表右侧快速设置选项中单击"+"按钮进行添加图表元素。图表元素包括坐标轴、坐标轴标题、图表标题、数据标签、误差线、网格线、图例、趋势线（见图5-82）。

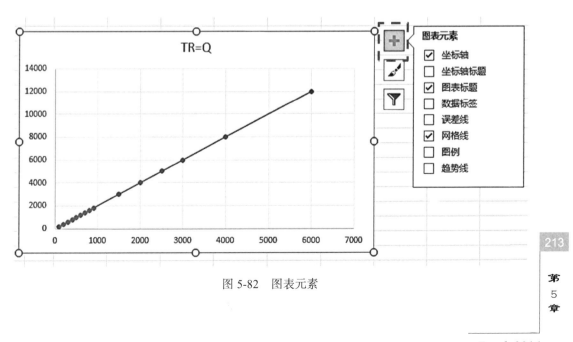

图 5-82 图表元素

2）快速布局

选中图表，单击"图表工具"的"设计"选项卡菜单"图表布局"组中的"快速布局"下拉按钮，在下拉菜单中选择需要的图表布局类型（见图5-83）。

图5-83 "快速布局"下拉菜单

3）图表样式

选中图表，单击"图表工具"的"设计"选项卡菜单"图表样式"组中的样式，可快速为图表设置样式（见图5-84）。

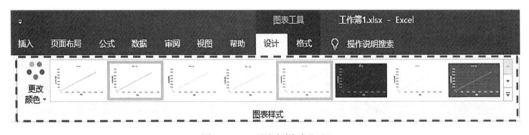

图5-84 "图表样式"组

4）切换行或列

选中A1:D4单元格区域，插入柱状图查看不同地区的连续3个月的销量变化。选中图表，单击"图表工具"的"设计"选项卡菜单"数据"组中的"切换行/列"命令，再次查看不同地区连续3个月的销量变化（见图5-85）。

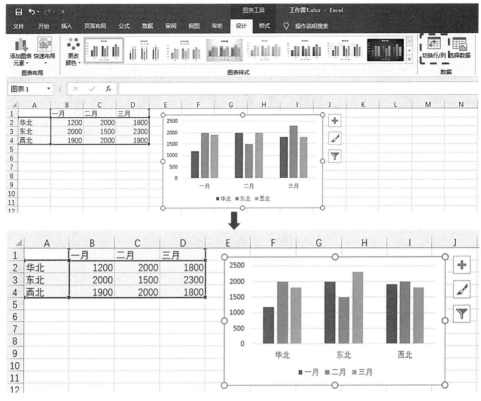

图 5-85 "切换行/列"命令

5）选择数据

选中图表,单击"图表工具"的"设计"选项卡菜单"数据"组中的"选择数据"命令,在弹出的"选择数据源"对话框中用鼠标或通过拾取选项按钮在数据区域选择数据（见图 5-86）。

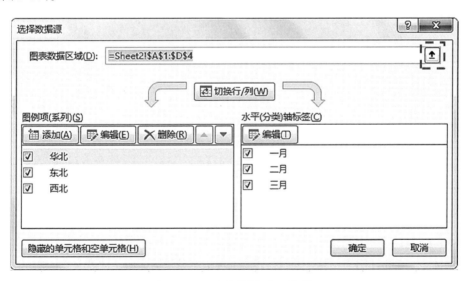

图 5-86 "选择数据源"对话框

新选择的数据区域为虚线区域，图表也随之发生变化，由 3 个月销售情况变为一月、二月销售情况，单击"确定"按钮（见图 5-87）。

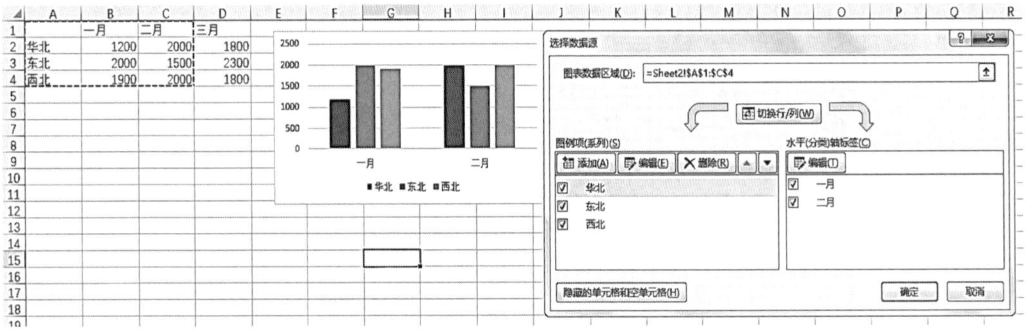

图 5-87　重新选择数据源

6）更改图表类型

选中图表，单击"图表工具"的"设计"选项卡菜单"类型"组中的"更改图表类型"命令，即弹出"更改图表类型"对话框，从中选择更改的图表类型（见图 5-88）。

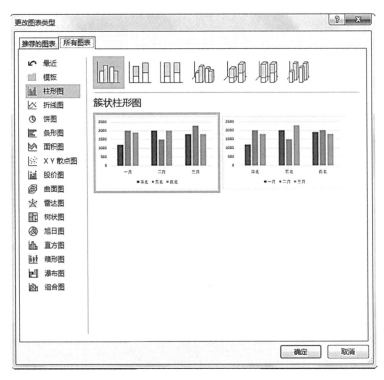

图 5-88　"更改图表类型"对话框

7）图表格式

选中图表，单击"图表工具"的"格式"选项卡菜单"当前所选内容"组中的"图表区"下拉按钮，在下拉菜单中选择相应的对象，通过图表格式中的其他效果进行设置（见图 5-89）。

图 5-89 "图表区"下拉菜单

5.3.3 数据透视表

数据透视表是一种可以快速汇总大量数据的交互式功能,通过直观的方式显示数据汇总的结果,为 Excel 用户的数据查询和分类提供方便。

数据透视表可以动态地改变版面布置,以便按照不同方式分析数据,也可以重新安排行号、列标和页字段。每一次改变版面布置时,数据透视表会立即按照新的布置重新计算数据。如果原始数据发生改变,数据透视表则自动更新。

1. 创建数据透视表

首先选择相应的单元格区域,如 A1:D6。单击"插入"选项卡菜单中的"数据透视表"命令,在弹出的"创建数据透视表"对话框中进行相应的设置(见图 5-90)。

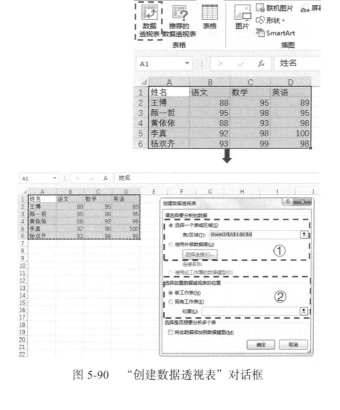

图 5-90 "创建数据透视表"对话框

首先选择要分析的数据，可通过数据↑按钮选取数据区域，或调入外部数据。再选择放置数据透视表的位置，单击"确定"按钮即可。

2. 选取显示的字段

在"数据透视表字段"对话框选择所要显示的字段（见图 5-91）。

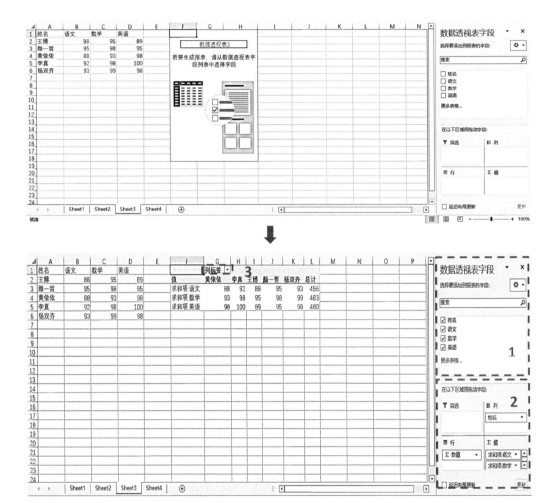

图 5-91　"数据透视表字段"操作

（1）勾选要添加到报表的字段，相应的字段显示在报表中。

（2）在以下区域间拖动字段：可将字段在以下 4 个区域间拖动。如果要删除在区域中的字段，单击相应字段，在弹出的菜单中单击"删除字段"命令。

（3）单击"列标签"下拉按钮，选择或去除在报表中列的显示内容。

3. 切片器

选中数据透视表，单击"数据透视表工具"→"分析"→"筛选"→"插入切片器"，在弹出的"插入切片器"对话框中选择所要显示的字段，单击"确定"按钮（见图 5-92）。

在报表中就会出现切片，可选择相应字段，方便查看信息。同时，数据透视表也会发生变化（见图 5-93）。

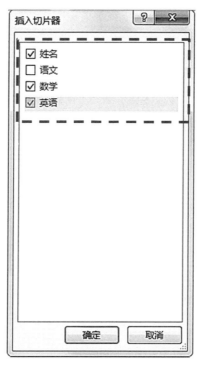

图 5-92 "插入切片器"对话框

- 单击"清除筛选器"按钮或按 Alt+C 组合键即可清除筛选。
- 右击切片,在弹出的快捷菜单中单击"删除"命令或按 Del 键进行删除操作。

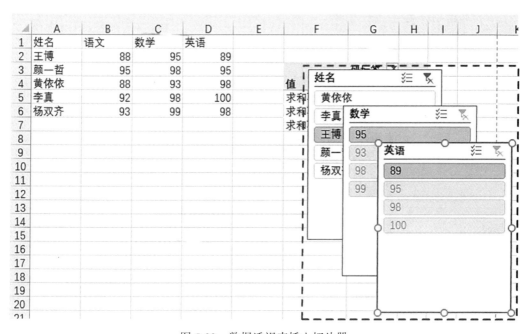

图 5-93 数据透视表插入切片器

5.3.4 打印工作表与图表

1. 预览打印效果

正式打印工作表或图表之前，可以通过打印预览命令预览打印效果。

选择需要打印的工作表，单击"文件"选项卡左侧窗格中的"打印"命令。在中间窗格的"份数"变数框中设置打印份数，在"页数"变数框中设置打印范围，单击"打印"按钮，即可完成打印（见图5-94）。

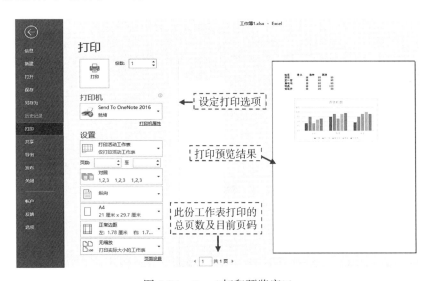

图 5-94　Excel 打印预览窗口

2. 打印选项设定

1）选择打印机

若安装一部以上的打印机，首先检查设定的打印机名称，单击"打印机"下拉按钮，在下拉菜单中选择要使用的打印机（见图5-95）。

图 5-95　"打印机"下拉菜单

2）设置打印的范围、页数与对照

假如工作表的数据量较大，可以选择全部打印或是选取范围打印，并可以设置具体打印的页数范围（见图 5-96）。如果打印的页数较多，也可选择相应的对照方式查看打印的页面。

3）设置打印方向与选择纸型

如果工作表的数据列数较多、行数较少，可以横向打印；若是数据列数较多，行数较少，则可以纵向打印。

同时，可选择打印纸张类型，默认纸张类型为 A4，纸张类型的选择还要与打印机相匹配。

4）设置页面边界

为工作表的美观，通常在纸张四周留一些空白，这些空白的区域为边界，调整边界即是控制四周空白的大小，也是控制工作表在纸上打印的范围。

工作表预设会套用标准边界，如果希望边界更宽或是较窄，可套用边界的预设值，或单击文件/打印页的右下角的显示边距 按钮，在页面上显示边界，通过拖动控点调整边界位置（见图 5-97）。

图 5-96　打印机设置

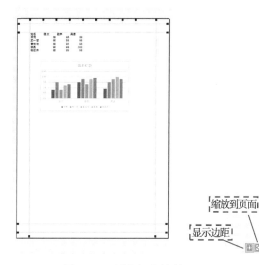

图 5-97　预览打印效果

5）设置缩放比例

设置缩放比例以符合纸张尺寸，便于工作表的查看。

6）页面设置

单击"页面设置"命令，在弹出的"页面设置"对话框中对页边距、打印质量、页眉/页脚、打印区域等进行设置。

3. 切换文件的预览效果

预览时有 3 种比例可切换，分别是整页预览、放大预览和显示边距（见图 5-97 所示）。

整页预览：选择打印命令后会切换至整页预览模式。

放大预览：单击右下角的按钮■，可放大资料的检视比例至100%；再次单击则返回到整页预览比例。

显示边框：单击右下角■按钮，则以整页预览，同时显示打印边框。

4. 由"页面布局"视图预览打印效果

在编辑工作表时，可通过 Excel 主页面右下角的"普通""页面布局""分页预览"3 种视图（见图 5-98）查看打印效果。单击"页面布局"按钮，在此视图中工作表会分割成多页文件，方便打印设置。在"页面布局"选项卡的"页面设置"组进行页面设置，包括纸张大小、页边距、打印区域等（图 5-99）。

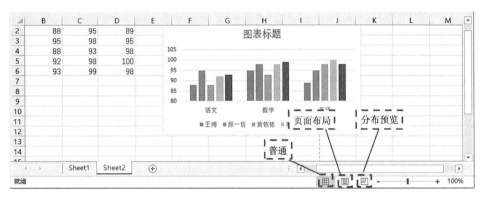

图 5-98 "普通"视图

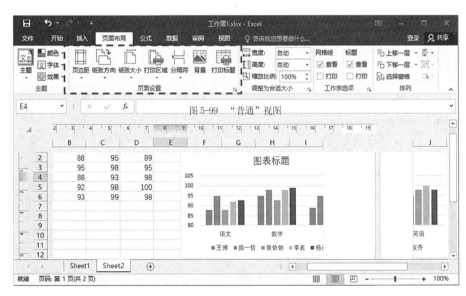

图 5-99 "页面布局"视图

5.4 Excel 2016 上机实践

大哲在方达图书销售公司担任市场部经理，主要工作内容是向总经理提拱销售信息的分析和汇总。根据销售数据报表（excel.xlsx 文件），按照如下要求完成数据的统计和分析。

（1）对订单明细表工作表进行格式调整，通过套用表格格式方法将所有的销售记录调整为一致的外观格式，并将"单价列和小计列"所包含的单元格调整为"会计专用"(人民币)数字格式。具体步骤如下。

① 打开 Excel.xlsx 文件。

② 在"订单明细表"工作表中选中 A1:H636 区域，单击"开始"选项卡菜单"样式"组中的"套用表格格式"下拉按钮，在下拉菜单中选择"表样式中等深浅色13"表样式（见图 5-100），在弹出的"套用表格式"对话框中单击"确定"按钮（见图 5-101）。

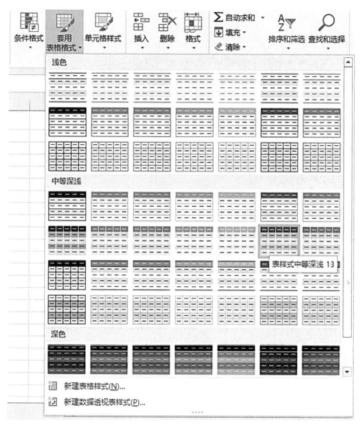

图 5-100　"套用表格格式"下拉菜单

图 5-101　"套用表格式"对话框

③ 选中表的标题行，单击"表格工具"的"设计"选项卡菜单"工具"组中的"转换为区域"命令（见图 5-102）。

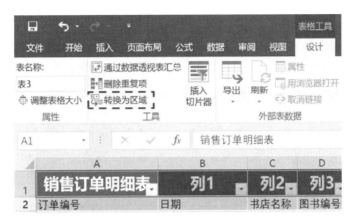

图 5-102 "转换为区域"命令

单击"开始"选项卡菜单"对齐方式"组中的"合并后居中"命令。此时，表头"销售订单明细表"则居中显示。

④ 按 Ctrl 键，将鼠标放在 F、H 的列头，待鼠标指针变为↓样式，单击即选中"单价列""小计列"（见图 5-103）。

⑤ 单击"开始"选项卡菜单"数字"组"数字格式"列表框中的"会计专用"即可将"单价列和小计列"调整为"会计专用"（人民币）数字格式（见图 5-104）；或单击"开始"选项卡菜单"单元格"组中的"格式"命令，在弹出的"设置单元格格式"对话框中单击"数字"选项卡，选中"会计专用"选项，单击"确定"按钮（见图 5-105）。

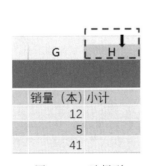

图 5-103 选择列

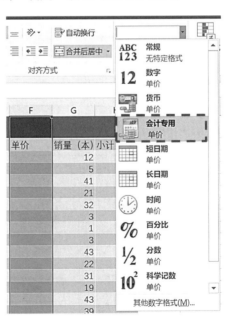

图 5-104 "会计专用"选项

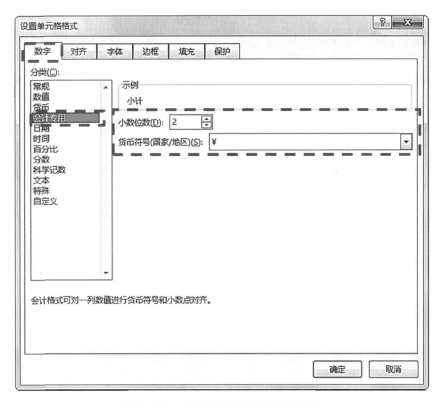

图 5-105 "设置单元格格式"对话框

（2）根据图书编号，在"订单明细表"工作表的"图书名称"中，使用 VLOOKUP 函数完成图书名称的自动填充。"图书名称"和"图书编号"的对应关系在"编号对照表"工作表中。

在"订单明细表"工作表中选中 E3 单元格，输入"= vl"，则此时会显示函数全称与函数简介，按 Tab 键，则变为"=VLOOKUP("。输入"=VLOOKUP(D3:D636，编号对照表!$A$2:$B$19，2，0)"，按 Enter 键（见图 5-106）。结果如图 5-107 所示，通过"订单明细表"工作表中的"图书编号"与"编号对照表"工作表中的"图书编号"对照表，将"图书名称"查询结果填充至"订单明细表"工作表的"图书名称"列中。

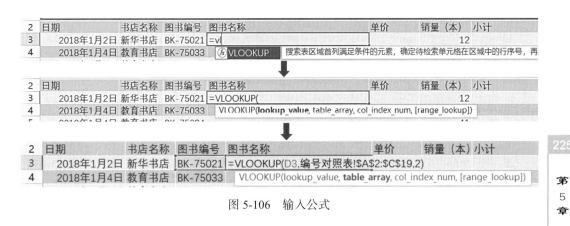

图 5-106 输入公式

图 5-107 返回"书名"值

 提示

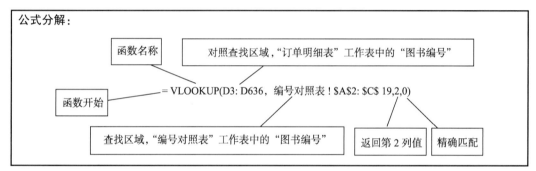

如果对直接输入函数不熟悉，也可通过插入函数的方式操作，具体步骤如下。

① 选中 E3 单元格，单击"公式"选项卡菜单"函数库"组中的"插入函数"命令，弹出"插入函数"对话框（见图 5-108），在"选择函数"列表中选择"VLOOKUP"函数，单击"确定"按钮，弹出"函数参数"对话框。

② 在第 1 个参数框中选择"D3"；第 2 个参数框中选择"编号对照表"工作表中的 A2:C19 区域；第 3 个参数框中输入"2"；第 4 个参数框中输入"FALSE"或者"0"；单击"确定"按钮（见图 5-109）。工作表中可以提前设定区域名称，便于公式输入。

③ 或在"订单明细表"工作表的 E3 单元格中输入公式"=VLOOKUP(D3，编号对照表!SAS2:SCS19，2，FALSE)"，按 Enter 键，选中 E3 单元格，将鼠标移至单元格右下角，待鼠标指针变成 + 样式后拖曳，完成图书名称的自动填充。

（3）根据"图书编号"，在"订单明细表"工作表的"单价"中使用 VLOOKUP 函数完成图书单价的自动填充。"单价"和"图书编号"的对应关系在"编号对照表"工作表中。

选中"订单明细表"工作表的 F3 单元格，输入"=VLOOKUP(D3,编号对照表!$A$2:$C$19，3，0)"（见图 5-110）按 Enter 键；选中 F3 单元格，将鼠标移至单元格右下角，待鼠标指针变为 + 样式后拖曳，完成图书单价的自动填充。即在"订单明细表"工作表"单价"返回"编号对照表"工作表中的"单价"值，其结果如图 5-111 所示。

图 5-108 "插入函数"对话框

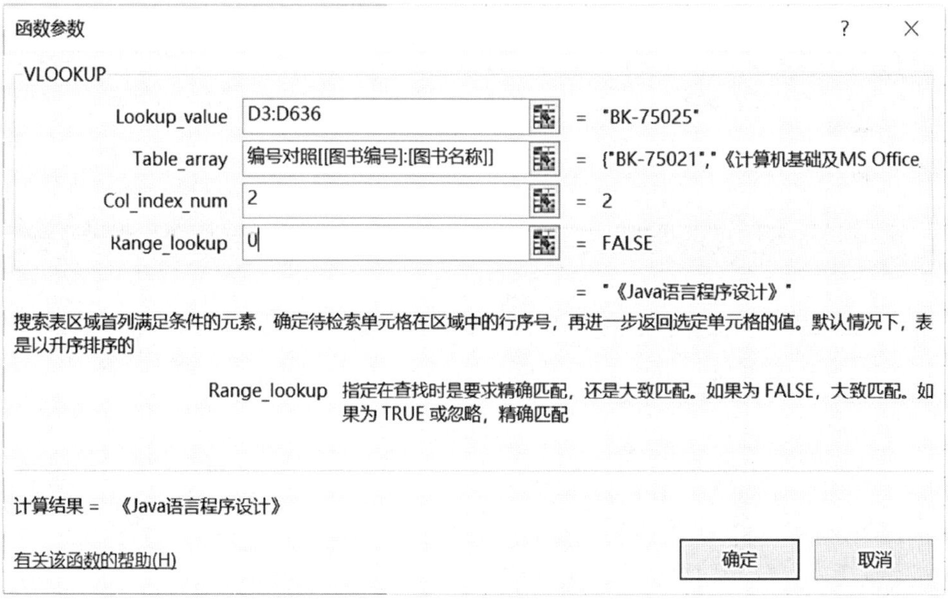

图 5-109 "函数参数"对话框

图 5-110 输入函数

			销售订单明细表				
日期	书店名称	图书编号	图书名称		单价	销量（本）	小计
2018年1月2日	新华书店	BK-75021	《计算机基础及MS Office应用》	¥	36.00	12	
2018年1月4日	教育书店	BK-75033	《嵌入式系统开发技术》	¥	44.00	5	
2018年1月4日	教育书店	BK-75034	《操作系统原理》	¥	39.00	41	
2018年1月5日	教育书店	BK-75027	《MySQL数据库程序设计》	¥	40.00	21	
2018年1月6日	新华书店	BK-75028	《MS Office高级应用》	¥	39.00	32	
2018年1月9日	新华书店	BK-75029	《网络技术》	¥	43.00	3	
2018年1月9日	教育书店	BK-75030	《数据库技术》	¥	41.00	1	
2018年1月10日	新华书店	BK-75031	《软件测试技术》	¥	36.00	3	
2018年1月10日	教育书店	BK-75035	《计算机组成与接口》	¥	40.00	43	
2018年1月11日	绿林书店	BK-75022	《计算机基础及Photoshop应用》	¥	34.00	22	
2018年1月11日	新华书店	BK-75023	《C语言程序设计》	¥	42.00	31	
2018年1月12日	绿林书店	BK-75032	《信息安全技术》	¥	39.00	19	
2018年1月12日	新华书店	BK-75036	《数据库原理》	¥	37.00	43	
2018年1月13日	新华书店	BK-75024	《VB语言程序设计》	¥	38.00	39	
2018年1月15日	新华书店	BK-75025	《Java语言程序设计》	¥	39.00	30	
2018年1月16日	新华书店	BK-75026	《Access数据库程序设计》	¥	41.00	43	
2018年1月16日	新华书店	BK-75037	《软件工程》	¥	43.00	40	
2018年1月17日	新华书店	BK-75021	《计算机基础及MS Office应用》	¥	36.00	44	
2018年1月18日	教育书店	BK-75033	《嵌入式系统开发技术》	¥	44.00	33	
2018年1月19日	新华书店	BK-75034	《操作系统原理》	¥	39.00	35	

图 5-111　函数返回值

（4）在"订单明细表"工作表的"小计"列中，计算每笔订单的销售额。

选中"订单明细表"工作表的 H3 单元格，输入公式"=F3*G3"，按 Enter 键完成小计，选中 H3 单元格，将鼠标移至单元格左下角，待鼠标指针变为 + 样式后拖曳，完成自动填充。

或在 Excel 中通过定义表、结构化引用方式计算，如"=[@列名 1]*[@列名 2]"。选中 H3 单元格，输入"="，单击 F3 单元格，输入"*"（乘号），单击 G3 单元格，即可输入公式"=[@单价]*[@销量(本)]"，按 Enter 键完成小计的自动填充。计算结果如图 5-113 所示。

日期	书店名称	图书编号	图书名称		单价	销量（本）	小计
2018年1月2日	新华书店	BK-75021	《计算机基础及MS Office应用》	¥	36.00	12	=F3*G3
2018年1月4日	教育书店	BK-75033	《嵌入式系统开发技术》	¥	44.00	5	
2018年1月4日	教育书店	BK-75034	《操作系统原理》	¥	39.00	41	

图 5-112　计算"小计"列数值

			销售订单明细表				
日期	书店名称	图书编号	图书名称		单价	销量（本）	小计
2018年1月2日	新华书店	BK-75021	《计算机基础及MS Office应用》	¥	36.00	12	¥ 432.00
2018年1月4日	教育书店	BK-75033	《嵌入式系统开发技术》	¥	44.00	5	¥ 220.00
2018年1月4日	教育书店	BK-75034	《操作系统原理》	¥	39.00	41	¥ 1,599.00
2018年1月5日	教育书店	BK-75027	《MySQL数据库程序设计》	¥	40.00	21	¥ 840.00
2018年1月6日	新华书店	BK-75028	《MS Office高级应用》	¥	39.00	32	¥ 1,248.00
2018年1月9日	新华书店	BK-75029	《网络技术》	¥	43.00	3	¥ 129.00
2018年1月9日	教育书店	BK-75030	《数据库技术》	¥	41.00	1	¥ 41.00
2018年1月10日	新华书店	BK-75031	《软件测试技术》	¥	36.00	3	¥ 108.00
2018年1月10日	教育书店	BK-75035	《计算机组成与接口》	¥	40.00	43	¥ 1,720.00
2018年1月11日	绿林书店	BK-75022	《计算机基础及Photoshop应用》	¥	34.00	22	¥ 748.00
2018年1月11日	新华书店	BK-75023	《C语言程序设计》	¥	42.00	31	¥ 1,302.00
2018年1月12日	绿林书店	BK-75032	《信息安全技术》	¥	39.00	19	¥ 741.00
2018年1月12日	新华书店	BK-75036	《数据库原理》	¥	37.00	43	¥ 1,591.00
2018年1月13日	新华书店	BK-75024	《VB语言程序设计》	¥	38.00	39	¥ 1,482.00
2018年1月15日	新华书店	BK-75025	《Java语言程序设计》	¥	39.00	30	¥ 1,170.00
2018年1月16日	新华书店	BK-75026	《Access数据库程序设计》	¥	41.00	43	¥ 1,763.00
2018年1月16日	新华书店	BK-75037	《软件工程》	¥	43.00	40	¥ 1,720.00
2018年1月17日	新华书店	BK-75021	《计算机基础及MS Office应用》	¥	36.00	44	¥ 1,584.00
2018年1月18日	教育书店	BK-75033	《嵌入式系统开发技术》	¥	44.00	33	¥ 1,452.00
2018年1月19日	新华书店	BK-75034	《操作系统原理》	¥	39.00	35	¥ 1,365.00

图 5-113　计算"小计"结果

（5）根据"订单明细表"工作表中的销售数据，统计所有订单的总销售金额，并将其填写在"统计报告表"工作表的 B3 单元格中。

选中"统计报告表"工作表中的 B3 单元格并输入"=SUM(订单明细表!H3:H636)"，按

Enter 键（见图 5-114），选中 B3 单元格，将鼠标移至单元格右下角，待鼠标指针变为 + 样式后拖曳，完成销售额的自动填充。

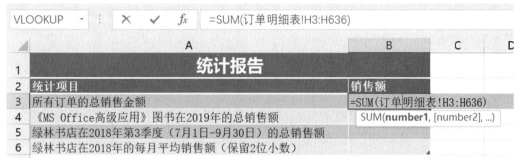

图 5-114　输入公式

或选中 H637 单元格，单击"开始"选项卡菜单"编辑"组中的"自动求和"命令，计算求和结果（见图 5-115）。将求和结果输入"统计报告表"工作表的 B3 单元格。

图 5-115　自动求和结果

（6）根据"订单明细表"工作表中的销售数据，统计图书《MS Office 高级应用》在 2019 年的总销售额，并将其结果填写在"统计报告表"工作表的 B4 单元格中。

在"统计报告表"工作表中，选中 B4 单元格，单击"公式"选项卡菜单"函数库"组中的"插入函数"命令，弹出"插入函数"对话框，在"选择函数"列表中选择"SUMIFS 函数"，单击"确定"按钮，弹出"函数参数"对话框。通过数据↑按钮，在第 1 个参数框中选择"订单明细表"中的 H3:H636 区域；第 2 个参数框中选择"订单明细表"中的 E3:E636 区域；第 3 个参数框中输入"《MS Office 高级应用》"；第 4 个参数框中选择"订单明细表"中的 B3:B636 区域；第 5 个参数框中输入">=2019-1-1"；第 6 个参数框中选择"订单明细表"中的 B3:B636 区域；第 7 个参数框中输入"<=2019-12-31"；单击"确定"按钮（见图 5-116）。

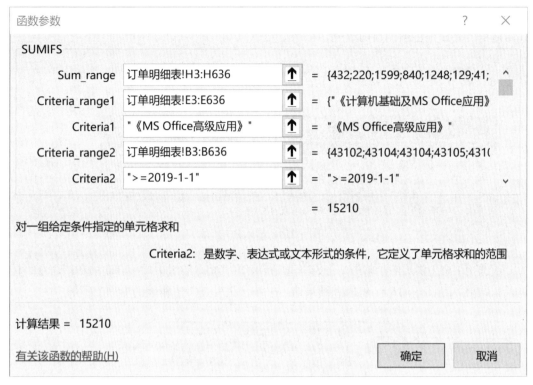

图 5-116 "函数参数"对话框

或在"统计报告表"工作表中选中 B4 单元格,输入公式"=SUMIFS(订单明细表!H3:H636,订单明细表!E3:E636,"《MS Office 高级应用》",订单明细表!B3:B636,">=2019-1-1",订单明细表!B3:B636,"<=2019-12-31")",如图 5-117 所示。

图 5-117 输入 SUMIFS 函数参数

也可以单击"订单明细表"工作表中任意一个单元格,在"设计"选项卡的"表格样式选项"组中勾选"筛选按钮"复选框;返回"订单明细表"工作表,单击"日期"列的▼按钮,勾选"2019"的复选框,单击"确定"按钮(见图 5-118),单击"图书名称"列的▼按钮,勾选"《MS Office 高级应用》",单击"确定"按钮(图 5-119)。

选中"H637"单元格,单击"开始"选项卡菜单"编辑"组中的"自动求和"命令,计算求和结果"15210"(见图 5-120)。将结果输入"统计报告表"工作表的 B4 单元格。

(7)根据"订单明细表"工作表中的销售数据,统计绿林书店在 2018 年第 3 季度的总销售额,并将其计算结果填写在"统计报告表"工作表的 B5 单元格中。

使用 SUMIF 函数,选中 B5 单元格,单击"公式"选项卡菜单"函数库"组中的"插入函数"命令,弹出"插入函数"对话框,在"选择函数"列表中选择"SUMIFS 函数",单击"确定"按钮,弹出"函数参数"对话框。在第 1 个参数框中选择"订单明细表"中的 H3：H636 区域；第 2 个参数框中选择"订单明细表"中的 C3:C636 区域；第 3 个参数框中输入"绿林书店"；第 4 个参数框中选择"订单明细表"中的 B3:B636 区域；第 5 个参数框中输入">=2018-7-1"；第 6 个参数框中选择"订单明细表"中的 B3:B636 区域；第 7 个参数框中输入"<=2018-9-30"；单击"确定"按钮。

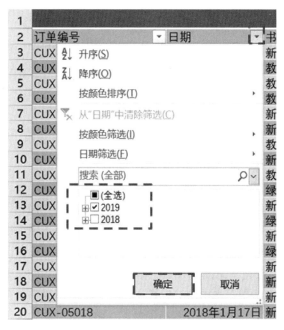

图 5-118　勾选"2019"选项

图 5-119　勾选"《MS Office 高级应用》"选项

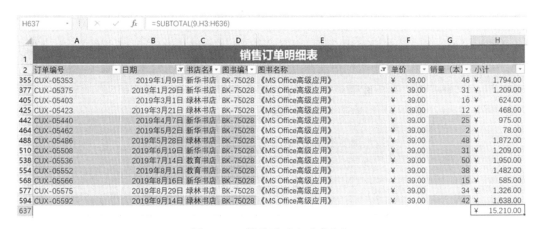

图 5-120 筛选后"自动求和"

或选中"统计报告"工作表的 B5 单元格并输入公式"=SUMIFS(订单明细表!H3:H636,订单明细表!C3:C636,"绿林书店",订单明细表!B3:B636,">=2018-7-1",订单明细表!B3:B636,"<=2018-9-30")",按 Enter 键确认。

也可以单击"订单明细表"工作表中任意一个单元格,在"设计"功能选项卡的"表格样式选项"组中勾选"筛选按钮"复选框;返回"订单明细表"工作表,单击"日期"列的▼按钮,取消勾选"2019"的复选框,单击"2018"前的"+"按钮,勾选"七月""八月""九月",单击"确定"按钮(见图 5-121);单击"书店名称"列的▼按钮,勾选"绿林书店"选项,单击"确定"按钮。选中 H637 单元格,单击"开始"选项卡菜单"编辑"组中的"自动求和"命令,计算求和的结果为"40727"。将计算结果输入"统计报告表"工作表中的 B5 单元格。

图 5-121 筛选时间

（8）根据"订单明细表"工作表中的销售数据，统计"绿林书店"在 2018 年的每月平均销售额（保留 2 位小数），并将其计算结集填写在"统计报告表"工作表的 B6 单元格中。

选中"统计报告表"工作表的 B6 单元格并输入公式"=SUMIFS(订单明细表!H3:H636，订单明细表!C3:C636，"绿林书店"，订单明细表!B3:B636，">=2018-1-1"，订单明细表!B3:B636，"<=2018-12-31")/12，按 Enter 键确认（见图 5-122）。

（9）将文件以"销售统计报告.xlsx"保存。

图 5-122　计算结果

思考题

1. 简述单元格、表和工作簿三者之间的关系。
2. 简述公式的基本书写形式是什么。
3. 简述如何在其他工作表中输入相同的数据。

上机练习

1. 运用 IF 函数嵌套对学生成绩分级，即不及格、及格、中、良、优。
2. 制作并分析学生成绩表的数据透视表。

第 6 章　PowerPoint 2016

PowerPoint 是微软公司推出的演示文稿软件，是 Office 家族中的一员。利用 PowerPoint 可以创建演示文稿，并可通过投影设备向观众展示演示文稿，其后缀名为.ppt、.pptx，也可以保存为视频、图片格式等。一套完整的演示文稿（PPT）一般包含片头、动画、PPT 封面、前言、目录、过渡页、图表页、图片页、文字页、封底、片尾动画等；所采用的素材有文字、图片、图表、动画、声音和影片等。

学习目标

❖ 熟悉 PowerPoint 2016 的工作环境，掌握 PowerPoint 2016 演示文稿的创建、内容修改和格式设置。

❖ 掌握演示文稿的动画制作和放映设置；掌握演示文稿的设计和导出。

6.1　PowerPoint 2016 简介

6.1.1　PowerPoint 2016 窗口组成

1. 窗口介绍

PowerPoint 2016 窗口如图 6-1 所示，窗口的主要组成部分介绍如下。

（1）自定义快速访问工具栏。用户可根据操作习惯，进行自定义快速访问工具的设置。单击"文件"选项卡菜单"选项"下拉菜单"快速访问工具栏"进行设置（见图 6-2）。自定义快速访问工具栏，始终显示常用命令。

（2）选项卡菜单。单击选项卡菜单并浏览各功能工具，了解 PowerPoint 2016 的具体功能。

（3）其他选项卡。选中演示文稿中的文本框、图片和其他对象时可显示其他选项卡。

（4）功能区显示选项。切换"自动隐藏功能区""显示选项卡""显示选项卡和命令"3 种显示方式。

（5）共享。与他人共享，如果要与其他用户共享则必须使用 OneDrive 或 Office 账户登录。

（6）折叠功能区。显示或隐藏功能区。

（7）幻灯片/大纲窗口。单击幻灯片缩略图可切换至该幻灯片，拖动幻灯片，可在列表中上移或下移该幻灯片。

（8）工作区。PowerPoint 的页面编辑区域。

（9）设置选项。单击 按钮，将显示此功能卡的设置对话框。

（10）备注区。幻灯片添加备注，在放映时选择"显示演示者视图"方式，备注内容不显示在放映区域。单击"幻灯片放映"选项卡菜单的"当前幻灯片开始"命令，进入幻灯片放映，右击，从弹出菜单中单击"显示演示者视图"命令即可看到备注。

（11）幻灯片放映按钮。单击可从当前幻灯片放映幻灯片，也可单击"幻灯片放映"选项卡菜单进行幻灯片放映操作。

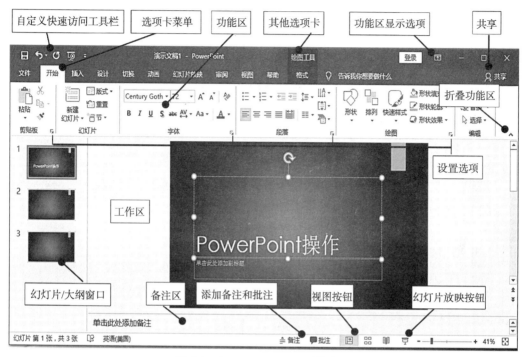

图 6-1　PowerPoint 2016 工作窗口

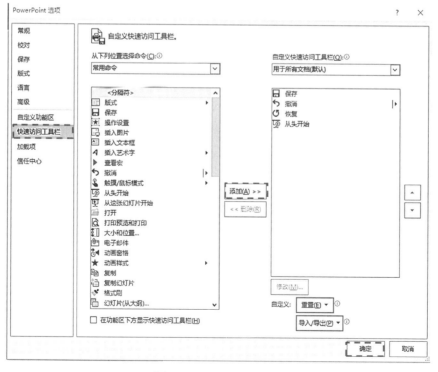

图 6-2　PowerPoint 选项

2. "开始"选项卡菜单及其功能区介绍

每个选项卡菜单有各组的功能区,"开始"选项卡菜单有剪贴板、幻灯片、字体、段落、绘图和编辑组,每组有相应的设置选项(见图 6-3)。单击组的 按钮,将会出现本组功能区的设置对话框,可进一步设置其他功能。

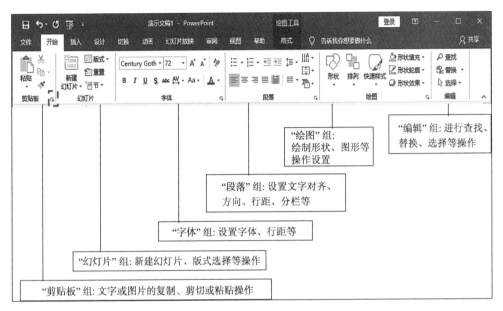

图 6-3 "开始"选项卡及功能区

6.1.2 PowerPoint 2016 的基本操作

1. 启动 PowerPoint 2016

- "开始"菜单→"所有程序"→Microsoft Office→PowerPoint 2016 或"开始"菜单→"所有程序"→PowerPoint 2016。
- 单击"开始"菜单→"常用工具栏"→PowerPoint 2016。
- 右击 PPT 文件,在弹出的快捷菜单中单击,"打开方式"命令,单击 PowerPoint。
- 双击 PPT 文件。

2. 关闭演示文稿

1) 关闭演示文稿,但不退出 PowerPoint 程序
- 选择"文件"选项卡,单击左侧的"关闭"命令。
- 按 Ctrl+W 组合键。
- 按 Ctrl+F4 组合键。

2) 关闭演示文稿,并退出 PowerPoint 程序
- 单击文件窗口右上角的"关闭"按钮 。
- 右击功能选项卡空白处,在弹出的快捷菜单中选择"关闭"命令。
- 按 Alt+F4 组合键。

3. 新建演示文稿

(1) 启动 PowerPoint 2016,将看到 PowerPoint 开始窗口,通过右侧主题选择新建一个

演示文稿,单击"更多主题"查看更多主题(见图 6-4)。

- 单击"空白演示文稿",创建空白演示文稿。
- 单击其他主题演示文稿,在弹出的窗口中单击"创建",则创建相应主题的演示文稿。

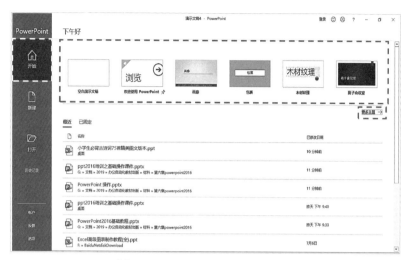

图 6-4　PowerPoint 2016 开始窗口

(2)启动 PowerPoint 2016 后,单击"新建"或"文件"选项卡菜单中的"新建"命令(见图 6-5),单击"空白演示文稿"按钮(或其他主题),单击"创建"按钮(见图 6-6),即可得到新建的演示文稿,PowerPoint 提供多种主题演示文稿选择。

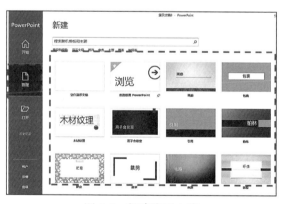

图 6-5　新建演示文稿

(3)打开文件夹,在空白处右击,在弹出的菜单中单击"新建"命令,在其子菜单中单击"Microsoft Office PowerPoint 演示文稿"命令,即可新建演示文稿。

4. 保存演示文稿

在制作演示文稿的过程中,应随时进行保存,避免因为意外情况而丢失正在制作的文稿。演示文稿的保存有 3 种方式,分别是保存新建的演示文稿、保存已有的演示文稿、另存演示文稿。需要注意文件被保存文件的位置及其保存类型。

- 单击"文件"选项卡菜单,单击"保存"或"另存为"。

- 在"自定义快速访问工具栏"中单击"保存"按钮(见图6-7)。

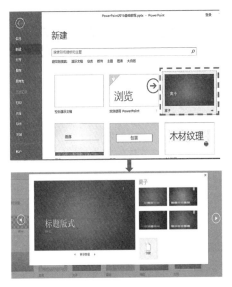

图6-6 新建演示文稿

图6-7 自定义快速访问工具栏

图6-8 幻灯片/大纲窗格

5. 选择幻灯片

(1)选中单张幻灯片。在"幻灯片/大纲"窗格,单击幻灯片,即可将其选中(见图6-8)。

(2)选择多张幻灯片。按Ctrl键的同时在"幻灯片/大纲"窗格单击幻灯片,即可选择多张幻灯片。若为多张连续幻灯片,则可选中第一张幻灯片的同时按Shift键,单击最后一张幻灯片,即可选中第一张与最后一张之间的幻灯片。

(3)选中全部幻灯片。在"幻灯片/大纲"窗格,按Ctrl+A组合键,即可选中全部幻灯片。

6. 添加幻灯片

- 打开演示文稿,选择添加的位置,如第一张幻灯片,单击"开始"选项卡菜单"幻灯片"组中的"新建幻灯片"下拉菜单,则可在第一张幻灯片后面添加一张指定版式的幻灯片(见图6-9)。
- 在"幻灯片/大纲"窗格,选择需要添加的位置,右击前一张幻灯片,单击"新建幻灯片"命令(见图6-10)。

- 单击"插入"选项卡菜单"幻灯片"组中的"新建幻灯片"命令,可在相应位置插入新幻灯片;单击"新建幻灯片"右侧▼按钮,在下拉菜单中单击所需要的版式完成幻灯片添加(见图 6-11)。

7. 删除幻灯片
- 在"幻灯片/大纲"窗格,选中需要删除的幻灯片,按 Delete 键即可将该幻灯片删除。
- 在"幻灯片/大纲"窗格,右击要删除的幻灯片,在弹出的快捷菜单中单击"删除幻灯片"命令,即可删除该幻灯片(见图 6-12)。

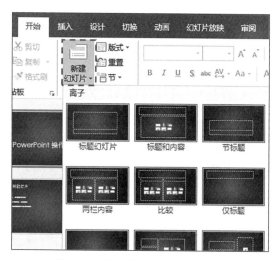

图 6-9 "新建幻灯片"下拉按钮

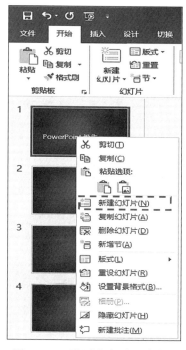

图 6-10 "新建幻灯片"命令

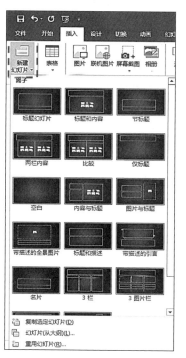

图 6-11 "新建幻灯片"下拉菜单

PowerPoint 2016

8. 复制幻灯片

（1）在"幻灯片/大纲"窗格，选中需要复制的幻灯片，如第一张幻灯片，单击"开始"选项卡菜单"剪贴板"组中的"复制"命令进行复制。

（2）选中目标位置前的幻灯片，如第二张幻灯片，单击"开始"选项卡菜单"剪贴板"组中的"粘贴"命令（见图6-13）。或在"幻灯片/大纲"窗格，右击第二张幻灯片，在弹出的快捷菜单中单击"粘贴选项"命令，单击"使用目标主题"命令（见图6-14）。"粘贴选项"提供3种粘贴方式，"使用目标主题""保留源格式""图片"。对于文本，PowerPoint 2016还提供"保留文本"粘贴方式。

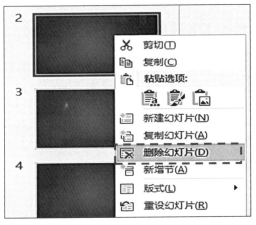

图6-12 "删除幻灯片"命令

图6-13 "粘贴"下拉菜单

（3）此时，第二张幻灯片后面则创建了与第一张幻灯片相同的幻灯片，编号为"3"。

9. 移动幻灯片

选中需要移动的幻灯片，按住鼠标左键将其向上或向下拖曳，到达合适的位置后，释放鼠标，则原位置的幻灯片将被移动到新的位置（见图6-15）。

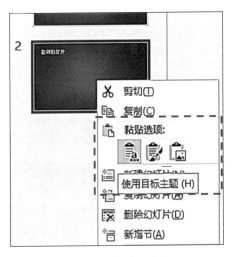

图6-14 "粘贴"命令

图6-15 拖曳幻灯片

10. 更改幻灯片版式

选中需要更换版式的幻灯片，单击"开始"选项卡菜单"幻灯片"组中的"版式"下拉按钮，在下拉菜单中选择需要的版式即可（见图6-16）。

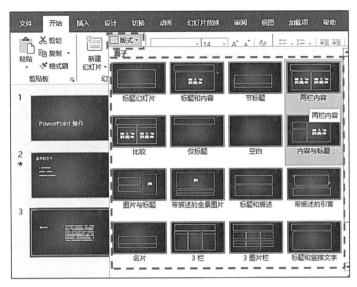

图6-16　"版式"下拉菜单

6.2　交互式幻灯片的设计

6.2.1　添加演示稿内容

可以在幻灯片中添加文字、图片、剪贴画、表格、图表、组织结构图、图示和艺术字等内容。PowerPoint 提供了各种对象的占位符，用户可以按照占位符中的提示文字插入相应的对象。也可以使用"插入"选项卡菜单中相应的命令在幻灯片中添加对象，如图片、音频、视频等。

 提示

> 占位符是一个带有虚线或阴影线边缘的边框。在虚线边框内，可以放置标题、正文、图表、表格、图片等对象。

1. 添加文本

在 PowerPoint 中，文本位于文本占位符或文本框中，这样有利于调整文本在幻灯片中的位置。不同的文本占位符用于放置不同类型的文本内容。例如，标题占位符用于放置标题文本，正文占位符则用于正文文本等。

在幻灯片中添加文字共有3种方法，分别是在幻灯片的内容占位符中键入文字；在"大纲"选项卡中输入文字；在幻灯中插入文本框，并在文本框中输入文字。

1）在内容占位符中输入文本

单击内容占位符内，输入或粘贴文本即可（见图6-17）。默认情况下，内容占位符中的文本带有项目符号,按 Backspace 键即可取消当前行的项目符号。按 Shift+Enter 组合键可以在段落中换行,按 Enter 键则进行换段。

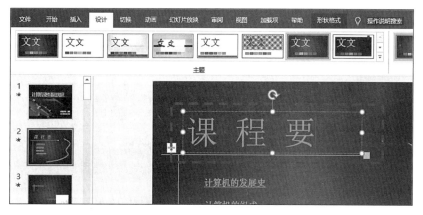

图 6-17 "内容占位符"输入文字

在内容占位符中输入文本时,如果输入的文本超出了占位符的大小,PowerPoint 会逐渐减小文本的字号和行间距,以使文本大小与占位符相适应。

2)在"大纲"选项卡中输入文本

在 PowerPoint 窗口,单击"视图"选项卡菜单"演示文稿视图"组中的"大纲视图"。在"幻灯片/大纲"窗口,将插入点放置在要添加文字的幻灯片图标后面,输入所需的文本,此文字即成为该幻灯片的标题文本(见图 6-18)。

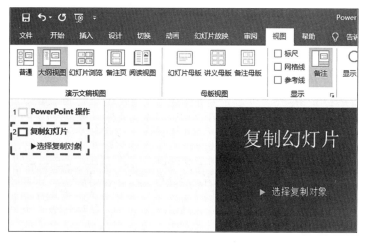

图 6-18 "大纲视图"输入文本

按 Enter 键,再按 Tab 键,输入文本,此文本即为下一级大纲文本。以此类推,按多次 Tab 键,包括标题在内一共可以使用 10 级大纲文本。

 注意事项

在"幻灯片/大纲"窗口将光标置于某张幻灯片标题文字之后,按 Enter 键可在当前幻灯片下方插入新幻灯片。按 Tab 键可删除幻灯片,并跳转至上幻灯片下一级文字。

3）在幻灯片中插入文本框

文本框可以放置到幻灯片的任何位置，而不必拘泥于文本占位符之中。

可以利用文本框将文本放置在图片旁边以成为图片的说明文本，或者为"空白"版式的幻灯片添加文本。文本框内的文本有横排和竖排两种排列方式，并且可以为文本框本身设置各种特殊效果。文本框中可以输入文本，也可以复制粘贴外部文本。

在"幻灯片大纲"窗格中选中要插入文本框的幻灯片，使其显示在幻灯片窗格中，单击"插入"选项卡菜单"文本"组中的"文本框"下拉按钮，在下拉菜单中单击"横排文本框"命令。在幻灯片中单击或拖曳鼠标，即可插入一个横排文本框。通过单击方式插入的文本框可输入单行文本，通过拖曳方式插入的文本框可输入换行文本（见图 6-19）。使用同样的方法可插入竖排文本框。

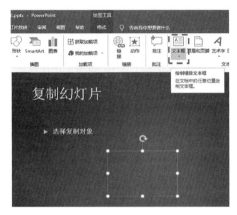

图 6-19　插入文本框

4）编辑文本内容

输入文本后将其选中，单击"开始"选项卡菜单"字体"组，可对其设置字体、字号等字符格式（见图 6-20）。通过"段落"组可对其设置对齐方式、项目符号、编号和缩进等格式。

图 6-20　字体设置

2. "插入"选项卡菜单

PowerPoint 的"插入"选项卡菜单包括新建幻片、表格、图片、形状(箭头、图形等)、SmartArt、图表超链接、文本框、页眉、艺术字、文本框、公式、符号、视频等功能。

1)插入表格

打开演示文稿，选中要插入表格的幻灯片，单击"插入"选项卡菜单"表格"组中的"表格"下拉按钮，在下拉菜单中"插入表格"命令，在弹出的"插入表格"对话框中设置表格的行和列，单击"确定"按钮，即可在幻灯片中插入表格（见图 6-21）。

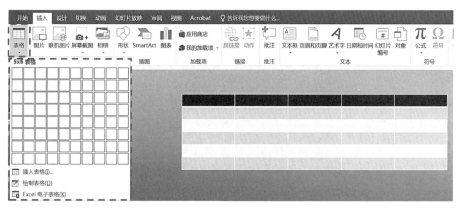

图 6-21　插入表格

2)"图像"组

（1）插入图片、联机图片、屏幕截图等。

为了在演示过程中对内容做更加清晰明确的介绍，用户可以插入图形或图片，以图文并茂的方式展示演示文稿内容。

- 插入图片。打开演示文稿，选中要插入图片的幻灯片，单击"插入"选项卡菜单"图像"选项组中的"图片"命令（见图 6-22），在弹出的对话框中选择需要插入的图片（见图 6-23），单击"插入"按钮。在幻灯片中插入的图片，可根据需要调整位置和大小。

图 6-22　"图片"命令

- 屏幕截图。打开演示文稿，选中要插入图片的幻灯片，单击"插入"选项卡菜单"图像"选项组中的"屏幕截图"下拉按钮，在弹出的对话框可以预览当前的屏幕截图，选择"屏幕剪辑"选定截屏范围后自行截图。

（2）插入相册。

单击"插入"选项卡菜单"相册"组中的"新建相册"命令，选择图片即可将其插入到幻灯片（见图 6-24）。

3)"插图"组

（1）插入形状。

单击"插入"选项卡菜单"插图"组中的"形状"下拉按钮，在下拉菜单中单击需要的图形，鼠标指针变为"+"形状，拖曳鼠标绘制所要的图形，将图形形状插入到幻灯片中，根据需要调整位置和大小即可（见图 6-25）。

图 6-23 "插入图片"对话框

图 6-24 "相册"对话框

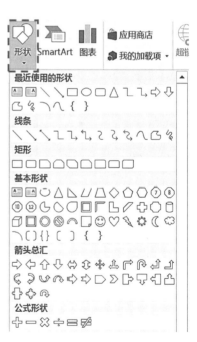

图 6-25 "形状"下拉菜单

（2）插入 SmartArt 图形。

在 PowerPoint 中可以插入 SmartArt 图形，其中包括列表图、流程图、循环图、层次结构图、关系图、矩阵图等。

新建幻灯片，单击"插入"选项卡菜单"插图"组中的 SmartArt 命令，在弹出的"选择 SmartArt 图形"对话框左侧选择 SmartArt 图形的类型，中间部分选择该类型中的布局方式，右侧显示该布局的说明信息（见图 6-26）。

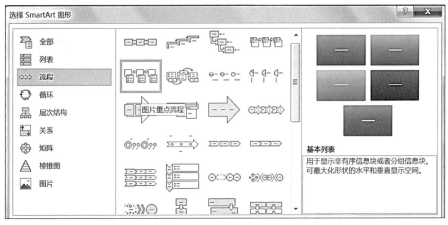

图 6-26　"选择 SmartArt 图形"对话框

4)"链接"组

在演示文稿中插入超链接,从而实现放映时从幻灯片中某一位置跳转到其他位置的效果。

单击"插入"选项卡菜单"链接"组中的"链接"命令(见图 6-27),在弹出的"插入超链接"对话框中,可通过"链接到""查找范围"等选项设置链接对象(见图 6-28)。

单击"插入"选项卡菜单"链接"组中的"动作"命令,在弹出的"操作设置"对话框中,对动作的激活有"单击鼠标""鼠标悬停"两种设置(见图 6-29)。

图 6-27　"超链接"命令　　　　图 6-28　"插入超链接"对话框

5)插入批注

单击"插入"选项卡菜单中的"批注"命令,右侧出现批注栏,可输入批注内容及答复内容,在插入批注的位置出现批注图示▱(见图 6-30)。

6)插入艺术字、公式、符号

(1)插入艺术字。

打开演示文稿,选中要插入艺术字的幻灯片,单击"插入"选项卡菜单"文本"组中的"艺术字"下拉按钮,在下拉菜单中选择需要的艺术字样式(见图 6-31)。幻灯片中出现一个艺术字文本框,根据需要调整位置和大小即可。

 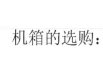 

图 6-29 "操作设置"对话框　　　　　　图 6-30 插入批注

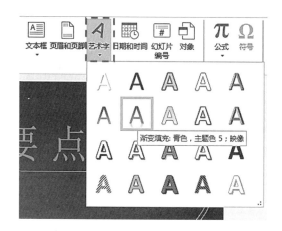 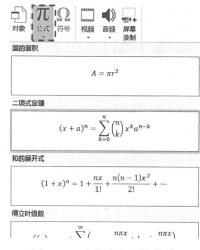

图 6-31 "艺术字"下拉菜单　　　　　　图 6-32 "公式"下拉菜单

（2）插入公式。

打开演示文稿，选中要插入公式的幻灯片，单击"插入"选项卡菜单"符号"组中的"公式"下拉按钮，在下拉菜单中选择需要的公式样式（见图 6-32），并可进行修改。

（3）插入符号。

打开演示文稿，选中要插入公式的幻灯片，单击"插入"选项卡菜单"符号"组中的"符号"命令，在弹出的对话框中选择需要的特殊符号，如希腊字母（见图 6-33）。

7）"媒体"组

（1）插入视频。

在演示文稿中可以插入影片，使之更具吸引力。影片主要分为剪辑管理器中的影片和计算机中视频文件。单击"插入"选项卡菜单"媒体"组中的"视频"下拉按钮，有"联机视频""PC 上的视频"两种方式添加视频源（见图 6-34）。

- "联机视频"即网上的视频。
- "PC 上的视频"即插入本地计算机的视频。最好是 wmv 格式的视频，以保证在不同计算机都能放映。

图 6-33　"符号"对话框

图 6-34　插入视频

（2）插入音频。

单击"插入"选项卡菜单"媒体"组中的"音频"下拉按钮，有"PC 上的音频""录制音频"两种方式添加音频源。

- "PC 上的音频"即从本地计算机中添加已有音频源。
- "录制音频"即通过本地计算机的话筒录制音频，并添加在幻灯片中（见图 6-35）。

（3）屏幕录制。

PowerPoint 2016 在"插入"选项卡菜单"媒体"组中提供"屏幕录制"功能，可录制屏幕区域操作，并作为视频源插入幻灯片（见图 6-36）。

图 6-35　插入音频

图 6-36　屏幕录制

6.2.2　美化演示文稿

1. "设计"选项卡菜单

"设计"选项卡菜单包含"主题"组、"变体"组和"自定义"三个分组功能区，对幻灯片进行美化。

- "主题"组。PowerPoint 为幻灯片设计了主题，其中包括配色、背景、字体。右击主题可选择"应用于所有幻灯片""应用于选定幻灯片""删除""设置为默认主题""将库添加到快速访问工具栏"。
- "变体"组。单击"变体" ⇩ 按钮，会显示"颜色""字体""效果""背景样式"选项，用以改变幻灯片样式。
- "自定义"组。包含"幻灯片大小"和"设置背景格式"。"幻灯片大小"可对幻灯片显示做 4:3 或 16:9 选择。"设置背景格式"可以设置背景样式的填充方式和幻灯片背景（见图 6-37）。

图 6-37　"设置背景格式"窗口

2. "切换"选项卡菜单

设置切换效果，可以设置切换的声音、切换时间、应用范围与换片方式等。"切换"选项卡菜单包含"预览"组、"切换到此幻灯片"组和"计时"组（见图6-38）。在"切换到此幻灯片"组中单击"效果选项"下拉按钮，在下拉菜单中选择切片效果。

图 6-38 "切换"选项卡菜单

3. "动画"选项卡菜单

"动画"选项卡包含"预览"组、"动画"组、"高级动画"组和"计时"组。打开演示文稿，选中要设置动画的对象，单击"动画"选项卡菜单"动画"选项组中的动画效果，在其中可以预览动画样式（见图6-39）。

图 6-39 "动画"选项卡菜单

- "预览"组。对选中的对象添加的动画效果，如"飞入"效果，单击"预览"下拉按钮，可以预览动画效果。
- "动画"组。对选中的对象添加的动画效果。单击动画方案旁的 ▼ 按钮，则显示多个动画方案选项卡。单击"效果选项"下拉按钮，在下拉菜单中选择相应的选项。
- "高级动画"组。包含"添加动画""动画窗格""触发""动画刷"命令，可对选中对象添加更丰富的动画效果。选中添加动画的对象，此时"高级动画"组选项将会由灰色变亮，单击"添加动画"下拉按钮，在下拉菜单中选择动画选项（图6-40）。单击"动画窗格"命令，将会在窗口右侧显示"动画窗格"窗口，可对添加动画的对象进行触发方式、动画时间等设置。"高级日程表"选项，能更详细地对全部动画进行设置（图6-41）。
- "计时"组。可对动画进行触发方式、时间、播放顺序的设置。
- "高级动画"组中的"动画刷"命令如同格式刷一样，可将已使用动画效果复制到目标对象。

4. "幻灯片放映"选项卡菜单

1）功能介绍

"幻灯片放映"选项卡菜单包含"开始放映幻灯片"组、"设置"组和"监视器"组。

单击"幻灯片放映"选项卡菜单"设置"组中的"设置幻灯片放映"命令，在弹出的"设置放映方式"对话框卡（见图6-42），可设置"放映类型""放映选项""放映幻灯片""换片方式""多监视器"等。

图 6-40 "添加动画"下拉菜单

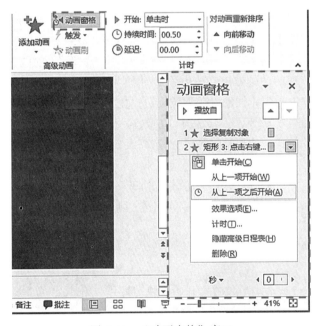

图 6-41 "动画窗格"窗口

图 6-42 "设置放映方式"对话框

 注意事项

幻灯片自动放映

要将 PPT 设置为自动播放，可以通过设定"排练时间"来实现自动播放。操作步骤如下。

（1）单击"幻灯片放映"选项卡菜单"设置"组中的"设置幻灯片放映"命令，在"换片方式"中选择"如果存在排练时间，则使用它"选项。

（2）设置排练计时或自动切片时间。下面介绍 3 种方法。

- 所有幻灯片切换时间相同。打开演示文稿，单击"动画"选项卡菜单"切换到此幻灯片"组中的"换片方式"，在此之后自动设置动画效果：输入每页切换的时间→全部应用。
- 每张幻灯片切换时间不一致。打开演示文稿，单击"视图"选项卡菜单"演示文稿视图"组中的"幻灯片浏览"命令，选中要设置切换时间的幻灯片，按（1）中的步骤设置，注意不选"全部应用"。这里可以设置手动切换和自动播放交叉进行，如在浏览视图中选中 3 到最后的幻灯片设置切换时间，前面的两页手动切换。
- 排练计时。打开演示文稿，单击"幻灯片放映"选项卡菜单"设置"组中的"排练计时"命令，对每页幻灯片放映时间进行计时，幻灯片放映结束时，在弹出的对话框中单击"是"按钮。

选中需要隐藏的幻灯片，单击"幻灯片放映"选项卡菜单"设置"组中的"隐藏幻灯片"按钮即可隐藏该幻灯片。被隐藏的幻灯片在其编号的四周出现一个边框，边框中显示有一个斜对角线，表示该幻灯片已经被隐藏，播放演示文稿时，则自动跳过该张幻灯片。

单击"幻灯片放映"选项卡菜单"开始放映幻灯片"组中的"从头开始"命令，即可从第一张幻灯片开始放映；单击"从当前幻灯片开始"命令，即可从当前选择的幻灯片开始放映；单击"广播幻灯片"命令，再单击"启动广播"按钮，即可广播幻灯片。

⚠ 注意事项

> **使用演示者视图**
>
> 在放映带有演讲者备注的演示文稿时，可使用演示者视图进行放映，演示者可在一台计算机上查看带有演讲者备注的演示文稿，而观众可在其他监视器上观看不带备注的演示文稿。

2）创建自动运行的演示文稿

在放映演示文稿的过程中，如果没有时间控制播放流程，可对幻灯片设置放映时间或旁白，从而创建自动运行的演示文稿。

单击"幻灯片放映"选项卡菜单"设置"组中的"排练计时"按钮（见图6-43），将会自动进入放映排练状态，其左上角将显示"录制"工具栏，显示预演时间（见图6-44）。单击放映屏幕，可以排练下一个动画效果或下一张幻灯片出现的时间，鼠标停留的时间就是这一张幻灯片显示的时间。排练结束后将显示"提示"对话框，单击"是"按钮确认后，此时会在幻灯片浏览视图中每张幻灯片的左下角显示该幻灯片的放映时间。

自动放映幻灯片的设置，幻灯片放映可选择"在展台浏览（全屏幕）"，换片方式选择"如果存在排练时间，则使用它"，可在播放前对幻灯片放映进行"排练时间"的设置，将会在放映时根据排练时间设置自动放映幻灯片。

图 6-43　"排练计时"命令

图 6-44　"录制"工具栏

3）将演示文稿转变成视频

单击"文件"选项卡菜单，在左侧窗格单击"导出"命令，在"文件类型"栏中选择"创建视频"选项，在右侧窗格中单击"创建视频"按钮（见图6-45）。

打开需要转换成视频的演示文稿，单击"文件"选项卡菜单，在左侧窗格单击"另存为"按钮，在"另存为"对话框中设置存放视频的路径及格式（见图6-46），单击"保存"按钮。

转换完成后，进入设置的存放路径，生成的视频文件。双击视频文件，使用默认的播放器进行播放了。

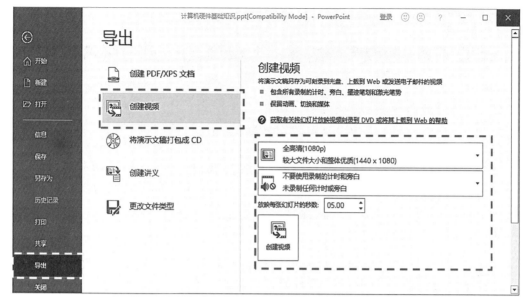

图 6-45　创建视频

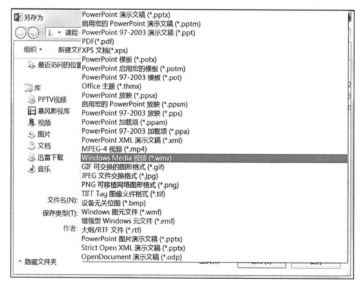

图 6-46　选择视频格式

 注意事项

创 建 视 频

创建视频需要预先设定切换时间或排练计时，具体方法可参考幻灯片自动播放设置相关内容。

5. "审阅"选项卡菜单

"审阅"选项卡菜单包含"校对"组、"语言"组、"中文简繁转换"组、"批注"组、

"比较"组和"墨迹"组（见图6-47）。

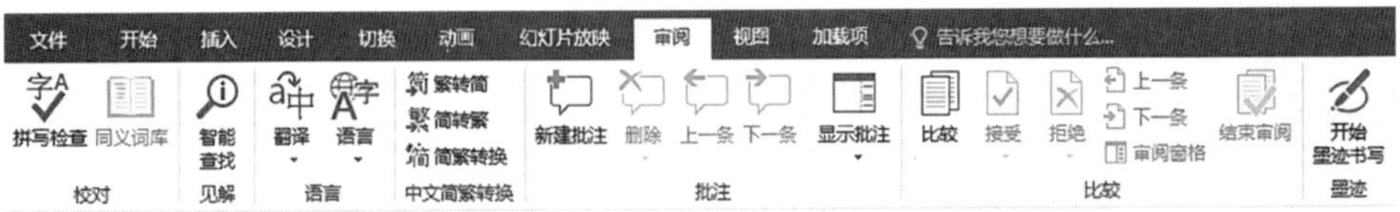

图6-47　"审阅"选项卡

单击"审阅"选项卡，可进行拼写检查、智能查找、翻译、繁体简体转换等。

在"批注"组中可对要修改的文字等添加批注，便于其他用户修改意见。

单击 按钮开始墨迹书写，可选择不同书写笔迹，在演示文稿上画图，完毕后单击停止（见图6-48）。

图6-48　"墨迹书写"窗口

6．"视图"选项卡菜单

1）演示文稿视图

单击"视图"选项卡菜单"演示文稿视图"组，可以选择"备注页"视图显示方式（见图6-49）。视图显示方式有5种，分别为"普通""大纲视图""幻灯片浏览""备注页""阅读视图"。

图6-49　"视图"选项卡菜单

（1）"普通"。

"普通"是PowerPoint文档的默认视图，是主要的编辑视图，可以用于编辑、设计演示文稿。在该视图中，左窗格中包含"大纲"和"幻灯片"两个标签，并在下方显示备注窗格，状态栏显示当前演示文稿的总页数和当前显示的页数，用户可以使用垂直滚动条上的"上一张幻灯片"和"下一张幻灯片"在幻灯片之间切换。

（2）"大纲视图"。

"大纲视图"用于显示演示文稿的大纲。

（3）"幻灯片浏览"。

"幻灯片浏览"可以显示演示文稿中的所有幻灯片的缩略图、完整的文本和图片。

（4）"备注页"。

用户如果需要以整页格式查看和使用备注，可以使用"备注页"（见图6-50），在备注页中，一页幻灯片将被分成两部分，上半部分用于展示幻灯片的内容，下半部分用于建立备注。

演示文稿的备注主要作用是辅助演讲，对幻灯片中的内容做补充注释。在放映幻灯片时有效使用备注功能，单击"放映幻灯片"，在选项卡菜单"监视器"组中单击"显示演示者视图"命令，切换到"演示者"视图。在"演示者"视图中可以在放映的同时显示备注，辅助讲解（见图6-51）。而在其他监视器中只显示演示文稿的内容，不显示备注内容。

图6-50 "备注页"视图

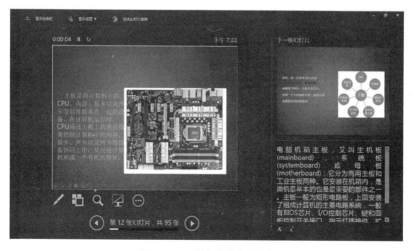

图6-51 "演示者"视图

（5）阅读视图。

阅读视图可以将演示文稿作为适应窗口大小的幻灯片放映查看，单击幻灯片即可翻到下一页。

2）"母版视图"组

"视图"选项卡菜单"母版视图"组包含"幻灯片母版""讲义母版""备注母版"。打开"幻灯片母版"选项卡可对幻灯片的标题、背景等样式进行设置（见图6-52）。

图6-52　"幻灯片母版"选项卡

单击"视图"选项卡菜单"母版视图"组中的"幻灯片母版"命令，单击"背景"组的 按钮将在窗口右侧出现"设置背景格式"窗口（见图6-53），可通过"填充"组选择所要填充的图片样式。如果需要更换特定的图片作为背景，可在"插入图片来自"组单击"文件"，弹出"插入图片"对话框（见图6-54），选中图片，将插入母版作为幻灯片的背景，单击"关闭母版视图"，返回"普通"视图，将会看到幻灯片背景已变为指定图片。

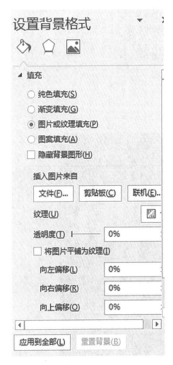

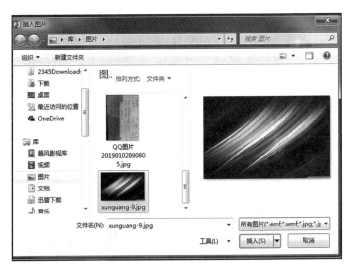

图6-53　"设置背景格式"窗口　　　　图6-54　"插入图片"对话框

> ⚠ 提示

> **PPT 设计注意事项**
>
> 　　内容无须多，贵在精炼；色彩无须多，贵在协调；动画无须多，贵在需要；图片无须多，贵在恰当。
>
> 　　突出内容为主，任何修饰都是为更好的传递信息，而不是画蛇添足的炫技；每页幻灯片只能有 1~2 个重点，尽可能地强调重点；每页幻灯片不要有过多的文字，精练文字、分类放置、多页展示；颜色不要过分搭配，最好使用一种主题色彩，切勿深色过多、反差太多。

6.3　PowerPoint 2016 上机实践

前文详细介绍了 PowerPoint 2016 的使用方法，下面通过"添加本地激光打印机"演示文稿为例，讲解演示文稿的制作和播放方法。

1）准备工作

打开"添加本地激光打印机.docx"的文档。单击"视图"选项卡菜单"显示"组，勾选"导航窗格"选项，在 Word 窗口左侧出现"导航"窗口，在"标题"框显示标题级别层次（见图 6-55）。

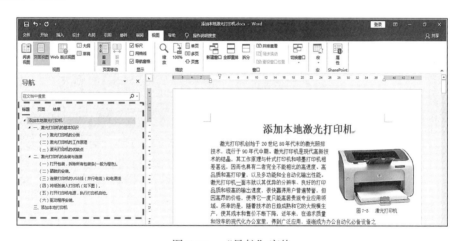

图 6-55　"导航"窗格

标题级别层次通过 Word 中"开始"选项卡菜单"样式"组中的标题样式来设定，或单击"开始"选项卡菜单"段落"组中的 按钮，在弹出的"段落"对话框中单击"常规"窗格"大纲级别"下拉按钮设置级别。

2）新建演示文稿

（1）打开 PowerPoint 2016，单击"开始"选项卡菜单中的"空白演示文稿"下拉按钮（见图 6-56）。或单击"新建"选项卡菜单中的"空白演示文稿"选项（图 6-57），创建空白演示文稿。

（2）单击快速访问工具栏中"保存"按钮，将演示文稿保存为"添加本地激光打印机.pptx"。

图 6-56 "开始"选项

图 6-57 "新建"选项

3)制作第 1 张幻灯片

(1)默认情况下启动 PowerPoint 后会自动新建演示文稿,内含一个空白幻灯片,其版式即为"标题幻灯片"版式(见图 6-58)。

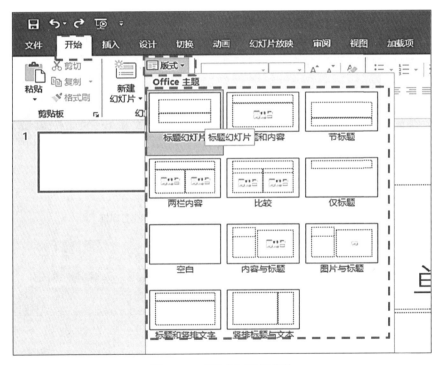
图 6-58 "版式"下拉菜单

(2)修改幻灯片版式可选中幻灯片,单击"开始"选项卡菜单"幻灯片"组中的"版式"下拉按钮,在下拉菜单中选择一种版式。由于是第一张幻灯片,因此选择"标题幻灯片"版式,将 Word 文档中应用了"标题 1"样式的文字复制,以"只保留文本"方式粘贴到"标题幻灯片"的标题占位符中(见图 6-59)。

(3)设置标题。将"开始"选项卡菜单"字体"组中的"字体"设为"黑体","字号"设为"60"。

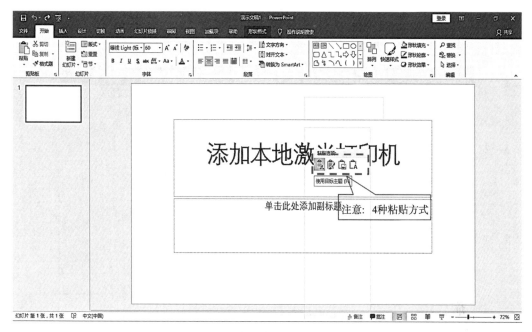

图 6-59　内容占位符粘贴文字

4）制作第 2 张幻灯片

（1）单击"开始"选项卡菜单中的"新建幻灯片"下拉按钮，在下拉菜单中单击"两栏内容"版式（见图 6-60），将 Word 文档中"激光打印机简介"文字复制粘贴到幻灯片的标题占位符中，并单击添加区域的"图片"按钮，插入"图片"文件夹中的"激光打印机.jpg"图片（图 6-61）。

图 6-60　根据内容选择版式　　　　　　图 6-61　两栏内容版式

PowerPoint 2016

（2）在内容占位符，添加"激光打印机"简介的内容。将"开始"选项卡菜单"字体"组中的"字体"设为"黑体"，"字号"设为"18"（见图6-62）。

图6-62　文本内容添加

5）制作第3张幻灯片

（1）单击"开始"选项卡菜单中的"新建幻灯片"下拉按钮，在下拉菜单中单击"标题和内容""两栏内容"版式，将Word文档中应用了"标题2""标题3"样式的文字复制粘贴到每页幻灯片的占位符中。

（2）在内容占位符中键入"普通激光打印机"，按Tab键一次，使内容缩进。"彩色激光打印机""网络激光打印机"操作方法相同。

（3）设置"一、激光打印机的基本知识"，将"开始"选项卡菜单"字体"组中的"字体"设为"黑体"，"字号"设为"44"；设置"（一）激光打印机的分类"，"字体"设为"黑体"，"字号"设为"28"；设置"普通激光打印机"，"字体"设为"黑体"，"字号"设为"24"；其他内容进行相应的设置（见图6-63）。

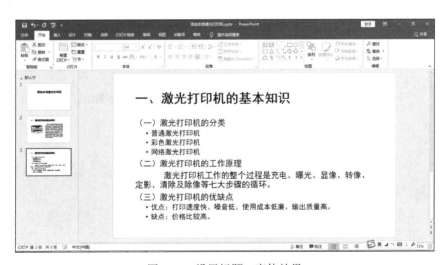

图6-63　设置标题、字体效果

6）制作第 4 张幻灯片

（1）选中幻灯片"打印机连接步骤"图中的"打印"框，单击"动画"选项卡菜单"动画"组中的下拉按钮，在"动画"下拉菜单中选择"进入"，再选择相应的动画样式（见图 6-64）。

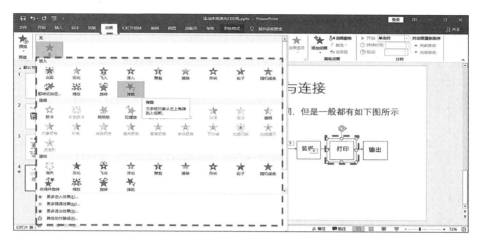

图 6-64　添加动画

（2）其他"打印机连接步骤"图添加动画。

（3）选中"打印机连接步骤"图中的动画标签，如"动画标签 2"。单击"动画"选项卡菜单"高级动画"组中的"动画窗格"，则在右侧弹出动画窗格；通过动画窗格或单击"动画"选项卡菜单中的"计时"命令，将"持续时间"设置为"0.5"。以相同的方法为设置其他动画标签（见图 6-65）。

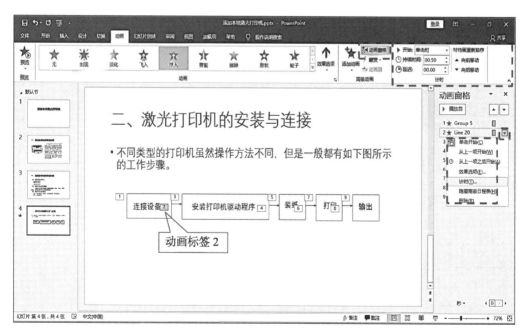

图 6-65　"动画窗格"窗口

7）制作第 5、7、8 张幻灯片

以相同的方法制作第 5、7、8 张幻灯片。

8）为第 6 张幻灯片添加文字

选中第 6 张幻灯片。单击"插入"选项卡菜单"文本"组中的"文本框"下拉按钮，在下拉菜单中单击"绘制横排文本框"命令，在图片的下面绘制文本框。从 Word 文档复制相应的内容，粘贴在文本框中（见图 6-66）。

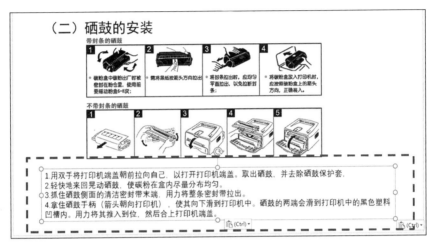

图 6-66　文本框

9）为第 9 张幻灯片插入视频

（1）单击"插入"选项卡菜单"媒体"组中的"视频"下拉按钮，在下拉菜单中单击"PC 上的视频"命令，在文件夹中选中文件名为"新打印机的使用.mp4"文件（见图 6-67）。

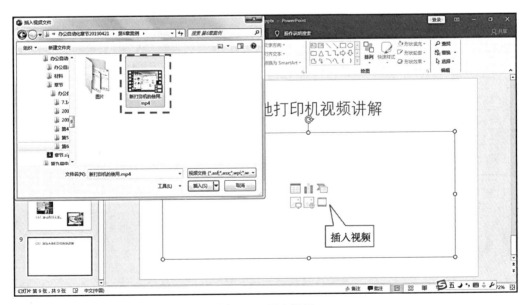

图 6-67　插入视频

（2）单击"文件"选项卡菜单中的"保存"命令，或按 Ctrl+S 组合键。

10）设置幻灯片切换方式

（1）选中第 1 张幻灯片，单击"切换"选项卡菜单"切换到此幻灯片"组的下拉按钮，在下拉菜单中单击"推入"选项。

（2）在"切换声音"下拉列表框中选择"推动"选项；取消"换片方式"选项组中"单击鼠标时"选项；勾选"持续时间"复选框，并在数值框中键入"00:05"。

（3）单击"全部应用"按钮。也可以对于每张幻灯片设置不同的切换方式与持续时间。

11）选择主题

（1）单击"设计"选项卡菜单"主题"组中，选中"平面"主题（见图 6-68）。

（2）单击"设计"选项卡菜单"变体"组中，选中第 4 个主题。

（3）按 Ctrl+S 组合键，保存幻灯片。

12）播放和浏览幻灯片

（1）单击"幻灯片放映"选项卡菜单"开始放映幻灯片"组中的"从头开始"按钮，从头开始放映演示文稿（见图 6-69）。

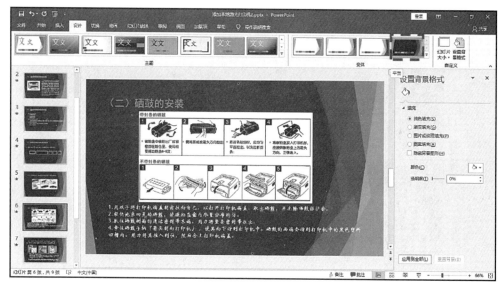

图 6-68　主题选择

图 6-69　"幻灯片放映"选项卡菜单

（2）放映完毕，单击退出幻灯片放映视图。

（3）浏览幻灯片，在状态栏中单击"幻灯片浏览"按钮（见图 6-70），查看所有幻灯片。

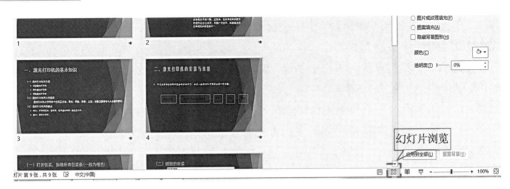

图 6-70　幻灯片浏览

13）打包幻灯片

（1）单击"文件"选项卡菜单"导出"窗格中"将演示文稿打包成 CD"选项中"打包成 CD"命令（见图 6-71）。

（2）在弹出的"打包成 CD"对话框中，在"将 CD 命名为"文本框中输入"添加本地激光打印机"。

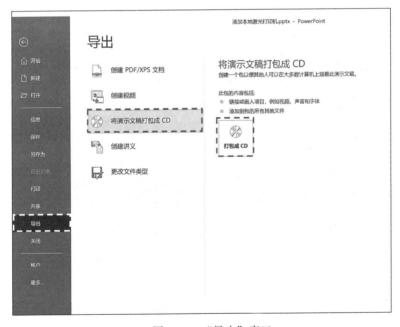

图 6-71　"导出"窗口

（3）单击"复制到文件夹"按钮，在弹出的"复制到文件夹"对话框中，将"文件夹名称"命名为"添加本地打印机"；单击"浏览"按钮，确定保存文件的位置，单击"确定"按钮（见图 6-72）。

（4）在弹出的对话框中单击"确定"按钮。单击"关闭"按钮，关闭"打包成 CD"窗口。

（5）找到"添加本地激光打印机"文件夹，复制到移动存储设备。至此，PPT 演示文稿制作完成，并可通过打包文件在其他计算机中播放。

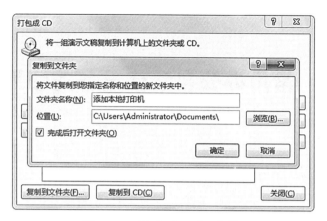

图 6-72 "打包成 CD"对话框

思考题

1. 简述演示文稿添加文本内容的几种方法。
2. 简述如何创建交互式演示文稿。
3. 简述如何将演示文稿打包成 CD。

上机练习

1. 根据模板创建个人相册,并加入背景音乐。
2. 为演示文稿设置排练时间,并创建视频。

第 7 章 常用办公自动化设备的使用与维护

现代办公设备是办公自动化的重要组成部分，其使用不仅减轻了人们的劳动强度，而且还提高了办公的质量和效率，也提高了组织管理的水平。随着信息技术的发展，数字化办公设备的功能更强，已成为办公领域必不可少的工具，如打印机、扫描仪、复印机、传真机、数码相机、投影仪等，都成了现代办公中的常用设备。

学习目标
- ❖ 掌握办公自动化设备的使用方法和使用注意事项。
- ❖ 掌握办公自动化设备的日常维护方法。

7.1 打 印 机

打印机（printer）是计算机的输出设备之一，用于将计算机的处理结果打印在相关介质上。打印机是由约翰·沃特和戴夫·唐纳德合作发明的，将计算机的运算结果以人所能识别的数字、字母、符号和图形等，依照规定的格式打印在纸上的设备。打印机正向轻、薄、短、小、低功耗、高速度、无线化和智能化方向发展。1976 年全球第一台计算机打印机诞生，之后针式打印机、喷墨打印机和激光打印机在不同的年代各领风骚。

打印机按工作方式分为针式、喷墨和激光打印机；按与计算机的接口方式分为并行接口和 USB 接口；按照用途分为通用、专用、商用、家用、便携式和网络打印机等。

打印机的主要技术指标为分辨率、打印速度、打印幅面、工作噪声、行宽、复制数、工作寿命、接口方式和缓冲区大小。

7.1.1 针式打印机

图 7-1 针式打印机

针式打印机（见图 7-1）是一种典型的击打式点阵打印机，曾在很长一段时间内作为打印机主流产品占据着市场。即使目前喷墨打印机和激光打印机已普及，但针式打印机因为其运行成本低廉、易于维护，在对于环境和打印质量要求不太高的场合，特别是打印多联纸张时仍是最佳选择，现今仍处于不可替代的位置。

1. 针式打印机的基本知识

1）针式打印机的基本工作原理

在联机状态下，通过接口接收主机发送的打印控制命令、字符打印命令或图形打印命令，通过控制电路和检测电路，间歇驱动送纸运动（纵向）和打印头运动（横向）同时激发打印针间歇瞬间冲击打印色带。

2）针式打印机的分类

（1）按打印针的数量不同分类，针式打印机可分为1、5、7、8、9、12、14、16、18、24、32和48针等多种类型。目前国内使用最多的是24针打印机。针式打印机一般为单色打印。彩色打印的针式打印机，其工作原理是通过控制自动更换不同颜色的色带而造成彩色效果。

（2）按针式打印机用途分类，针式打印机可分为通用针印机（通用针打）、存折针式打印机（存折针打或票据针打）、行式针式打印机（行式针打）和高速针式打印机（高速针打）。

3）针式打印机的优缺点

优点：结构简单、使用灵活、技术成熟，同时还具有高速跳行、多份复制和大幅面打印的独特功能。

缺点：分辨率不高、噪声大，不能输出细致精美的彩色文件。

2. 针式打印机的维护

（1）使用前认真阅读操作使用手册，正确设置开关，正确使用操作面板。

（2）打印机应工作在干净、无尘、无酸碱腐蚀的环境中，避免日光直晒、过潮过热。

（3）经常进行打印机清洁维护，保持打印机外观清洁，内部可见部位无纸屑、尘迹。

（4）务必使用含有地线的三线电源，并一定使地线接地。

（5）按操作规程正确装卸纸张。

（6）为了保证打印质量，应定期维护保养针式打印头。每次打印前应认真检查打印色带位置是否正确，纸厚调节杆位置是否适当。

（7）保持机械运动部件和部位的清洁与润滑。

（8）定期清洁打印头和打印辊。

（9）小心更换色带，在打开色带盒的过程中，切勿掰断卡扣塑料片和定位塑料柱，认真观察色带所经路径，以便放置。

3. 针式打印机常见故障及处理方法（如表7-1所示）

表7-1　针式打印机常见故障及处理方法

故障名称	故障现象	故障原因	处理方法
打印断线	字或图片不连续，出现断线、横道、横纹	打印头内断针	更换打印针
		打印头中线圈被烧坏	更换线圈
		主板上有驱动管烧坏	更换驱动管
		头缆有磨断处	更换头缆
		打印头出针处脏、出针不畅	酒精清洗打印头、加入几滴机油
易针	新换完的打印针很快又断	色带破损	更换色带芯
		色带架坏，色带移动困难	更换色带架
		色带驱动齿轮损坏、色带循环困难	更换色带齿轮组
		打印针复位弹簧无力	更换弹簧
		打印介质不符合要求	更换打印介质

续表

故障名称	故障现象	故障原因	处理方法
跳行	正常打印时经常空过一段白纸后继续打印	进纸传感器安装的位置偏移或损坏	重新安装进纸传感器
			向下扳动上当纸板，使其向下变形、让纸张靠向传感器
字车异常	字迹或图片上下错开，声音异常大	字车、导轨间脏并少润滑油	清洁导轨、字车加入专用润滑油
		导轨、字车磨损严重	更换导轨、字车、油毯
		有外力阻挡字车	清除字车信道上的异物
错位	打印表格时竖线左右错开	进行竖线调整	校准竖线
		字车磨损严重，与导轨之间空隙太大	更换字车
打印空白	打印出的线上，部分或全部无字或图形	没有安装色带	安装色带
		打印头前部的色带跳出	重新安装色带
		色带挡片坏	更换头挡片
进纸异常	1.不进纸 2.进纸皱 3.进纸不停	进纸方式选择手柄位不对	调整手柄位正确位置
		进纸传感器故障	清洁或更换传感器
		纸张不平或潮湿	换平整的纸
		字辊下的驱动辊胶轮因接触蜡或油而涨大	更换驱动辊胶轮辊或其座、轮总成
		测纸传感器故障	清洁或更换传感器
		主板故障	维修或更换主板
不联机	1.打印乱码 2.提示缺纸、未知错误、联机线没有接好等 3.无任何提示	驱动不正确	更换正确打印机驱动
		缺纸灯亮	按进纸键进纸
		打印线缆未插或损坏	插好或更换头缆线
		打印机主板口门阵、CPU坏	维修或更换主板

7.1.2 喷墨打印机

喷墨打印机（见图7-2）是一种把墨水喷到纸张上形成点阵字符或图像的打印机。喷墨打印技术主要经历了连续喷墨打印技术、热泡式喷墨打印技术和压电式喷墨打印技术三个阶段。20世纪60年代，随着墨滴形成及其在电场运动等基础理论的研究，连续喷墨打印理论逐步形成并开始进入应用阶段。进入70年代，随着计算机技术的发展，出现了用于喷墨打印机的连续喷墨打印头。在80年代，热泡式打印原理被发现，随后热泡式喷墨打印技术得以完善并出现了热泡式喷墨打印头。到了90年代，随着压电式喷墨打印技术的进一步发展，压电式喷墨打印头开始逐步进入实质性应用阶段。随着技术的不断改进，喷墨打印机具备了结构简单、工作噪声低、体积小、价格日益降低、能进行彩色打印、印字质量接近于激光打印机等诸多优点，逐步受到用户青睐，迅速得到了普及。打印机发展到现在，更是出现了兼备打印、复印与扫描功能的打印复印一体机。

图7-2 喷墨打印机

1. 喷墨打印机的基本知识

1）喷墨打印机的分类

（1）按喷墨技术可分为连续式和随机式。

（2）按颜色可分为单色和彩色。

（3）按幅面大小可分为 A3 幅面和 A4 幅面。

（4）按打印机内置字库可分为汉字喷墨打印机和西文喷墨打印机。

（5）按用途可分为台式和便携式。

（6）按打印机精度（分辨率）可分为高档打印机、中档打印机、低档。

（7）按喷墨方式可分为液态喷墨式与固态喷墨式。液态喷墨式又分为气泡式与液体压电式。

- 气泡式喷墨打印机。通过加热喷嘴，使墨水产生气泡喷到打印介质上，形成文字和图像。
- 液体压电式打印机。在强电场作用下，墨水通过细窄的喷嘴高速喷出，在介质上形成文字和图像。
- 固态喷墨式打印机。在打印时，将固态墨加热液化后喷出，在介质上形成文字和图像。

2）喷墨打印机的组成

喷墨打印机由机械和电气两部分组成。机械部分主要由喷头和墨盒、清洁机构、字车和走纸部分组成。其中喷头和墨盒是打印机的关键部件，打印质量和速度在很大程度上取决于该部分的质量和性能。喷头和墨盒的结构大致分为两类，一类是喷头和墨盒为一体，墨盒上既有墨水又有喷头，墨盒本身即为消耗品，当墨水用完后需更换整个墨盒，耗材成本较高，惠普打印机多采用该类墨盒；另一类是喷头和墨盒分开，当墨水用完后仅需更换墨盒，耗材成本较低，爱普生打印机多采用该类墨盒。电气结构主要由主控制电路、驱动电路、传感器检测电路、接口电路和电源等部分组成。

3）喷墨打印机的优缺点

（1）优点。

- 分辨率高，可达 1200dpi，甚至更高。
- 工作噪声较小。
- 印字机构的可动部件少，可靠性高。
- 打印速度较快。
- 运行功耗低。
- 能实现质量较高的彩色打印。
- 打印头无磨损或较少出现磨损现象。
- 设备体积小，占用空间较小。

（2）缺点。

- 不具备复制能力。
- 打印质量与打印速度、墨质、纸张关系密切。
- 耗材（主要指墨盒）成本高。

4）喷墨打印机的维护
- 喷墨打印机在日常使用过程中的维护与针式打印机类似。以下几点是针对喷墨打印机的维护要求。
- 不盲目操作。在开启喷墨打印机电源开关后，电源指示灯或联机指示灯将会闪烁，这表明喷墨打印机正在预热，在此期间不要进行任何操作，待预热完毕，指示灯不再闪烁时方可进行操作。
- 正确使用纸张。在正式打印之前，要根据纸张的类型、厚度以及手动、自动送纸方式等情况，调整好打印介质各个控制杆的位置。由于喷墨打印机结构紧凑小巧，所支持的打印幅面有限，所以打印前一定要对所打印的内容相应幅面进行恰当设置（不同打印机可根据相应的使用说明，通过打印机面板、打印机工具或编辑软件等进行设置）。喷墨打印机不宜使用过薄的纸张。整叠的单页打印纸放入送纸器前，要充分翻拨，整齐后放入，切忌过潮。打印透明胶片时，必须单张送入打印，打印完成的透明胶片要及时从托盘中取出，待完全干燥后保存。
- 保持机械运动部件和部位的清洁与润滑。润滑油可为钟表油或缝纫机油，先用柔软干布擦去油污垢再进行加油。加油位置要准确，主要是打印头滑动部件。
- 正确使用和维护打印头。打印机在初始状态下通常处于机械锁定状态。不能强行用力移动打印头，否则会导致机械部件的损坏。安装或更换打印墨盒，应在打印机手册或相应的安装指导下通电进行，为了保证打印质量，每次更换打印墨盒后，应按步骤进行打印头校正。
- 定期清洁打印头。使用一段时间后，如果打印机打印质量下降，输出不清晰，出现纹状或其他缺陷，可利用自动清洗功能清洗打印头。清洗时可通过联机计算机利用打印机附带软件中的打印头清洗工具进行，也可通过打印机控制面板上的按钮来进行。清洗打印头会消耗少量墨水。

5）喷墨打印机的故障排除
（1）故障现象：打印机运动正常，但不喷墨。
- 原因分析：喷墨打印机在墨尽时，墨尽指示灯会闪烁，同时打印会被终止。该故障现象表明墨水正常，其原因可能是喷头阻塞。
- 排除方法：运用打印机自身的自动清洗打印头功能进行自动清洗，进行故障排除。

（2）故障现象：更换墨盒，墨尽指示灯仍然闪烁。
- 原因分析：喷墨打印机墨盒的安装要按照一定的步骤进行，系统检测不到墨盒，所以墨尽指示灯仍然闪烁。
- 排除方法：按相应打印机墨盒安装的规定步骤重新安装墨盒。

（3）故障现象：墨头部件运行困难，时而乱撞。
- 原因分析：导向轴润滑效果不好。
- 排除方法：用棉花或干软布清洁导向轴后，加入少量润滑油。

7.1.3 激光打印机

激光打印机（见图7-3）诞生于20世纪80年代末，流行于90年代中期。激光打印机是现代高新技术的结晶,其工作原理与针式打印机和喷墨打印机相差甚远,因而也具有二者完全不能相比的高速度、高品质和高打印量,以及多功能和全自动化输出性能。激光打印机以其优异的分辨率、良好的打印品质和极高的输出速度,很快赢得用户的普遍赞誉,但因高昂的价格,使其一度只能在高端专业领域应用。随着技术的日趋成熟和大规模生产,使其成本和售价不断下降。目前已经成为现代办公自动化必备设备之一。

图 7-3　激光打印机

1. 激光打印机的基本知识

1）激光打印机的分类

按应用环境可分为黑白激光打印机、彩色激光打印机和网络(无线)激光打印机 3 种。

2）激光打印机的工作原理

激光打印机工作的整个过程是充电、曝光、显像、转像、定影、清除及除像等七大步骤的循环。激光打印机从输入打印命令到产生打印输出结果,一般要经过格式转换、光栅转换和扫描输出三个阶段。经过将打印内容转换成打印机可以识别的命令序列或页面语言描述,产生页面点阵后,由页面点阵产生的二进制数据控制打印机内的激光扫描部件,在感光鼓上形成与打印内容相同的静电潜影,通过显影、定影、转印等过程,将内容最终输出到打印纸上。激光打印机的工作原理与针式打印机和喷墨打印机有本质的区别,因而所产生的打印效果也有极大的不同。

3）激光打印机的优缺点

优点：与喷墨打印机相比,其技术成熟、性能稳定、打印速度快、噪声小、使用成本低廉、输出质量高。

缺点：整机价格相对高,耗材相对较贵。

2. 激光打印机的安装与连接

激光打印机的使用应严格按《使用说明书》或《使用手册》中规定的步骤进行操作。不同类型的打印机虽然操作方法不尽相同,但基本工作步骤如图 7-4 所示。

图 7-4　激光打印机的使用步骤

1）拆除外包装

打开包装,拆除包装条与保护套。

2）安装硒鼓

硒鼓的安装和更换步骤如下(见图 7-5)。

(1)打开打印机上盖,取出硒鼓并拆除硒鼓保护套。

(2)用力拉出硒鼓侧面的清洁密封带。

(3)轻轻地晃动硒鼓,使碳粉在盒内尽量分布均匀。

(4)握住硒鼓手柄(箭头朝向打印机),使其向下滑到打印机中。硒鼓的两端会滑到打印机中的黑色塑料凹槽内,将其推入到位,合上打印机上盖。

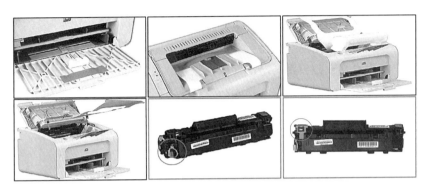

图 7-5　安装硒鼓

3）连接打印机的 USB 线（或并行电缆）和电源线

（1）现在一般的打印机都是 USB 接口（见图 7-6），如果是以前的打印机，则需要并行电缆（见图 7-7）或并行转 USB 电缆（见图 7-8）。

图 7-6　USB 打印机连线　　　图 7-7　打印机并行电缆　　　图 7-8　打印机并行转 USB 电缆

（2）将 USB 线连接至打印机。插入电缆前，确保端口指向正确方向。

- USB 线连接。将 USB 线的 B 型 USB 插头，插入打印机的 B 型 USB 接口（见图 7-9）；将 A 型 USB 插头，插入计算机的 A 型 USB 接口（见图 7-10）。

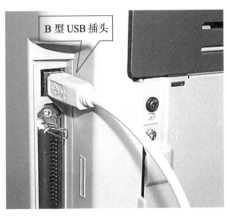
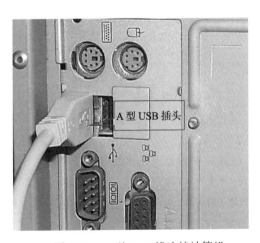

图 7-9　B 型 USB 线连接打印机　　　图 7-10　A 型 USB 线连接计算机

- 并行电缆连接。将打印机的两个线夹扣到电缆上，以固定电缆。牢固的电缆有助于防止计算机和打印机之间出现通信问题。将电缆连接至计算机上的并口，拧紧连接并口的固定螺钉，以固定电缆（见图7-11）。

（3）连接电源线。将电源线三孔头与打印机连接，另一头三角插头插入电源插座。

4）将纸张装入打印机（见图7-12）

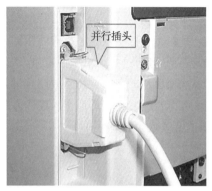

图7-11　并行接口线连接打印机　　　　图7-12　将纸装入打印机

（1）将纸面朝上、顶边朝前装入进纸盘，直至其卡入到位。

（2）纸张输入盒中最多可放入100张纸。

（3）使用纸张输入盒上的导纸板使纸张居中。

5）打印机自检

打印机自检是打印机的自诊断功能，打印机自检分为脱机自检和联机自检。

脱机自检是打印机通过自身内部微处理器及其自检程序，检查打印机的打印功能、打印机工作状态与打印文字质量来诊断打印机本身是否运行正常。脱机自检与主机无关，测试时可以断开与主机的物理线路连接。打印机脱机自检没有统一的方法，每种机型具有自身专有的方法，即便是同一品牌不同型号的打印机，脱机自检的方法也不一定相同。以惠普打印机为例，1020 LaserJet打印机则无法在面板上打印脱机自检页，1022 LaserJet打印机按住打印机面板上的"执行"按钮5~9秒后即可完成脱机自检。

联机自检，则需要打印机与主机通过专用打印连接线实现物理线路连接或通过无线网络实现无线连接，并在主机系统上添加打印机与打印机驱动程序，打印测试页来完成，主要用于检测打印机和主机之间的通信以及驱动程序、应用程序设置是否存在问题。

6）安装驱动程序

（1）在安装打印机驱动程序前，首先根据打印机品牌、型号以及主机安装的操作系统版本准备驱动程序，一般可通过打印机驱动光盘或官网获取相应的驱动程序。

（2）将打印机与计算机主机通过专用打印机线连接，打开打印机电源（见图7-13）再打开计算机。

图7-13　打印机开关

（3）在计算机开机后，选择"控制面板"→"设备和打印机"→"添加打印机选项"，选择添加本地打印机，选择端口为USB，再根据具体打印机的品牌与型号添加打印机驱动程序。具体安装打印机驱动程序的方法，可参见本书第2章驱动程序的安装与第9章中添加本地打印机的相关内容。

3. 激光打印机的维护

激光打印机在日常使用过程中的维护与针式打印机类似。以下几点是针对激光打印机的维护要求。

（1）通过"经济方式"打印延长碳粉使用寿命。"经济方式"打印比普通打印使用的碳粉大约少50%。虽然打印的图像较淡，但适于打印草图或校样。可通过打印机属性窗口设置。

（2）重新分布碳粉延长碳粉使用寿命。当打印件出现浅淡区域时，通常是硒鼓已接近其碳粉使用寿命的指示，通过重新分布硒鼓中的剩余碳粉，可以暂时复原打印质量。操作方法是，取出硒鼓，轻轻地晃动，使碳粉在盒内分布均匀，重新装入硒鼓即可。

4. 激光打印机的典型故障与排除

1）故障现象：卡纸

（1）故障原因。

纸张未正确装入或纸张输入盒过满，导纸板未调整至正确位置；使用的纸张不符合规格。

（2）排除故障方法。

对于进纸区域的卡纸，若从纸张输入盒或单页输入槽可以看到大部分卡塞的纸张，小心地将卡塞的纸张竖直向上拉出。重新对齐纸张并装入，打印机将自动恢复打印。

对于内部区域的卡纸，可按以下步骤清除：打开打印机上盖，取出硒鼓；将绿色松纸手柄向后推；慢慢拉动卡塞纸张，使其脱离机器；清除可能掉下的纸张碎片；重新装入硒鼓，合上打印机端盖，打印机将自动恢复打印。

2）故障现象：不进纸

（1）故障原因。

纸张未正确装入或有卡纸。

（2）排除故障方法。

轻按并松开控制面板按钮，尝试打印机再次送入介质；尝试从输入盒中取出纸张，重新对齐装入打印机；确保导纸板松紧适度地夹住纸张，使纸张居中；取出硒鼓，检查是否有卡纸。

3）故障现象：打印件颜色浅淡或有垂直排列的白色条纹

（1）故障原因。

碳粉不足或打印机的内置光学器件被污染。

（2）排除故障方法。

补充碳粉，更换硒鼓；请求服务商更换内置镜片。

4）故障现象：打印件有纵向或横向的黑色条纹或不规则污迹或全黑

（1）故障原因。

硒鼓受损或未正确安装；打印机需要清洁；纸张不符合打印用纸规格。

（2）排除故障方法。

重新安装或更换硒鼓；清洁打印机；更换纸张。

7.1.4 无线打印机

无线打印机（见图 7-14）配有一个能够连接到无线网络的无线适配器，并允许连接到该网络的计算机和智能设备使用该打印机。

1. 无线打印机 WiFi 连接方式

（1）打印机自带 WiFi 热点（AP 模式）。即打印机作为 WiFi 信号源，手机、计算机等智能设备需要连接打印机 WiFi 才可以使用打印机（见图 7-15）。

图 7-14 无线打印机

图 7-15 无线打印机 AP 模式

（2）打印机连接 WiFi 热点。即打印机连接网络 WiFi 热点，手机、计算机等智能设备需要连接打印机所连接的同一个 WiFi 热点。同时，计算机需要下载指定驱动，手机和智能设备需要下载指定 App 才能使用打印机（见图 7-16）。

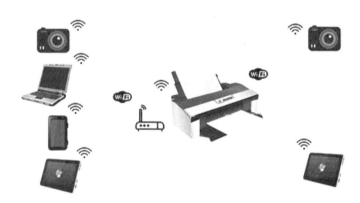

图 7-16 无线打印机（左边为路由器连接，右边为 AP 模式）

2. 无线打印机的连接

以惠普无线打印机连接为例，详细讲述无线打印机的连接过程，具体步骤如下。

1）无线连接

（1）将无线打印机连接到无线路由器。无线打印机的操作面板有无线标识（见图 7-17）。单击 标识，弹出"连接信息"窗口（见图 7-18）。

（2）单击"网络 WiFi 关"选项在"网络状态"窗口单击"设置"按钮（见图 7-19），进入"无线菜单"窗口。再单击"无线设置向导"命令（见图 7-20）。

（3）在"选择网络名称（SSID）"窗口（见图 7-21），选择无线打印机和移动设备所处的无线网络名称（设备已经连接该 SSID），输入密码并进行连接，最终建立连接（见图 7-22）。此时，"无线标识"变为 。

图 7-17　无线打印机网络标识

图 7-18　连接方式选择

图 7-19　"网络状态"窗口

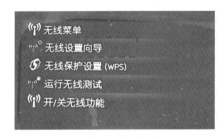

图 7-20　"无线菜单"窗口

图 7-21　选择网络名称

图 7-22　连接成功

完成以上操作后，设备就可以通过无线打印机打印文件了。

2）无线直连

在"连接信息"窗口，选择"网络 WiFi Direct 关"（见图 7-18），即为无线直连。弹出 WiFi Direct 窗口（见图 7-23），将会看到无线打印机 SSID 名称与密码。单击"设置"按钮打开"无线直连"。

图 7-23　WiFi Direct 窗口

为了保证打印机的使用安全，还可以对其 SSID 设置密码（图 7-20），可在"安全性"里进行编辑。

设备接入无线打印机的 SSID。设备只需要像连接无线路由器一样，连接无线打印机的 SSID。

连接完成之后，可以将手机文件和照片打印或通过 AirPrint（iOS 系统）和 Mopria（安卓系统）打印，还可以下载惠普的移动打印 HP Smant 和 ePrint（其他品牌各有专属移动打印 App）进行打印。

注意事项

> **无线打印机的连接**
>
> （1）无线打印机在选择连接方式时，无论是无线连接还是无线直连，在连接时最好只打开无线打印机的一种连接方式并连接。
> （2）无线打印机也可以通过电缆线与计算机连接，将连接打印机的计算机作为主机，并将无线打印机共享后，其他计算机添加网络共享打印机，也可以实现打印。
> （3）无线直连有连接设备数量限制，一般不超过5台设备。

7.2 复印机

复印机是一种能将手写、印刷或绘制的原始文件，复制出和原稿相同文件的机器。它不需要印刷版，且具有快速复印、缩放等现代化特性，是必备的办公自动化设备。目前被普遍使用的复印机技术称为"静电复印技术"。

1. 复印机的种类

根据工作原理分为模拟复印机和数码复印机；根据复印速度分为低速复印机、中速复印机和高速复印机；根据复印的幅面分为普及型复印机和工程复印机；根据使用纸张分为特殊纸（特殊纸一般指可感光的感光纸）复印机和普通纸复印机；根据复印机显影方式分为单组份和双组份；根据复印机复印的颜色分为单色复印机、多色复印机及彩色复印机。

2. 复印机的工作原理

1）模拟复印机的工作原理

模拟复印机的工作原理是：通过曝光、扫描方式将原稿的光学模拟图像通过光学系统（如镜头、镜子）直接投射到已被充电的感光鼓上，产生静电潜像，再经过显影、转印、定影等步骤，完成整个复印过程。按模拟复印机工作中的各种功能，其组成可分为曝光系统、成像系统、输纸系统和控制系统。

2）数码复印机的工作原理

首先通过CCD（Charge Coupled Device，电荷耦合器件）传感器对通过曝光、扫描产生的原稿的光学模拟图像信号进行光电转换，然后将经过数字技术处理的图像数码信号输入到激光调制器，调制后的激光束被充电的感光鼓进行扫描，在感光鼓上产生静电潜像，图像处理装置（存储器）对诸如图像模式、放大、图像重叠等作数码处理后，再经过显影、转印、定影等步骤，完成整个复印过程。数码复印机相当于将扫描仪和激光打印机的功能融为一体了。

3）数码复印机对比模拟复印机的优势

由于数码复印机采用了数字图像处理技术，使其可以进行复杂的图文编辑，大大提高了复印机的生产能力、复印质量，降低了使用中的故障率，其主要优点如下。

（1）一次扫描，多次复印。数码复印机只对原稿进行一次扫描，便可一次性复印达999次之多。减少了扫描次数，就减少了扫描器产生的磨损及噪声，同时减少了卡纸的机会。

（2）整洁、清晰的复印质量。文稿、图片/文稿、图片、复印稿、低密度稿、浅色稿等功能模式，256级灰色浓度，400dpi的分辨率，充分保证了复印品的整洁、清新。

（3）电子分页。一次复印，分页可达999份。

（4）先进的环保系统设计。无废粉，低臭氧，自动关机节能，图像自动旋转，减少废纸的产生。

（5）强大的图像编辑功能。自动缩放、单向缩放、自动启动、双面复印、组合复印、重叠复印、图像旋转、黑白反转、25%~400%的缩放倍率。

（6）可升级为A3幅面3秒高速激光传真机，可以直接传送书本、杂志、钉装文件和三维稿件。

（7）可升级为20~45张/分的高速A3幅面双面激光打印机，分辨率高达600dpi。不仅可以与计算机连接，也可以与网络直接连接，成为高速激光网络打印机。同时，经扫描到内存的原稿，可以通过计算机编辑后，以400dpi的分辨率进行多达999份打印。

4）复印机的外部构造和操控面板

（1）外部构造（见图7-24）。

①原稿盖；②稿台玻璃，将复印原件正面朝下放置；③内纸盘：复印件或打印件传送到这里；④通风孔；⑤主电源开关；⑥主电源指示灯；⑦操作开关；⑧控制面板；⑨前门盖：打开前门盖即可检查机器内部；⑩纸盘：在此处装入纸张；⑪纸盘单元。

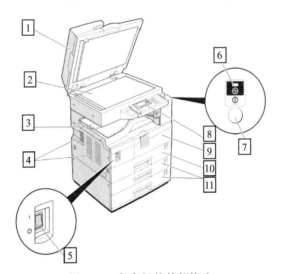

图7-24 复印机的外部构造

（2）操控面板（见图7-25）。

①回形针盘；②鼓防潮键；③辅助碳粉补充键；④计数器键；⑤显示面板；⑥纸张选择键；⑦倍率下调键；⑧倍率上调键；⑨键盘；⑩节能键；⑪面板复位键；⑫清除键；⑬停止键；⑭复印键；⑮放大键；⑯等倍键；⑰缩小键；⑱曝光加深控制键；⑲自动曝光模式键；⑳曝光变浅控制键；㉑书本复印模式键。不同品牌的复印机，其功能按键与操作面板布局各有不同，但基本操作相似。

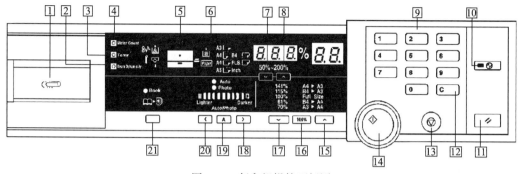

图 7-25　复印机操控面板图

3. 复印机的使用

1）复印机的使用步骤

不了解复印机的基本原理和构造，无法正确地使用它，甚至因操作不当而损坏机器，影响使用。复印机的使用步骤为：①预热；②检查原稿；③检查机器显示；④放入纸张；⑤放置原稿，正面朝下，按纸张标尺放正；⑥设定复印倍率；⑦设定复印浓度和复印数量；⑧选择复印纸尺寸；⑨启动复印。

注意事项

复印多份文件

如果要复印多份文件，应在完成复印机设置后，首先复印样张，直到满意后，再设定复印数量，启动复印。

2）复印机使用的注意事项

（1）不可将重物或盛有液体的器皿放置在复印机上。
（2）当复印机工作时，不能打开任何门盖或断开电源。
（3）不可将磁性物体靠近复印机。
（4）不可在复印机旁使用易燃喷雾剂。
（5）不可让纸屑、书钉或其他金属碎片卷入复印机内。
（6）不可使用有损坏或裂开的电源线。
（7）当复印机异常发热或产生异常噪声时，应立即断开电源进行检修。

3）复印机保养与维护

（1）日常保养。

复印机的日常保养包括以下几方面。

- 查阅保养或维修档案，根据复印机的复印数量和使用时间检查易损部件。
- 记录计时器的读数。将复印品质量测试板或清晰的原稿放在稿台玻璃上，分别用等比、放大、缩小等功能复印数张，并检查复印品图像浓度、清晰度、定影、是否有污染或底灰等情况。同时注意复印机运行时是否有杂音。
- 对复印机进行清洁。保持外观压板，用干软布清洁稿台玻璃、操控面板和前门内侧。
- 及时检查并修复故障部件。

- 定期留存测试页，并填写维修或保养卡片存档备查。

（2）定期保养。

- 复印3000张后：要对墨粉盒、显影器底部、导纸板和玻璃稿台进行清洁。
- 复印1万张后：要对显影辊和定影器进行清洁。
- 复印5万张后：除清洁主要部件外还要检查易损零部件的工作状况，如有损坏应及时更换。
- 复印10万张后：检查驱动部件的工作状况，是否需清洁、加油或更换。

（3）复印机保养的注意事项。

- 保养应在断电情况下进行。
- 使用中性清洁剂清洁。若清洁某些部件时需要使用酒精，应注意防火。
- 使用润滑剂一定要适量。塑料和橡胶零件不可加油，否则会促其老化。
- 拆卸部件时，应注意次序，必要时要做记录，以免安装时漏装或颠倒次序。
- 拆下的不同螺钉要记好位置，以免错用，损坏机器。

4）常见问题排除

（1）复印件图像太浅。

- 自动曝光模式中曝光量设置较高或手动曝光量设置较浅。解决方法为，采用手动曝光模式，按动曝光加深控制键，可获得较深影像。
- 刚刚复印照片或有大面积深色的原稿或刚更换完墨粉。解决方法为，按所需次数辅助碳粉补充键，获得所需图像浓度。
- 复印纸张过潮。解决方法为，更换干燥的纸张。

（2）复印件图像太深。

- 自动曝光模式中曝光量设置较低或手动曝光量设置较深。解决方法为采用手动曝光模式，按动曝光变浅控制键，可获得较浅影像。
- 稿台玻璃表面过脏。解决方法为，使用干软布清洁稿台玻璃。
- 原稿没有紧贴稿台玻璃。解决方法为，正确放置原稿，使其紧贴稿台玻璃。

（3）复印件模糊不清。

复印纸张过潮，解决方法为，更换干燥的纸张。

（4）复印件出现线条。

充电组件过脏，解决方法为，清洁充电组件。

（5）复印件有深色斑点。

- 原稿压板或文件传输带过脏。解决方法为，使用浸过中性清洁剂（或清水）的微潮软布擦净原稿压板和文件传输带。
- 原稿太薄或高度透明。解决方法为，将一张空白纸盖在原稿上。
- 原稿是双面原稿。解决方法为，采用手动曝光模式，按动曝光变浅控制键，使曝光量变大。

（6）复印件边缘过脏。

- 原稿压板很脏。解决方法为，使用浸过中性清洁剂（或清水）的微潮的软布擦净原稿压板和文件传输带。

- 等比复印时，所选纸尺寸规格比原稿大。解决方法为，选择与原稿相同规格的复印纸。
- 等比复印时，原稿放置位置或方向不正确。解决方法为，正确放置原稿，使其与宽度标尺对齐。
- 缩小复印时，所选倍率与复印纸尺寸不符。解决方法为，根据纸张规格选择缩放比率。

（7）复印机不按设定工作。
- 复印件指示灯为橘黄色，复印机处于预热状态。
- 加碳粉指示灯亮，说明碳粉已经用尽，需要更换碳粉盒。
- 加纸指示灯亮，说明纸张已经用尽，需要添加纸张。
- 卡纸指示灯亮，说明在复印机或配件中有卡纸误送情况，须及时清除卡纸。
- 维护保养指示灯亮，说明需进行维护保养。
- 呼叫维修指示灯亮，说明复印机出现技术故障。将复印机复位，若指示灯仍亮，需要及时检修。

7.3 扫描仪

扫描仪（见图 7-26）广泛应用于各类图形图像处理、出版、印刷、广告制作、办公自动化、多媒体、图文数据库、图文资讯、工程图纸输入等诸多领域，而且随着中国大力推行电子商务、电子办公等信息化政策，扫描仪在商用领域的普及也越来越广泛。

7.3.1 扫描仪的基本知识

1. 扫描仪的种类

图 7-26 扫描仪

扫描仪的种类有平板式扫描仪、名片扫描仪、底片扫描仪、馈纸式扫描仪、文件扫描仪、手持式扫描仪、鼓式扫描仪、笔式扫描仪、实物扫描仪、3D 扫描仪以及扫描打印一体机等多种类型。另外，现在的移动终端设备也可在 App 的辅助下，通过照相功能实现简单的扫描功能。

1）手持式扫描仪

手持式扫描仪是 1987 年推出的产品，外形很像超市收款员使用的条码扫描仪。手持式扫描仪的光学分辨率一般为 200dpi，有黑白、灰度、彩色多种类型，其中彩色类型一般为 18 位彩色。也有个别高档产品采用 CCD 作为感光器件，可实现 24 位真彩色，扫描效果较好。

2）平台式扫描仪

平台式扫描仪又称平板式扫描仪、台式扫描仪，是现在的主流产品。这类扫描仪的光学分辨率为 300~8000dpi，色彩位数为 24~48 位彩色，扫描幅面一般为 A4 或者 A3。还有大幅面扫描仪、笔式扫描仪、条码扫描仪、底片扫描仪和实物扫描仪，另外还有主要用于印刷排版领域的滚筒式扫描仪等。

3）小滚筒式扫描仪

小滚筒式扫描仪是手持式扫描仪和平台式扫描仪的中间产品，因为是内置供电且体积小又被称为笔记本扫描仪，这种产品的光学分辨率为 300dpi，有彩色和灰度两种类型，其中彩色类型一般为 24 位彩色。因其镜头固定，而需移动要扫描的物件使其通过镜头来扫描，要扫描的物件必须穿过机器再送出，因此被扫描的原稿或物体不可太厚。

2. 扫描仪的工作原理

扫描仪是图像信号输入设备。它对原稿进行光学扫描，然后将光学图像传送到光电转换器中转换为模拟信号，再将模拟电信号转换为数字信号，最后通过计算机接口送至计算机中。

3. 扫描仪的主要性能指标

扫描仪的性脱脂标包括 x 和 y 方向的光学分辨率、色彩位数、接口类型、扫描幅面、扫描速度等。

4. 扫描仪的分辨率

扫描仪的分辨率要从光学部分、硬件部分和软件部分 3 方面来确定。扫描仪的分辨率等于其光学部件的分辨率加上其自身通过硬件及软件进行处理分析所得到的分辨率。

光学分辨率是扫描仪的光学部件在每平方英寸面积内所能捕捉到的实际的光点数，是指扫描仪 CCD（或者其他光电器件）的物理分辨率，也是扫描仪的真实分辨率，它的数值是由光电元件所能捕捉的像素点除以扫描仪水平最大可扫尺寸得到的数值。如分辨率为 1200dpi 的扫描仪，其光学部分的分辨率只占 400~600dpi。扩充部分的分辨率由硬件和软件联合生成，这个过程是通过计算机对图像进行分析，对空白部分进行数字填充所产生的，该过程也称为插值处理。

5. 扫描仪的安装

扫描仪的使用应严格按随机文件《使用说明书》或《使用手册》中规定的步骤进行操作。不同类型的扫描仪虽然操作方法不同，但是一般都有如图 7-27 所示的工作步骤。

图 7-27　扫描仪使用步骤

（1）连接计算机。按照随机说明，连接扫描仪与计算机。USB 数据线 A 型 USB 接头连接到计算机 B 型 USB 接头连接到扫描仪；扫描仪电源插头与电源连接扫描仪连接如图 7-28 所示。

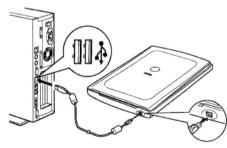

图 7-28　扫描仪连接

（2）安装驱动程序。Windows 系统下安装驱动程序参见第 2 章驱动程序安装。安装成功后，在"控制面板"的"设备"中"打印机和扫描仪"项目下会出现扫描仪的图标。

（3）启动扫描仪。在 Windows 7 系统下，扫描仪的启动方式有 3 种：Windows 7 自带扫描程序、驱动程序独立运行和其他应用程序调用。

驱动程序独立运行，指安装驱动程序的时候，同时安装了一个可以调用扫描仪的程序。这种方式一般都会在桌面和"开始"菜单中创建快捷方式，双击运行即可使用。

6. 扫描仪扫描图像的步骤

扫描仪的使用过程中，应选用必要的软件；选用高质量的原稿；保持扫描仪的洁净；选择正确的图像类型和扫描设置；善用校色工具。

下面以平台式扫描仪为例，详细讲解扫描图像的操作步骤。

（1）将欲扫描的原稿正面朝下铺在扫描仪的玻璃板上，原稿可以是文字稿件、图纸、照片。

（2）启动扫描仪驱动程序后，开始扫描原稿。为了均匀照亮稿件，扫描仪光源为长条形，并沿横向扫过整个原稿。

（3）照射到原稿上的光线经反射后穿过一个很窄的缝隙，形成沿原稿横向的光带，经过一组反光镜，由光学透镜聚焦并进入分光镜，经过棱镜和红绿蓝三色滤色镜得到的 RGB 三条彩色光带分别照到各自的 CCD 上，CCD 将 RGB 带转换为模拟信号，此信号又被模拟/数字变换器转换为数字信号。至此，反映原稿图像的光信号转换为计算机能够接收的二进制数字信号，通过与计算机的接口送至计算机。

7.3.2 OCR 软件——《尚书七号》

OCR（Optical Character Recognition，光学字符识别）通过扫描等光学输入方式将各种票据、报刊、书籍、文稿及其他印刷品的文字转换为图像信息，再利用文字识别技术将图像信息转换为可以使用的计算机输入技术。用扫描仪扫描的文字图像，不能对个别文字进行编辑修改，需要利用文字识别软件，将文字图像进行识别，将图像格式转换为文本格式。下面以《尚书七号》软件为例，详细介绍对文字图像识别转换的过程，具体操作步骤如下。

1. 获取文字图像文件

下载并安装《尚书七号》，打开《尚书七号》软件，单击"文件"菜单"扫描"或"打开图像"（将已经扫描的图像文件打开）命令（见图 7-29）。

如果计算机连接了多台扫描仪，单击"文件"菜单"选择扫描仪"命令，调用相应的扫描仪。

2. 对扫描的图像页进行调整

单击"编辑"菜单"自动倾斜校正"或"手动倾斜校正"或"旋转图像"命令，对扫描的图像页进行调整（见图 7-30）。

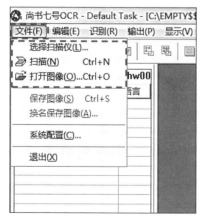

图 7-29　"打开图像"命令

图 7-30　"编辑"菜单

3. 版面分析与文字识别转换

在进行文字识别前首先要选择识别范围，然后单击"识别"菜单中的"版面分析"命令（见图 7-31）。

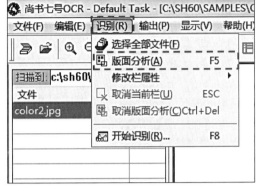

图 7-31　"版面分析"命令

《尚书七号》的自动版面分析功能强大，对报纸、杂志等复杂的版面，也能保持很高的分析正确率。单击"开始识别"命令对文字进行识别。

扫描图像时的扫描分辨率一般应设为300dpi，如果文档字体较小，则需要将扫描分辨率设定得更高，如 400dpi 或 600dpi。缩放比例（Scaling）设为 100%，亮度阀值需根据纸张和印刷的质量调节，避免扫描图像过黑或过淡。

4. 校对修改

自动识别完毕，弹出"文本窗口"，"文本窗口"提供识别结果的校对功能。还增加了光标跟随显示原图像行的校对方法（见图 7-32），便于校对时发现问题并及时更改。

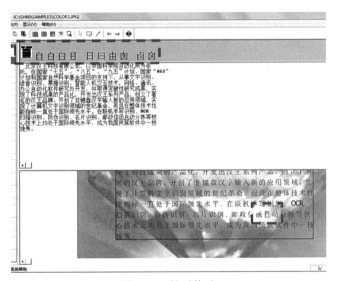

图 7-32　校对修改

5. 输出

单击"输出"菜单中的"到指定格式文件"命令，可以根据需求选择对应的格式（图 7-33）输出的文件格式有 RTF、HTML、XLS 等。如果用户想得到类似原文的识别结果，则选择 RTF 格式，用 Word 打开 RTF 格式文件，会发现几乎保留了原文的所有痕迹，包括原文页面中的彩色图像。

图 7-33　"到指定格式文件"命令

7.4 传 真 机

传真是一方将相片、图表、合同、文件、设计图纸等文字或图纸资料,利用传真机,按照原稿传送给对方的一种通信方式。

传真机(见图 7-34)或称远距离复印机。传真机,具有复印、发信、收信 3 项基本功能,还有液晶显示(中/英文)、多页自动进纸、自动切纸、录音电话、无纸接收、来电显示、呼叫转移、打印、扫描(内/外置计算机接口)、普通纸(喷墨、热转印、激光)等其他功能。

1. 传真机的安装

传真机应放置在干燥、清洁、无阳光直射的平台。安装步骤如下。

(1)按说明书的接线图(见图 7-35)将外线(进户电话线)与传真机(Line)端口连接。

(2)传真机(EXT.)端口引出一条电话线与电话机相连接。

(3)将传真机的电源线插头插入电源插座。

(4)将地线与传真机接线盒上的接地端相连接。

(5)根据使用的线路情况,设定相应的硬件开关。

(6)根据实际要求与环境设定传真机与相应软件,可参照《使用手册》。

图 7-34 传真机

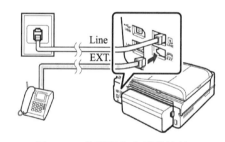

图 7-35 传真机与电话线连接

2. 传真机的使用

1)发送传真

发送传真时,将原稿按照规定放置于传真机进纸口处,拨打对方传真机的号码,听到对方接收传真的信号后,按下传真机的"开始"按钮,即可开始发送传真。

2)接收传真

接收传真时,当传真机铃响后,接通等待对方发出请求的信号后,按下传真机的"开始"按钮,即可接收传真。传真机具有自动接收传真功能,在默认 3 声响铃后无人接听,传真机自动接收传真。

3)复印

将原稿朝下放入进稿台,听到一声提示音表示放置到位。根据原稿选择适当的分辨率或半色调,按复印键开始复印。

4)传送文件的注意事项

(1)使用传真机应注意选用的记录纸幅宽必须符合要求,纸两端不要卡得太紧,注意纸的正反，正面应面对感热打印头。记录纸纸头应送达指定位置。

（2）大于技术规格规定的最小幅面或小于技术规格规定的最大幅面；小于文件检测传感器能检测到的最小距离；文件有严重皱折、弯曲、破损或残缺、过紧或过松、墨汁未干或用胶汁书写的文件不能直接送入传真机。

（3）传送文件时，一次放置页数不能超过规定页数。

（4）文件要排列整齐，靠近导轨，前端要摺成楔形。

3. 传真机常见故障与排除

1）文件传真时一侧字迹不规则范白

- 上盖扣合不严或范白一侧的挂钩没有挂到位。处理方法为打开面板后压住两边重新扣合。
- 也可能是热感打印头（TPH）错位所致。处理方法为打开面板后反复按压热感打印头，调整使其复位。

2）文件复印有黑带

扫描器（CIS）表面过脏或者热感打印头故障。处理方法为，首先清洁扫描器，如仍有黑带，则更换热感打印头。

3）文件传真 1/4 白

热感打印头或者扫描器故障。处理方法为，首先进入服务模式，测试热感打印头，如有问题则更换热感打印头。如果热感打印头良好，则为扫描器故障，更换扫描器。

4）文件传真件不清晰

扫描器或白辊过脏。处理方法为清洁扫描器和白辊。

5）文件传真件全白

主板、热感打印头或者扫描器故障。处理方法为，首先进入服务模式，测试热感打印头，如有问题，则更换热感打印头。如果热感打印头没问题，则更换主板；如传真件仍显示全白，则更换扫描器。

7.5　光盘刻录机

由于光盘具有存储容量大、每兆字节成本低、记录可靠（光盘理论上可保存数据 100 年以上）等优点（见图 7-36）。

7.5.1　刻录光盘与刻录机基本知识

1. 刻录光盘的分类

1）CD-R

CD-R 是一次写、多次读光盘。标准容量为 700MB，直径为 12cm，支持 CD、VCD、SVCD、数据的刻录。

图 7-36　光盘与光盘刻录机

2）DVD+/-R

DVD+/-R 是一次写、多次读光盘。标准 D5 盘容量为 4.7GB，D9 盘的容量为 8.5GB，直径为 12cm，支持 DVD、VCD、数据的刻录。

3）CD-RW

CD-RW 即重复录写光盘。一种可以重复刻录的光盘，技术较为先进，可以反复使用。

4）DVD-RW

DVD-RW 是可重复记录型 DVD。

5）BD

BD（蓝光光盘）是指 DVD 之后的下一代光盘格式之一。其直径是 120mm，厚度是 1.2mm。BD 已成为高清视听及大容量格式的主流趋势。高容量从 25GB 的单面单层、50GB 的单面双层到 100GB 的单面多层，提供大容量的资料备份，并适用于记录高画质的影音节目。

2. 刻录机的分类

刻录机是一种数据写入设备，利用激光将数据写到空白光盘上，从而实现数据的储存。其写入过程可以被看作普通光驱读取光盘的逆过程。

1）CD 刻录机

CD 刻录机可以刻录 CD，读取 CD，但无法读取或写入 DVD。刻录的光盘最大容量为 700MB。

2）DVD 刻录机

其功能向下兼容，可以刻录 CD 光盘和 DVD 光盘。刻录的光盘最大容量为 4.5GB（双层 8.5GB）。

3）蓝光刻录机

蓝光刻录机是指基于蓝光 DVD 技术标准的刻录机。蓝光刻录机有两种，一种是真正意义的蓝光记录机，能够读写所有格式的光盘；另一种是康宝（Combo），能读取所有格式的光盘，但只能支持 DVD、CD 的刻录。蓝光光驱是只有读取所有格式光盘功能的光驱，不具有刻录功能。

3. 刻录机的主要性能指标

1）读写速度

刻录机性能的主要技术指标，包括数据的读取传输率和数据的写入速度，理论上速度越快性能越好。刻录机面板标有"52x32x52x"的字样，分别标注刻录机的写入速度、重写速度、读取速度，代表这台刻录机具有 52 倍速 CD-ROM 读取速度、32 倍速 CD-RW 重写速度和 52 倍速 CD-R 写入速度。

 注意事项

1x（1 倍速）基本传输速率为 150KB/s。

刻录机面板标有"52x32x52x"的字样，读 CD-ROM 的速度是 52x（52×150KB，7.8MB/s 的理论速度）；写入 CD-RW 的速度是 32x（32×150KB，4.8MB/s 的理论速度）；写入 CD-R 的速度是 52x（52×150KB，7.8MB/s 的理论速度）。

2）缓存容量

缓存的大小是衡量刻录机性能的主要技术指标之一，刻录时数据必须先写入缓存，刻录软件再从缓存区调用要刻录的数据，在刻录的同时后续的数据再写入缓存中，以保持写入数据良好的组织和连续传输。如果后续数据没有及时写入缓冲区，传输的中断则将导致刻录失败。因而缓冲区的容量越大，刻录的成功率越高。刻录机的缓存容量一般为512KB~2MB，建议选择缓存容量较大的产品。

3）光盘兼容性

兼容盘片类型是指刻录机可以刻录或读取各种标准盘片的能力。蓝光光驱，即能读取蓝光光盘的光驱，也能向下兼容读取DVD、VCD、CD等格式的光盘。DVD刻录机不能读取蓝光光盘，可以向下兼容读取和刻录DVD、VCD、CD等格式的光盘。蓝光刻录机可以刻录和读取蓝光光盘，还可以向下兼容读取和刻录DVD、VCD、CD等格式的光盘。

7.5.2 刻录机的安装和使用

1. 刻录机的安装

本节主要介绍USB接口刻录机和IDE接口刻录机。它们分别是外置式刻录机和内置式刻录机的典型代表。USB接口刻录机的安装与其他USB设备的安装类似。IDE接口刻录机的安装与普通内置硬盘的安装类似。

2. 驱动程序的安装

刻录机驱动程序是否需要手动安装，视所用的刻录机和操作系统而定，在Windows 7操作系统下IDE刻录机和USB刻录机都可以自动找到驱动程序。其他系统如需安装驱动程序，和一般的硬件驱动程序的安装方法类似，不再赘述。

右击"计算机"图标（Windows 10操作系统为"此电脑"），在弹出的快捷菜单中单击"属性"命令，选择"设备管理器"选项，在弹出的"设备管理器"窗口中查看刻录机的有关信息（见图7-37）。

3. 刻录机软件的安装和使用

以刻录软件Nero为例详细介绍刻录软件的安装和使用。

1）执行Nero platinum suite软件，安装程序

执行Nero platinum suite软件的安装程序（见图7-38）后，根据安装向导提示依次完成相关操作完成安装。安装完成后，在程序菜单中找到Nero文件夹，打开Nero Start文件。

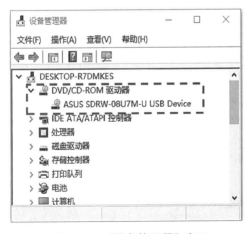

图7-37 "设备管理器"窗口

图7-38 安装Nero platinum suite界面

2）使用 Nero Burning Rom 软件

打开 Nero Start（见图 7-39）文件，选择 Nero Burning Rom 或通过程序菜单直接打开 Nero Burning Rom。

普通的光盘刻录可以在 Nero Burning Rom 的刻录引导下进行（见图 7-40）。刻录时，可以根据刻录文件的类型，选择刻录的类型和操作。刻录完成后，若要保存或打印刻录记录，按相应的命令按钮即可，单击"放弃"按钮则退出刻录。

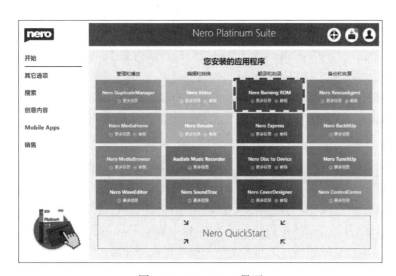

图 7-39　Nero Start 界面

图 7-40　Nero Burning Rom 界面

根据 Nero 刻录的引导，还可以进行音乐、视频等其他格式光盘的自定义刻录，方法与普通的光盘刻录方法类似，此处不再赘述。

3）刻录机的维护与注意事项

（1）选择质量好的盘片。

（2）为保证刻盘的成功率，建议在刻录光盘的过程中尽量不要执行其他程序。

（3）刻录机功率较大，并且刻录的时间相对较长，不可避免地会有很大的发热量，刻录机过热势必影响内部元件的电气参数，因此安装时尽量拉大刻录机与硬盘等设备的距离，以便于散热。

（4）注意刻录机的清洁卫生，注意防尘、防潮，注意设备放置平稳，避免在刻录过程中出现震动和摇摆。

（5）在平时的使用过程中，尽量不使用刻录机听歌、观看 VCD、安装软件、复制数据等。

（6）刻录工作完成后应及时将盘片取出，不要留在刻录机内，以避免刻录机的过分频繁使用，加速激光头的老化。

（7）在刻录的过程中不要对刻录机面板按键进行任何操作，特别是弹出仓门按钮，以免造成光盘报废或损坏机芯和激光头。

（8）刻录前进行测试，在刻录光盘之前先进行模拟刻录，以免出现意外导致刻录失败。

（9）刻录时尽量选择低速刻录，以此保障刻录的质量与成功率。

7.6　数　码　相　机

数码相机是一种能够进行拍摄，并通过内部处理把拍摄到的光学图像转换成电子数据的照相机。从外观上看，普通的数码相机和光学相机中的傻瓜机类似，有机身、镜头、光圈、快门、闪光灯等部件。但数码相机和光学相机的内在大不相同：数码相机输出的图像是数字的，光学相机输出的图像是模拟的；数码相机用电荷耦合器件成像，光学相机是用卤化银胶片感光成像并存储。

数码相机按用途分为卡片相机、微型单反数码相机（见图 7-41）、单反数码相机（见图 7-42）、长焦相机和家用相机等。

图 7-41　微型单反数码照相机

图 7-42　单反数码照相机

1. 数码相机的核心性能参数

（1）感光器面积越大越好，主要体现抗噪能力强。

（2）像素值越大越好，主要体现同样清晰度时的照片放大倍数大。

（3）镜头口径越大越好（F 值越小越好），主要体现低照度时的适应能力强和背景虚化能力强。

（4）对变焦镜头而言，最大光圈与最小光圈差值越小越好。恒定光圈最好。

（5）镜头焦距越小，对狭小空间环境的适应性越强。镜头长焦距越大可拍摄景物越远，更易形成背景虚化。

（6）镜头光学变焦倍数不宜过大，一般以4倍左右为宜。理论上讲，变焦倍数越小，镜头性能的均衡性越好。

（7）显示屏的尺寸和像素值越大越好，构图、回放和浏览照片清晰度较高。

（8）最好有手动功能、多种测光、曝光、白平衡模式和感光度的选择。

（9）最好有防抖功能。

（10）快门时间和感光度范围越宽越好。

2. 数码相机的拍照方法

拍照参数的设置内容涉及存储模式选择、自动或手动曝光量选择或设定以及白平衡和感光度设定等。

数码相机快门释放按钮操作时先半按下按钮，等待系统通过反馈电路自动调整焦距和曝光度，锁定后取景器旁的绿色指示灯会点亮。这时再完全按下快门按钮完成拍照。

3. 数码相机的日常维护

（1）存放时，注意防潮、防尘、防高温。温度范围为20~60℃，湿度范围为10%~90%。

（2）清洁时若使用交流电源转接器，应断开电源。可用浸过中性洗涤剂或清水并拧干的软布擦拭，再使用干燥的软布擦干。

（3）使用时注意防止异物（灰尘、雨滴、沙砾）进入机内，防止受重力撞击或震动；不要在暴风雨或有闪电时室外使用；不要在充满可燃性或爆炸性气体之处使用；照相机使用环境温度范围为0~40℃，湿度范围为30%~90%。

（4）使用照相机规定使用的电池，包括尺寸、容量和化学性质。按照电池舱盖指示正确放入电池。禁止使用漏液、膨胀或有其他异常情况的电池。

7.7 移动办公设备

1. 移动硬盘

1）移动硬盘简介

（1）机械式移动硬盘一般由计算机硬盘或者笔记本计算机硬盘改装而成。按产品的接口类型分为 USB 1.1（最大速度是 12MB/s）、USB 2.0（支持 480MB/s 的峰值速度）、USB 3.0（有效速度是 500 MB/s）和 USB 3.1（有效速度达到 800MB/s~1.212GB/s）。USB 3.1 母口和公头塑料结构的颜色由 USB 3.0 的蓝色换成蓝绿色；IEEE 1394 接口的速度是 400MB/s。

 注意事项

> 2019 年 2 月 USB-IF 公布最新 USB 命名规范，USB 3.0 和 USB 3.1 的命名取消，所有 USB 标准都被命名为 USB 3.2。考虑到兼容性，USB 3.0、USB 3.1 与 USB 3.2 三者分别改名为 USB 3.2 Gen 1、USB 3.2 Gen 2 和 USB 3.2 Gen 2x2。

（2）固态硬盘

固态硬盘（Solid State Disk，SSD）具有速度快、容量大、外观小巧、抗震防摔的特点，

SSD 的读写速度最快能达 800MB/s，比传统机械硬盘的读写速度快 10 倍。

2）移动硬盘的安装和使用

当前被用户广泛使用的移动硬盘基本上都采用 USB 接口。在 Windows 7 及其以上版本的操作系统上使用，无须手动安装驱动程序，用 USB 电缆连接后，系统会自动载入驱动即可使用。

2. U 盘

1）U 盘概述

U 盘也称闪盘、闪存，它利用 Flash 闪存芯片为存储介质，容量从几兆字节到数百兆字节不等，采用 USB 接口，可擦写 100 万次，体积小，使用方便，不易损坏，可通过开关写保护数据安全。

2）U 盘的安装和使用

U 盘在 Windows 7 及其以上版本的操作系统上使用，无须手动安装驱动程序即可使用。将 U 盘与计算机的 USB 接口相连接，如果连接正常，在"计算机"里新增加一个"可移动磁盘"盘符。在第一次使用 U 盘时，系统需要一些时间查找驱动程序。

3. 使用注意事项

（1）携带和使用时注意减震。

（2）在 Windows 7 及其以上版本的操作系统中一定要通过系统"拔出或弹出硬件"命令关闭设备，再拔出连接电缆和设备，否则有可能会导致数据丢失或损坏设备。以 Windows 7 操作系统为例，拔出 U 盘的操作步骤如下：

图 7-43　任务栏删除硬件

① 在任务栏中单击 图标（见图 7-43）。

② 在弹出的快捷菜单中单击"弹出 USB 大容量存储设备"命令（见图 7-44）。

③ 弹出"安全地移除硬件"提示对话框（见图 7-45）后，拔掉 U 盘即可完成操作。

图 7-44　快捷菜单

图 7-45　安全删除硬件

7.8　投 影 仪

投影仪（见图 7-46）又称投影机，是一种可以将图像或视频投射到幕布上的设备，可以通过不同的接口与计算机、VCD、DVD、BD、游戏机、DV 等相连接播放相应的视频信号。投影仪可以达到声、图、文并茂，大画面显示的效果，应用领域较为广泛。投影仪是现代办公必要的辅助设备。

图 7-46　投影仪

7.8.1 投影仪基本知识

1. 投影仪的分类及特点

投影仪自问世以来发展至今已形成 3 大系列：CRT 投影仪、LCD 投影仪和 DLP 投影仪。

1）CRT 投影仪

CRT（Cathode Ray Tube）投影机显示的图像色彩丰富，还原性好，具有丰富的几何失真调整能力。其缺点是亮度很低，操作复杂，体积庞大，对安装环境要求较高，并且价格昂贵，目前已经基本被淘汰。

2）LCD 投影仪

LCD（Liquid Crystal Display）投影分为液晶光阀和液晶板投影机两类。液晶是介于液体和固体之间的物质，本身不发光，工作性质受温度影响很大。LCD 投影机色彩还原较好、分辨率可达 SXGA 标准，体积小，重量轻，操作、携带方便，并且价格较为低廉，为投影仪市场上的主要产品。

3）DLP 投影仪

DLP（Digital Light Processor）投影仪以 DMD 数字微镜作为成像器件。DLP 投影仪的技术是一种反射式投影技术。其特点是图像灰度等级提高，成像器件的总光效率大大提高，对比度出色，色彩锐利。由于出于成本和机身体积的考虑，目前 DLP 投影仪多半采用单片 DMD 芯片设计，图像颜色的还原比 LCD 投影仪稍逊一筹，色彩不够鲜艳生动。

2. 投影仪的主要性能指标

投影仪的性能指标是区别投影仪档次高低的标志，主要有以下几个指标。

1）液晶片的尺寸及数量

目前，液晶投影仪主要分为单片式投影仪和三片式投影仪。液晶板的大小决定着投影仪的大小。液晶片越小，则投影仪的光学系统做得越小，从而使投影仪体积越小。

2）输出分辨率

输出分辨率是指投影仪投出的图像的分辨率，也称物理分辨率、实际分辨率，即 LCD 液晶板的分辨率。在 LCD 液晶板上通过网格来划分液晶体，一个液晶体为一像素点。物理分辨率越高，则可接收分辨率的范围越大，投影仪的适应范围越广。

3）最大输入分辨率

最大输入分辨率是指投影仪可接收比物理分辨率大的分辨率，并通过压缩算法将信号投出。早期的投影仪都采取抽线算法，即线性压缩技术，但此算法有掉线问题，现在的产品都已推出新算法用于压缩信号。

4）水平扫描线

水平扫描线也称视频扫描线、电视线。主要用于评价视频信号的质量。一般而言，投影仪最高支持 700 线。

5）亮度

投影仪输出的光能量，单位为流明（lm）。实际上我们所说的投影仪"亮度"并非真正意义上的亮度，而是投影仪光输出的总光通量，投影仪的总光通量是不受外界因素影响的，即基本恒定的，更能真实、科学地反映投影仪的亮度水平。

7.8.2 笔记本计算机与投影仪的连接与设置

用笔记本或计算机连接投影仪有两种方法，一种是用HDMI线连接；另一种是用VGA线连接。两种方法的区别主要在于信号传输的不同。

- VGA 传输的是模拟信号，仅能传输视频信号。
- HDMI 传输的是数字信号，可以同时传输视频和音频信号。

1. 计算机与投影仪的线路连接

启动投影仪和笔记本计算机，通过笔记本计算机的VGA 或 HDMI 接口（见图7-47）接口使用 VGA 线（见图7-48）或 HDMI 线（见图7-49）与投影仪连接，连接好后要先切换一下投影仪的模式，用遥控器将投影仪的信号源设置为相应的 VGA 模式（PC 模式）或 HDMI 模式，即可完成投影。

图7-47 笔记本计算机HDMI接口、VGA接口

图7-48 VGA连接线

图7-49 HDMI连接线

2. 投影仪的设置

（1）以 Windows 7 操作系统为例，详细介绍投影仪的设置。

- 右击桌面空白处，在弹出的快捷菜单中单击"屏幕分辨率"命令，在弹出的窗口中单击"连接到投影仪"选项（见图7-50）。

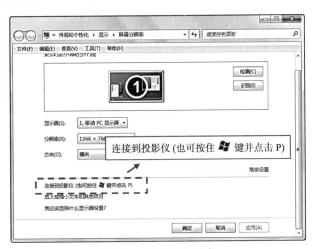

图7-50 连接到投影仪

- Windows＋P 组合键或按 Fn＋投屏键（一般为 F4、F5 或 F7）即可快速开启投影仪显示的有关设置（见图 7-51）。"仅计算机"选项是投影仪上将不显示图像，仅计算机屏幕显示图像；"复制"选项是投影仪和计算机上的分辨率显示输出是完全一致的；"扩展"选项是将一个显示器上的图像输出放到两个显示器上，也可以对这两个不同的显示器进行不同的分辨率调节；"仅投影仪"选项是计算机将会关闭自身的显示器上的图像输出，只在投影仪显示图像，有利于节能。

图 7-51　切换显示方式

（2）以 Windows 10 操作系统为例，详细介绍投影仪的设置。
- 按 Windows＋P 组合键或 Fn+投屏键（一般为 F4、F5 或 F7），则在屏幕左侧出现"投影"窗口。
- 单击"任务栏"的▭按钮，再单击"投影"命令，屏幕左侧出现"投影"窗口（见图 7-52）。

3. 使用注意事项

由于投影仪是一种精密电子产品，它集机械、液晶或 DMD、电子电路技术于一体。使用过程中应该注意以下事项。
- 投影仪在调试与使用时，严禁眼睛近距离长时间直视投影仪光源，以防对眼睛造成伤害。
- 投影仪所使用的电源必须带有可靠接地的三相电源；在插拔电源插头时，要使投影仪电源处于关闭状态。
- 关机时，一定要先关机使其呈等待状态，等风扇停转后再关掉电源开关，这一点对保护投影仪特别重要。
- 尽量减少开关次数，开机的冲击电流会影响灯泡的寿命；关机后应等待 5 分钟以上才能再次开机操作。
- 投影仪在使用数小时后机内温度很高，在使用过程中不要随意搬动。
- 使用中应注意有良好的通风散热条件。
- 使用过程中，TEMP 指示灯变红，表示投影仪过热；LAMP 指示灯变红是灯泡过热。以上两种情况下都应停机，待风扇停转后，关掉电源，使其冷却，并检查通风散热情况。如果通风散热良好，等投影仪充分冷却后（约 20 分钟）再开机使用。如果重新开机后，LAMP 指示灯很快又亮，可能是灯泡老化，应进一步检查灯泡。
- 投影仪上的亮度调节已经调到最大，投影图像仍很暗，或是使用中 LAMP 指示灯变亮，可能是灯泡使用时间过长，需要更换新灯泡。可用遥控器上的 TIMER 键来检查灯泡已使用的时间，检查方法是为，在投影仪开机情况下，连续按住 TIMER 键 2 秒，在投影仪下方会显示出灯泡已经使用的小时数。正常情况下，灯泡可使用 2000 小时。

图 7-52　"投影"窗口

- 使用过程中，投影仪会出现自我保护状态。这时投影仪电源无论开关，都将处于关机状态，所有按键都不起作用。这是因自身过热，为避免损坏而产生的一种自我保护状态，等待一段时间后（约 30 分钟）再开机工作，一切将恢复正常。
- 避免投影仪镜头直对太阳，以免损坏其内部光学系统。

4. 投影仪的维护

- 防尘。
- 严防强烈的冲撞、挤压和震动。
- 防热、防潮。
- 维护灯泡，延长其使用寿命。
- 严禁带电插拔电缆，信号源与投影仪电源最好同时接地。由于当投影仪与信号源连接的是不同电源时，两零线之间可能存在较高的电位差。当用户带电插拔信号线或其他电路时，会在插头插座之间发生打火现象，损坏信号输入电路，由此造成严重后果。

思考题

1. 简述打印机的安装步骤。
2. 简述笔记本计算机连接投影仪的操作步骤。
3. 简述复印机的操作步骤。

上机练习

1. 安装《尚书七号》，并使用软件进行文字识别。
2. 使用传真机传送文件。
3. 使用 Nero 将 MP3 文件刻录成 CD。

第 8 章　网络化办公

随着现代化、信息化建设步伐的加快，新型的网络化办公方式空前繁荣。网络办公与传统的办公方式不同，员工无须再面对面地办公，可以不受地域、时间的限制，通过局域网或 Internet 共享内部信息资源，协同、高效处理复杂的办公事务。此外，网络化办公为组织对外业务也提供了更好的服务。

网络化办公极大地提高了工作效率，减轻了员工的工作负担，降低了办公成本。实行网络化办公使得纸质文件大量减少，有效地提高了办公效率和质量，节省了大量的人力与物力。因此，现代办公人员必须重视网络办公知识的学习。

学习目标

❖ 熟练应用互联网的主要服务（浏览、下载、收发电子邮件）。
❖ 掌握聊天软件（包括文字识别功能）、下载软件、云盘工具、Foxmail 软件、压缩与解压工具的主要功能。

8.1　浏　览　信　息

Google Chrome 浏览器是由 Google 公司开发的网页浏览器。Google Chrome 浏览器拥有简约的界面，插件丰富，运行效率高，稳定性好，支持众多强大的扩展程序等优点，用户可以按照自己的喜好个性化定制浏览器。

1. Google Chrome 浏览器的基本使用

1）启动 Google Chrome 浏览器

下载并安装 Google Chrome 浏览器，双击 Google Chrome 图标（见图 8-1）即可进入 Google Chrome 浏览器。

2）认识 Google Chrome 浏览器窗口（见图 8-2）

图 8-1　Google Chrome 图标

- 地址栏：输入要浏览的网页地址。
- 选项卡：显示浏览器当前访问网页的标题。
- 新建选项卡：建立新的选项卡。
- 切换前后页：通过前后箭头，可切换浏览过的网页。
- 刷新：重新加载当前浏览的网页。
- 网页信息浏览区域：显示当前访问网页的内容。
- 当前用户：通过 Google 账户登录，可为浏览器设置不同角色以及个性化功能。
- 添加书签：类似于收藏夹，可将网页进行收藏，并通过书签管理功能进行书签管理。
- 自定义及控制 Google Chrome：浏览器常用的命令。

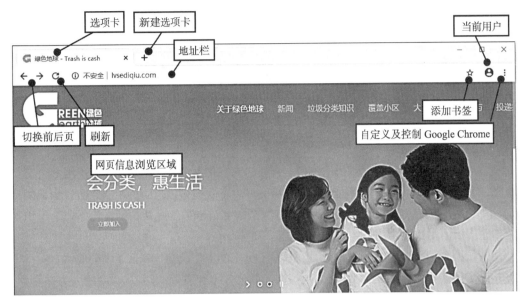

图 8-2　Google Chrome 浏览器窗口

2. Google Chrome 浏览器的使用技巧

1）查看版本

单击浏览器⋮按钮，即自定义及控制 Google Chrome。在菜单中单击"帮助"→"关于 Google Chrome"命令，查看浏览器版本等信息。

2）保存网页

单击浏览器的⋮按钮，在菜单中单击"更多工具"→"网页另存为"命令，则会弹出"另存为"对话框（见图 8-3）。"文件名"文本框为网页名称；"保存类型"下拉列表中提供 3 种保存方式：仅 HTML（保存网页中的文本和原有的格式）、单个文件（以.mhtml 为扩展名的一个文件，图片等内容完整）、全部（将页面中的所有元素，包括图片等都下载到本地，即最终保存结果是一个网页文件和一个以"网页文件名.files"为名的文件夹，文件夹中保存着网页用到的图片等资源）。单击"保存"按钮，即可将网页保存在本地指定位置，方便离线浏览。

3）"书签"的使用

Google Chrome 浏览器提供了书签功能，类似于其他浏览器的收藏功能，将喜欢的网页添加书签，便于快速访问网页。

单击"地址栏"中的☆按钮，则会弹出"修改书签"对话框（见图 8-4），单击"完成"按钮即可添加书签，此时"添加书签"按钮变为蓝色。

Google Chrome 对书签管理提供了更多的功能，单击浏览器的⋮按钮，在菜单中单击"书签"命令（见图 8-5）。"书签"菜单提供了添加书签、书签管理、显示书签栏以及导入书签等功能。

4）Google Chrome 浏览器设置

单击浏览器的⋮按钮，在菜单中单击"设置"命令，在"设置"页面左侧有"您与 Google""自动填充""安全检查""隐私设置和安全性""外观""搜索引擎""默认浏览器"等导航，通过各导航可对浏览器完成更细致、个性化的设置。以下通过"隐私设置与安全性"与"外观"选项详细介绍浏览器的设置。

单击"设置"页面左侧"隐私设置与安全性"选项，则在页面右侧显示"隐私设置与安全性"列表（见图 8-6）。"清除浏览数据"用于清空浏览器缓存空间、删除浏览历史记录和 Cookie 文件；"Cookie 及其他网站数据"用于设置 Cookie 的访问，加强浏览安全性；"安全"用于对浏览器进行全面的安全设置，包括浏览安全模式、安全级别等设置；"网站设置"用于设置浏览网站时显示的内容、调用本地资源的限权等。

图 8-3　网页"另存为"对话框

图 8-4　"修改书签"对话框

图 8-5　"书签"菜单

图 8-6　"隐私设置与安全性"列表

单击"外观"选项，则在页面左则显示"外观"列表（见图 8-7），用于设置浏览器显示外观。"主题背景"是通过 Chrome 网上应用店选择主题，添加至 Chrome 浏览器；"显示'主页'按钮"可通过划动按钮，在浏览器显示"主页"按钮，并可以设置主页打开的网站，选择"打开新的标签页"单选按钮或在输入框中输入自定义网址，如"http://www.qq.com"，在打开浏览器时显示主页页面；"显示书签栏"可通过划动按钮，在浏览器"地址栏"下方显示添加的书签，更便于浏览已添加书签的网站；"字号""自定义字体""网页缩放"用于设置浏览器字号、字体、页面大小。

图 8-7 "外观"窗口

5）扩展程序

Google Chrome 浏览器可通过添加扩展程序让浏览器拥有拦截广告、截屏、批量下载图片、翻译等强大功能。

单击浏览器的 ⋮ 按钮，单击"更多工具"菜单中的"扩展程序"命令或单击 ⋮ 按钮，单击"设置"菜单中的"扩展程序"命令，打开"扩展程序"窗口（见图8-8）。单击左侧的≡按钮，单击左侧下方"打开Chrome网上应用店"选项，添加所需要的扩展程序。如果无法打开"Chrome网上应用店"，可通过第三方插件网站下载并安装"google访问助手"扩展程序，实现"Chrome网上应用店"的访问。下载得到扩展名为.crx 文件后，可先尝试拖曳 .crx 文件到Chrome 浏览器进行安装。若 Chrome 禁止通过拖曳安装插件，可以使用开发者模式进行添加扩展程序。首先将 .crx 扩展名修改为.zip 或 .rar，并解压到文件夹中。打开"扩展程序"窗口，单击打开右上角的"开发者模式"，再单击"加载已解压的扩展程序"选项，加载解压文件放置的文件夹即可完成扩展程序的安装。

图 8-8 "扩展程序"窗口

Google Chrome 浏览器安装扩展程序后，在浏览器地址栏右侧显示 ✱ 按钮，单击后出现扩展程序管理窗口，可实现对扩展程序固定、移除、开启、关闭等操作。

6）搜索技巧

（1）使用逻辑运算符辅助查找。

较大的搜索引擎都支持使用逻辑运算符进行更复杂的搜索界定，常用的逻辑运算符有 AND 或 "+"（与）、OR（或）、NOT 或 "–"（非）及 NEAR（两个单词的靠近程度），合理使用逻辑运算符可以使结果更为精确。另外，也可以使用括号将逻辑运算符组合使用。

（2）有针对性地选择搜索引擎。

使用不同的搜索引擎进行查询得到的结果常有很大的差异，由于各搜索引擎的设计目的和发展走向存在着许多的不同，如京东（http://www.jd.com）是用于网上购物的搜索引擎，能够进行价格等多种因素的比较；百度（http://www.baidu.com）是综合搜索。

（3）使用双引号进行精准查找。

如果查找的是一个词组或多个汉字，可以将查找内容用双引号括起来，得到的结果最为精准。如在搜索引擎的查询框中输入 search engine，会比输入 search engine 得到更为精准的结果。

（4）逐步细化法。

对于一些关键字不太确定的资料查询十分有效。例如，百度（Baidu）把网上的各种资料归类整理，有休闲与运动、娱乐、健康与医药、艺术与人文等类别，在每一类别的链接进入后又分成很多小类，一层一层地进入链接，分类越来越细，查找的目标也越来越清晰。

（5）注意细节。

在互联网上进行查询时注意细节问题，可以增加搜索结果的准确性，如许多搜索引擎都区分字母的大小写。

8.2 网络信息交流

网络信息交流是以互联网作为交流分享的平台，综合利用网络载体，实现便捷的沟通交流。运用网络论坛（BBS）、E-mail、QQ（群）、博客（BLOG）等网络交流平台，提高交流的广泛性，最大限度地实现网络信息的传递与价值。

1. 腾讯 QQ

腾讯 QQ 简称 QQ，是一款基于互联网即时通信软件。QQ 支持在线聊天、视频聊天以及语音聊天、点对点断点续传文件、共享文件、网络硬盘、自定义面板、远程控制、QQ 邮箱、传送离线文件等多种功能。

1）申请 QQ 号码

下载安装 QQ 软件后，首先需要注册 QQ 号码，然后才能登录，实现与他人的即时通信。

启动腾讯 QQ 软件，打开腾讯 QQ 用户登录界面（见图 8-9）。单击"注册账号"，即可打开申请 QQ 账号网页，其中提供了多种申请 QQ 号码的方法。进入申请界面，按照要求填写昵称、登录密码以及注册手机号码，并勾选"我阅读并已同意相关服务条款"选项。单击"立即注册"按钮，根据注册向导完成相关设置，即可完成申请 QQ 号。

图 8-9　QQ 登录界面

在手机版 QQ 登录界面，点击"新用户注册"，根据注册向导完成相关信息输入，即可完成申请 QQ 号。

2）登录 QQ

获得 QQ 号码后，即可登录 QQ（见图 8-10），在 QQ 用户登录界面中输入 QQ 号码和密码，单击"登录"按钮。勾选"自动登录"与"记住密码"复选框，则在启动计算机后自动登录 QQ。单击登录头像右下方的"状态"按钮可以设置上线后的状态，如隐身、忙碌、离开或在线等。

QQ 提供了更为安全的登录的方式（见图 8-11）。在手机端登录后，点击左上方"登录头像"，点击"设置"→"账号安全"→"登录保护"。

图 8-10　输入 QQ 号码和密码

图 8-11　QQ 设置

进入到"开启登录保护"的页面,点击"开启保护",进入到设置密码手机页面,输入手机号码,点击"下一步",进入到验证手机号码页面,在页面上获取并输入验证码,点击"确定"。密保手机设置成功后,设备锁功能也相应开通。完成手机验证后,即可开通登录保护功能。登录保护功能开通后,在不常用的手机上首次登录QQ时,需要使用密保手机接收验证码短信,才能完成登录。

在计算机上第一次登录QQ时需要手机QQ扫描二维码(见图8-12),以防止非授权登录操作,在手机端登录QQ,点击QQ界面上的"扫一扫"扫描计算机上的二维码即可登录。此时,将提供"允许登录QQ"与"仅临时登录一次"两种选择方式。

图 8-12 扫描二维码登录

3)添加好友

登录QQ后,打开QQ主面板,选择"联系人"选项卡,单击"+"按钮,选择"添加好友"。在"查找"选项卡,可根据具体需求选择"找人"选项卡,输入要查找QQ的相关信息,如QQ号码、昵称等,单击"查找"。

QQ显示查找结果,单击列表中需要添加对象的"+好友",待对方通过验证后,将显示在QQ联系人面板上,添加为好友,即可进行即时消息通信。此外,QQ还提供"找群""找课程""找服务"的查找服务。

4)QQ基本操作

在联系人选项中,选择要进行交流的好友,即可进行即时消息通信。QQ即时消息功能包括文字消息聊天、文件传输、传情动漫、闪屏振动及语音通讯、视频通讯、远程控制等(见图 8-13)。

5)移动端QQ给计算机发送文件

登录移动端QQ,点击登录头像,选择"我的文件",切换到"我的文件"窗口,点击 按钮→"传文件到电脑",选择需要发送的文件,点击"发送",即可在计算机端接收文件。如果没有收到文件,在计算机端QQ打开"联系人"→"我的设备"进行查看(见图 8-14)。

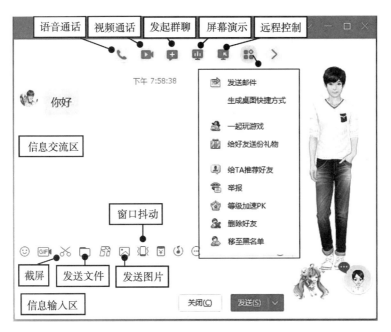

图 8-13 QQ 通信窗口

2. 微云

微云是腾讯公司为用户精心打造的一个集合了文件同步、备份和分享功能的云存储应用,用户可以通过微云方便地在多设备之间同步文件、推送照片和传输数据等。普通用户享有免费的 10GB 存储空间。

在计算机端单击 QQ 主面板左下方"主菜单",单击"文件助手"(见图 8-15)。

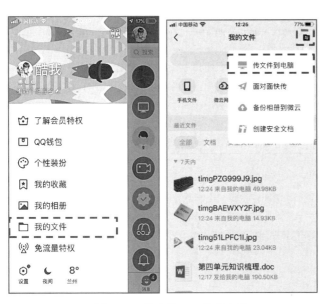

图 8-14 移动端 QQ 传送文件

图 8-15 登录 QQ 微云

在"文件助手"窗口,单击"微云文件",再单击右下角"查看全部微云文件"选项,进入"微云"窗口(见图 8-16)。

在网络的环境下,通过"微云"窗口可以上传或下载文件(见图 8-17)。

图 8-16　登录微云

图 8-17　"微云"窗口

8.3　电子邮箱的申请与收发邮件

电子邮件（E-mail）也称为"伊妹儿"，是一种用电子手段提供信息交流的通信方式。电子邮件可以是文字、图像、声音等多种形式。用户还可以得到大量免费的新闻、专题邮件，并实现轻松的信息搜索。电子邮件的存在极大地方便了用户之间的沟通与交流，促进了社会的发展。

1. 电子邮箱的申请

提供邮箱服务的平台较多，如 QQ 邮箱、163 邮箱等，以 163 邮箱为例，详细介绍电子邮件的各功能。

（1）通过浏览器进入 163 邮箱网址 http://mail.163.com（见图 8-18）。单击"注册新账号"链接注册邮箱。

图 8-18　163 邮箱登录页面

（2）进入电子邮箱注册页面，网站提供两种邮箱注册方式，即"注册免费邮箱"和"注册 VIP 邮箱"。单击"注册免费邮箱"选项，按钮，依次填写邮箱地址、密码、手机号码等注册信息，单击"立即注册"按钮（见图 8-19）。

（3）输入验证码，单击"提交"按钮，就完成电子邮箱的注册。电子邮箱格式为登录名@域名，如 xiaoming@163.com，其中 xiaoming 为用户名，命名必须为唯一；163.com 为电子邮箱的服务器域名，它还可以是域名或十进制数字表示的 IP 地址；@为用户名和邮箱服务器地址的分隔符，应用中表示"在"（at）的意思，即"某用户"在"某服务器"；整体表示为登录名是 xiaoming 的 163 电子邮箱。

2. 网页版收发邮件

1）发送电子邮件

（1）在浏览器地址栏输入 http://mail.163.com，进入 163 邮箱服务网站，输入"电子邮箱地址"与"密码"，单击"登录"按钮。

（2）进入"电子邮箱"窗口，单击左侧"写信"（见图 8-20）。

图 8-19　163 邮箱注册页面

图 8-20　电子邮箱页面

进入"写信"窗口，如图 8-21 所示，在"收件人"栏输入对方的邮箱地址或在通讯录里选择收件人；在"主题"栏输入邮件的主题，主题方便收件人查找、阅读邮件；在"正文"区域输入邮件内容；单击"发送"按钮即可完成邮件发送。若在邮件中发送文档、音视频等文件，单击"添加附件"，在弹出的"打开"对话框中选择要发送的文件。

注意事项

发送电子邮件

　　主题。电子邮件主题体现出邮件内容的精华。电子邮件主题的字数应保持在一定合理范围内，既能反映出较为重要的信息，又不至于过长。

　　称呼与结束语。注意电子邮件的礼仪和规范，电子邮件的开头要恰当称呼收件人，结尾最好有结束语。

正文。正文要求语言得体、内容清晰，行文通顺。

附件。如果电子邮件带有附件，应在正文里面提示收件人查看附件；附件文件应按有意义的名字命名，最好能够概括附件的内容，方便收件人下载后管理；正文中应对附件内容做简要说明，特别是带有多个附件时；附件数目不宜超过4个，数目较多时应压缩成一个文件；如果附件是特殊格式文件，应在正文中说明打开方式，以免影响使用；如果附件过大，可以通过压缩工具分割成几个小文件分别发送。

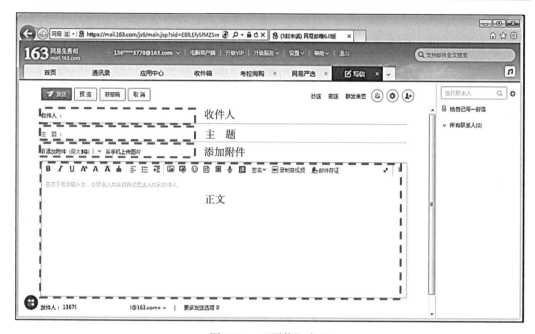

图 8-21 "写信"窗口

2）查收电子邮件

单击电子邮箱首页左侧"收信"或"收件箱"按钮，即可查看所收到的邮件。

在"草稿箱"选项中可查看保存的邮件草稿。在"已发送"选项中，可查看已经发送的邮件。

3. Foxmail 收发邮件

Foxmail 邮件客户端软件，是中国最著名的软件产品之一，中文版使用人数超过 400 万，英文版的用户遍布 20 多个国家，列名"十大国产软件"。Foxmail 通过和 U 盘的授权捆绑形成了安全邮、随身邮等一系列产品。2005 年 3 月 16 日被腾讯公司收购，目前为止已经发展到 Foxmail7.2.17 版本。下面以 Foxmail7.2.17 为例，详细介绍各功能的使用。

（1）在浏览器地址栏输入 https://www.foxmail.com，下载并安装 Foxmail。打开 Foxmail 客户端软件（见图 8-22）。

（2）根据设置向导进行 Foxmail 的设置。在"E-mail 地址"文本框中输入已申请的电子邮箱地址；"密码"文本框中输入密码（见图 8-23）。单击"创建"按钮即可设置成功。若提示"邮箱地址或密码错误"，则在浏览器上进入邮箱管理界面，单击邮箱"设置"，选择"POP3/SMTP/IMAP"选项，确认"POP3/SMTP 服务"和"IMAP/SMTP 服务"已启动（见

图 8-24），启动服务过程需要通过手机号码验证完成。

完成服务启动后，在此页面向下拖动导航条找到"客户端授权密码"，选择"开启"客户端授权码，此过程需要通过手机号码验证完成。开启后系统会自动分配一个授权密码，注意，授权码只显示一次，单击"新增授权码"可添加新授权码（见图 8-25）。

图 8-22　选择邮箱服务器

图 8-23　输入 E-mail 地址和密码

图 8-24　开启 POP3/SMTP/IMAP 服务

图 8-25　开启客户端授权码

（3）再次打开 Foxmail 客户端，分别在"E-mail 地址"文本框输入已申请的电子邮箱地址；"密码"文本框输入该邮箱的客户端授权码。单击"创建"按钮即可设置成功，单击"完成"按钮进入 Foxmail 主窗口。

（4）添加账号。单击 Foxmail 窗口右上角的 按钮，在下拉菜单中单击"账号管理"选项的"新建"命令，根据引导新建账号即可（见图 8-26）。

图 8-26　账号管理

如果需要设置邮件收取协议，则单击"手动设置"，根据所在邮箱的相关引导进行设置。

在 Foxmail 主窗口左下侧，单击 按钮，在地址簿界面选中邮箱账号右击，在快捷菜单中单击"编辑成员"，即可对相应的地址簿成员进行编辑操作，并可以通过"新建组"对邮件地址进行分类管理（见图 8-27）。

图 8-27　"编辑成员"命令

在 Foxmail 主窗口左下侧，单击 ![1] 按钮，可选择具体日期进行"新建事务""发起会议"等操作（见图 8-28）。

图 8-28　日程设置

Foxmail 还提供"写邮件""收件""分别发送""定时发送""批量下载附件"和"邮件加密"等功能。

8.4　下 载 工 具

下载工具是一种可以更快地从互联网上下载软件、文本、图像、视频、音频、动画等信息资源的软件。迅雷是一款下载软件，支持同时下载多个文件，支持 BT、电驴文件下载。迅雷使用先进的超线程技术基于网格原理，能够将存在于第三方服务器和计算机上的数据文件进行有效整合，通过这种先进的超线程技术，用户能够以更快的速度从第三方服务器和计算机获取所需的数据文件。

这种超线程技术还具有互联网下载负载均衡功能，在不降低用户体验的前提下，迅雷网络可以对服务器资源进行均衡，有效降低了服务器负载。

1. 安装迅雷

在浏览器地址栏输入 https://www.xunlei.com，下载并安装迅雷。打开软件安装包，根据安装向导后即可安装。默认情况下"同意《用户许可协议》"已被选中，推荐软件用户可选择性勾选，单击"开始安装"按钮进行安装（见图 8-29）。

安装成功后，出现"迅雷"主窗口（见图 8-30）。此时会弹出会员登录窗口，迅雷为付费会员提供更快的下载速度。

2. 迅雷的基本操作

1）右击下载

登录到下载页面，右击下载地址链接，在弹出的快捷菜单中单击"使用迅雷下载"命令（见图 8-31）。

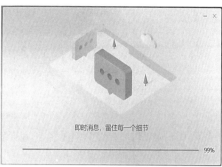

图 8-29　安装迅雷

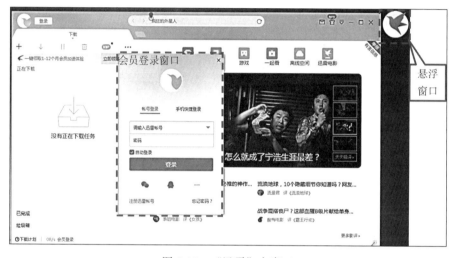

图 8-30　"迅雷"主窗口

图 8-31　邮件地址管理

此时会弹出新建下载任务窗口,"F:\迅雷下载"为默认下载目录,用户可通过"浏览目录"自行更改文件下载目录,单击"立即下载"按钮(见图 8-32)。

图 8-32　下载任务窗口

此时在左侧"正在下载"区域会看到正在下载文件的信息，下载完成后的文件会显示在左侧"已完成"的目录里（见图 8-33）。

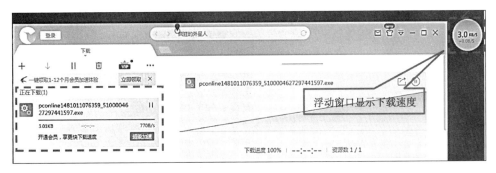

图 8-33　下载窗口

2）直接下载

如果已知文件下载的绝对地址，如 https://dlc2.pconline.com.cn/ /pconline1481011076359_5100004627297441597.exe，可以复制下载地址，再单击迅雷主界面上的"＋"按钮，即"新建任务"，将出现"添加下载链接"窗口，粘贴至添加下载链接区域（见图 8-34）。此时，将出现"新建下载任务"对话框，单击"立即下载"按钮（见图 8-35）。

图 8-34　日程设置

图 8-35　新建下载任务

8.5 百度网盘

百度网盘是百度推出的一项云存储服务,首次注册即可获得 2TB 的空间,已覆盖主流计算机和手机操作系统,包含 Web 版、Windows 版、Mac 版、Android 版、iPhone 版和 Windows Phone 版。用户可以轻松将文件上传到网盘上,并可跨终端随时随地查看、下载与分享。

1. 安装

在浏览器地址栏中输入 http://pan.baidu.com,下载并安装百度网盘 PC 版客户端(见图 8-36)。

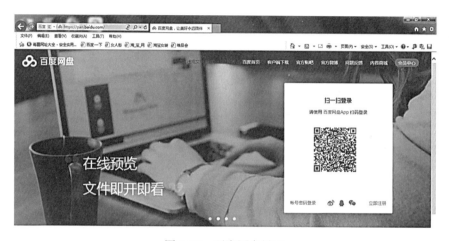

图 8-36 百度网盘界面

2. 注册

打开百度网盘单击"注册账号"(见图 8-37)。在"注册百度账号"界面根据申请向导,输入手机号码和密码,并勾选"阅读并接受《百度用户协议》及《百度隐私权保护声明》"复选框,单击"获取短信验证码"按钮,输入验证码,单击"注册"按钮(见图 8-38)。

图 8-37 注册百度网盘

图 8-38 登录百度网盘

注册成功后，在登录页面输入手机号码与密码，单击"登录"按钮。勾选"记住密码""自动登录"复选框，可方便下次快捷登录，但存在安全隐患。

3. 文件上传与下载

1）文件上传

登录百度网盘后，单击百度网盘主窗口"我的网盘"，单击"上传"，在弹出的"请选择文件与文件夹"对话框，选择要上传的文件或文件夹，单击"存入百度网盘"，文件上传。还可以直接将选择的文件或文件夹，拖曳至"拖拽上传"浮动窗口，完成文件上传（见图 8-39）。上传过程中可以在"百度网盘"主窗口的"传输列表"中的"正在上传"查看上传文件。

2）文件下载

登录百度网盘后，单击"我的网盘"，并在文件区域勾选所要下载的文件或文件夹，单击工具栏中的"下载"或通过右击，在快捷菜单中单击"下载"。在弹出的"设置下载存储路径"对话框中，通过"浏览"设置存储目录，单击"下载"即可开始下载。

在百度网盘的"传输列表"选项卡中，可查看"正在下载""传输完成"的文件（见图 8-40）。

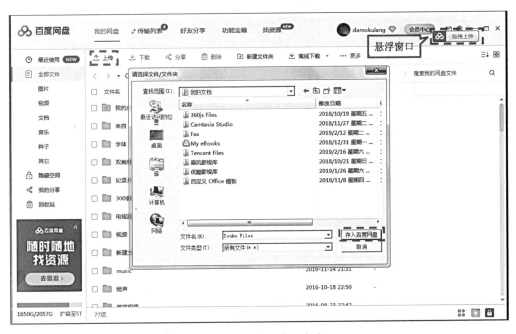

图 8-39 "百度网盘"主窗口

4. 分享与离线下载

1）分享文件

在"我的网盘"文件区域勾选所要分享的文件或文件夹，单击工具栏中的"分享"或通过右击，在弹出的快捷菜单中单击"分享"（见图 8-41）。

在弹出的"分享文件"对话框中设置"分享形式""有效期"，单击"创建链接"按钮（见图 8-42）。

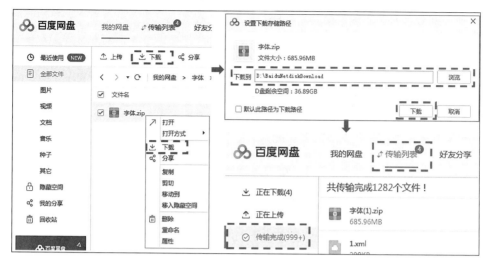

图 8-40 添加下载链接

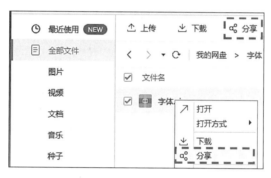

图 8-41 网盘共享文件

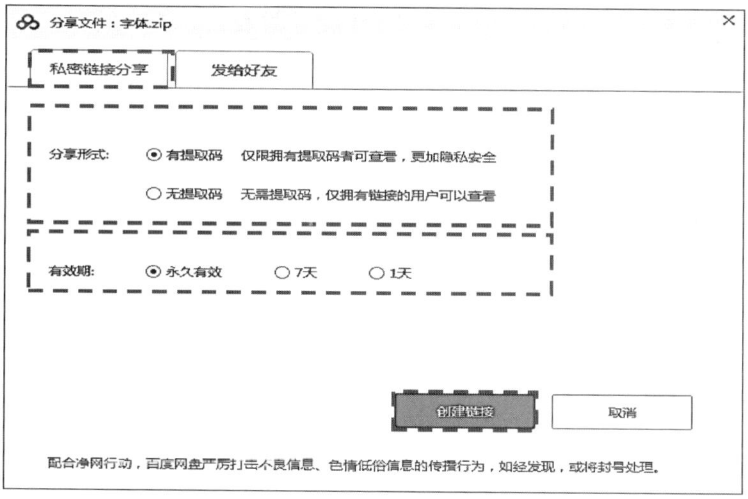

图 8-42 设置共享文件

此时,分享文件将生成"链接"与"提取码",将"链接"与"提取码"或含有提取码的二维码发送给需要下载的其他用户(见图 8-43),则可以通过百度网盘下载文件。将其他用户添加为网盘好友,实现更多共享功能。

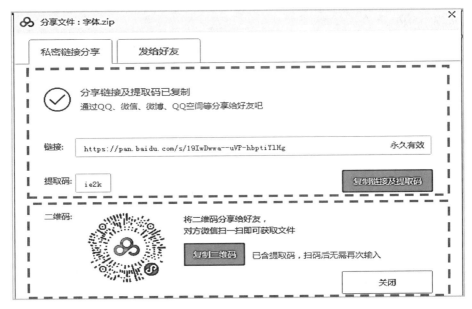

图 8-43 分享链接、提取码

2)下载共享文件

在浏览器地址栏输入文件链接,按 Enter 键。在文件下载提取页面输入"提取码",单击"提取文件"按钮(见图 8-44),即可开始下载。

在文件下载页面,单击"保存至网盘"按钮,在弹出的页面中,通过百度网盘 App(手机端软件)扫描登录或通过"账号密码登录"即可登录(见图 8-45)。

登录后单击"保存到网盘"按钮,将文件保存至网盘进行下载,或单击"下载"按钮可直接下载(见图 8-46)。

图 8-44 网盘共享文件下载登录页面

图 8-45 通过扫一扫登录百度网盘

图 8-46　百度网盘下载页面

 注意事项

"保存到网盘"与"下载"的区别

将分享的文件"保存到网盘"是将文件保存到网盘中;"下载"则是将文件下载至本地磁盘。

8.6　利用 QQ、微信实现文字识别

手机版 QQ、微信在日常生活中的应用十分广泛,不仅可以实时通信、网络支付等功能,而且在办公中也有一定的用途,以下分别介绍通过 QQ、微信小程序实现从图片中识别文字,并对识别文字进行传送、编辑的方法。

1. QQ 识别文字

(1)打开手机 QQ 客户端,进入 QQ 主窗口。

打开需要发送信息的好友对话框,点击下方的"图片"图标,选择需要识别的图片,单击"发送"按钮(见图 8-47)。

(2)点击"已发送的图片",图片将变大,长按图片,选择"提取图中文字"选项即可(见图 8-48)。

(3)点击"提取文字"窗口右上角的按钮,则弹出"发送到"窗口,选择需要传送给的设备或好友,点击"发送"按钮即可将识取的文字传送(见图 8-49)。

点击下方的"裁剪图片"选项,可对图片需要提取文字的区域进行裁剪保留,点击"完成"按钮,即可对目标区域提取(见图 8-50)。点击"翻译"选项,可对识别的文字进行翻译(见图 8-51)。

2. 微信小程序——传图识字

打开微信选择底部的"发现"选项卡,点击"小程序"选项(见图 8-52)。

在小程序窗口的"搜索小程序"栏输入"传图识字",点击搜索到的"传图识字",进入传图识字小程序;如果已使用过"传图识字"小程序,则可以在最近使用的小程序中找到传图识字。

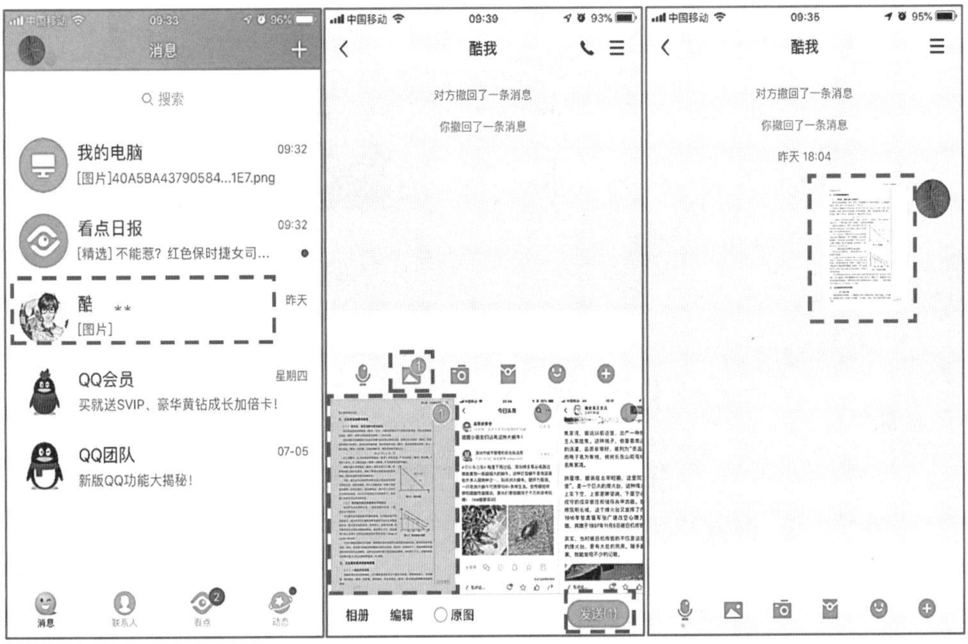

图 8-47 选择好友发送图片

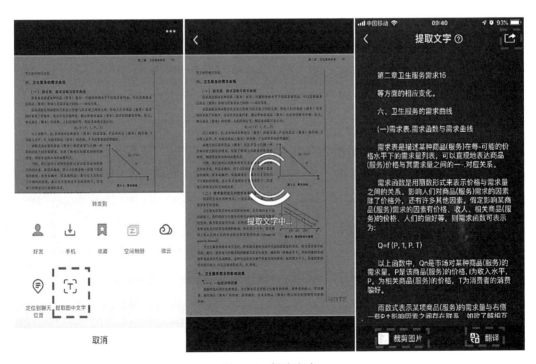

图 8-48 提取文字

图 8-49　发送提取文字　　图 8-50　裁剪提取图片　　图 8-51　翻译提取文字

图 8-52　传图识字

进入传图识字小程序后，将手机水平对准需要识别的区域，点击"开始拍摄"或"从相册选择"已拍好的照片，如图 8-53 所示。待识别完成后，选择所需文字的识别框。

被选择的识别框，将变为棕色，文字出现在下面的黑色区域。可对文字进行"复制文字""全选""涂抹选词""编辑/翻译""导出/转发"操作。

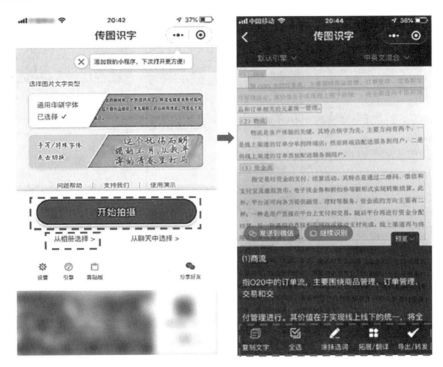

图 8-53 "识别文字"

8.7 文件的压缩与解压缩

将较大的原始文件通过压缩软件,压缩成一个占用空间较小的文件,称为压缩文件。压缩文件可以节省磁盘空间;可以将多个文件压缩成一个压缩文件,方便发送邮件;可以将一个大文件分解压缩成多个小压缩文件,方便文件的操作;在形成压缩文件的时候添加解压密码,实现对文件的压缩保密保护。解压缩是压缩的反过程,是通过软件将压缩文件恢复到压缩之前的形式。

文件的压缩与解压缩工具较多,WinRAR 是一款流行好用且功能强大的压缩工具,它能压缩原始文件生成压缩文件,解压 RAR、ZIP 和其他格式的压缩文件,并能创建 RAR 和 ZIP 格式的压缩文件。

1. 压缩文件

使用 WinRAR 压缩文件时,并不需要先启动 WinRAR,相关命令会显示在文件的右键快捷菜单中,选择所需的压缩命令即可按指定方式对文件进行压缩。压缩文件有以下 3 种方法。

(1) 选择需要压缩的文件,右击,在快捷菜单中单击"添加到压缩文件"选项(见图 8-54),弹出的"压缩文件名和参数"对话框(见图 8-55)。如果无其他要求,单击"确定"按钮,则在同一个目录下生成文件压缩包。

在压缩文件时还可通过"压缩文件格式""压缩方式"修改压缩格式与方式,在"压缩分卷大小,字节"下拉列表中选择分卷大小,将一个大文件分割为多个文件。通过"设置密码"可为压缩文件添加密码。

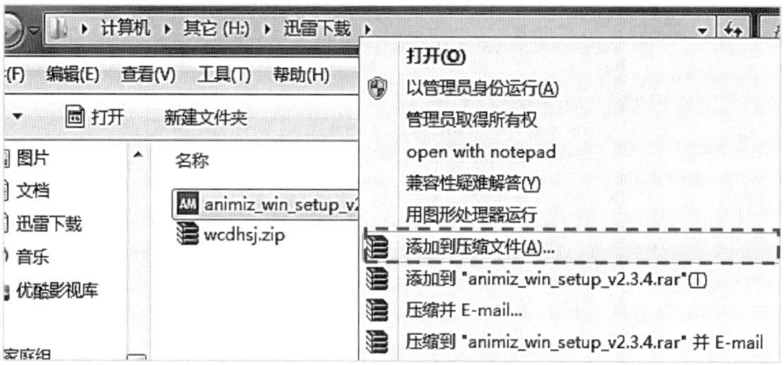

图 8-54 添加到压缩文件

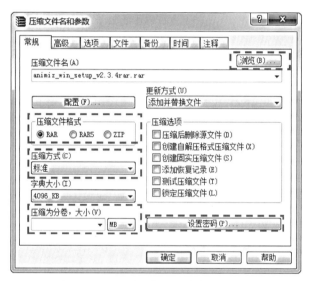

图 8-55 "压缩文件名和参数"选项卡

- "压缩文件格式"用于指定要生成的压缩文件格式。WinRAR 默认生成压缩文件格式为 RAR 文件，也可选择 ZIP、RAR5。
- "压缩方式"用于指定压缩方式。此处设置将影响到生成的压缩文件的大小与速度。
- "压缩为分卷，大小"用于指定分卷压缩时分卷的大小，单位为字节。该功能具有分割文件的作用，可以将大文件分割为指定分卷大小的多个文件。
- "设置密码"为压缩文件添加密码。
- "浏览"选择压缩文件放置的目录。

（2）选择需要压缩的文件，右击，在弹出的快捷菜单中单击"添加到 "***.rar""选项（见图 8-56）。

此时，开始压缩文件，待压缩过程结束后，在被压缩文件的同一目录下将出现压缩文件。

（3）打开 WinRAR 软件，通过文件地址栏打开需要压缩的原始文件的目录。选择具体文件，单击选择工具栏中的"添加"按钮（见图 8-57）。

在弹出的"压缩文件名和参数"对话框中设置相应的选项后，单击"确定"按钮，开始进行文件压缩。

图 8-56　正在创建压缩文件

图 8-57　翻译提取文字

2. 解压文件

解压缩文件有以下两种方法。

（1）右击压缩文件，在快捷菜单中单击"用 WinRAR 打开""解压文件""解压到当前文件夹"选项均可实现文件的解压（见图 8-58）。

- 单击"用 WinRAR 打开"选项，将弹出 WinRAR 主窗口，单击"解压到"按钮（见图 8-59），弹出"解压路径和选项"对话框，"目标路径"已有默认地址，单击"确定"按钮，文件将压缩到默认地址目录或通过"显示"与"新建文件夹"，将解压后的文件放置在指定地址（见图 8-60）。

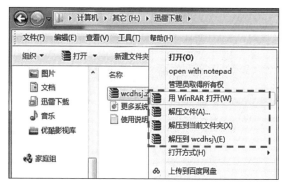

图 8-58　右键快捷菜单

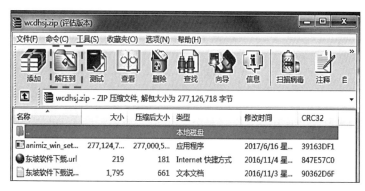

图 8-59　WinRAR 主窗口

图 8-60　"解压路径和选项"对话框

- 单击"解压文件"选项,弹出"解压路径和选项"对话框,其他操作同上。
- 单击"解压到当前文件夹"选项,弹出文件提取对话框,待提取完成了,被解压的文件与压缩文件出现在同一目录中(见图 8-61)。

（2）双击需要解压的压缩文件，将弹出 WinRAR 主窗口，单击"解压到"按钮，在弹出的"解压路径和选项"对话框中选择"目标路径"后，单击"确定"按钮完成解压文件。

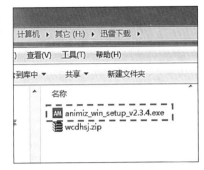

图 8-61　提取文件

8.8　腾讯文档

腾讯文档是腾讯公司推出的一款多人在线协作办公软件，用户可通过腾讯文档 App、QQ、TIM、微信、腾讯文档网页版等平台打开腾讯文档软件，利用 QQ、微信身份登录后，便可以多人同时编辑同一文档，并且文档实时自动保存。腾讯文档的使用不受平台与设备限制，用户可以在 PC、Mac、iOS、Android、iPad 等平台与设备终端使用。用户可以将文档同步分享给 QQ 或微信好友，为用户设置不同权限，修改动作将实时同步到全部平台，并可查看历史修订记录。

目前，腾讯文档支持 Word、Excel、PPT、PDF 格式，未来将加入更多文件格式。腾讯文档还提供微软 Word、Excel、PPT 本地文档导入转换为在线文档的功能，方便用户将本地文档转换为在线文档使用。

1. 腾讯文档基本知识

1）腾讯文档网页版

打开浏览器，通过百度搜索"腾讯文档"，单击"腾讯文档"的相关链接或在浏览器地址栏中输入网址 http://docs.qq.com，即可进入"腾讯文档"官方网站（见图 8-62）。

图 8-62　"腾讯文档"官方网站

单击"立即使用"按钮,则进入登录页面(见图8-63),通过QQ、微信与企业微信扫描二维码可进入腾讯文档。

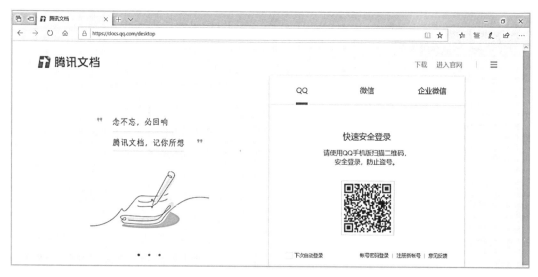

图8-63 "腾讯文档"登录页面

2)腾讯文档窗口介绍

进入"腾讯文档",主窗口分为左右两个区域,右侧区域为"我的文档",是最近浏览的文档与在线协作实用模板;左侧区域主要有"新建""在线办公/教育""我的文档""最近浏览""与我共享""星标文档"和"回收站"(见图8-64)。

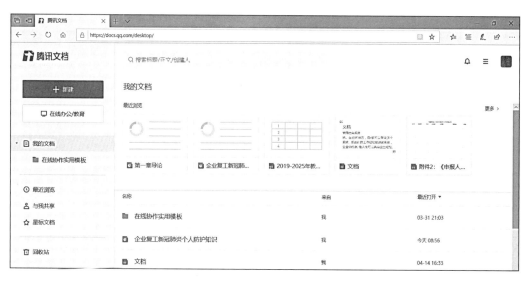

图8-64 "腾讯文档"主窗口

- "新建"包括"在线文档""在线表格""在线幻灯片""在线收集表""新建文件夹"和"导入本地文件"的相关选项。

- "在线办公/教育"提供办公与教育相关文档的模板。
- "我的文档"为使用过的文件与最近浏览的文件。
- "在线协作实用模板"提供在线文档的模板。
- "最近浏览"为最近浏览或使用过的文档。
- "与我共享"是与其他用户共享我的文档。
- "星标文档"对重要的文档,通过右击文档后选择"添加星标",或单击"腾讯文档"左侧的"星标文档"选项,则在右窗口出现被添加了星标的文档。
- "回收站"用于放置被删除的文档,可以通过右击相应的文档进行"还原"或"彻底删除"。

2. 新建在线文档

在"腾讯文档"主窗口,单击左侧的"＋新建"选项,在弹出的菜单中单击"在线文档"选项(见图8-65)。

进入"模板库"窗口(见图8-66),单击"常用"区域的"＋空白"选项,进入类似 Word 操作界面的文档编辑窗口,即可创建文档;也可以选择模板来创建文档。在编辑完文档后,单击右上角的"分享"选项,从弹出的"分享在线文档"窗口选择共享方式(见图8-67)。

图 8-65 "新建"菜单

图 8-66 "模板库"窗口

图 8-67 "分享在线文档"窗口

腾讯文档提供了 QQ、微信、复制链接、生成二维码与生成图片,并可对用户设置"查看"或"编辑"权限。"在线表格""在线幻灯片""在线收集表"的制作、分享方式与"在线文档"操作类似。在完成分享后,其他用户可以根据自己的权限对文档进行在线查看或编辑等操作。

3. 其他方式打开腾讯文档

不同平台的腾讯文档的界面与使用方式类似，下面主要讲述不同平台打开腾讯文档的基本步骤。

1）腾讯文档 App

在浏览器地址栏中输入 http://docs.qq.com，进入腾讯文档官方网站，单击页面"免费下载"选项，进入下载页面，"腾讯文档"提供了"Windows 版""iOS 版"与"Andiord 版"3 种平台的 App。用户可在 PC 端、手机、平板计算机上安装使用，安装后双击"腾讯文档"图标，通过身份认证后即可进入腾讯文档主窗口。

2）QQ 打开腾讯文档

在 PC 端打开 QQ 程序，单击 QQ 面板下方的"🔳"图标，即可打开腾讯文档（见图 8-68）。

在手机端打开 QQ 应用，点击左上角的"用户头像"图标调出 QQ 侧边栏（见图 8-69），点击"我的文件"→"安全文档"选项（见图 8-70），即可进入"腾讯文档"；点击窗口右下方➕图标，可以看到新建在线文档、在线表格等选项。

图 8-68　QQ 窗口　　图 8-69　"移动版 QQ"侧边栏　　图 8-70　"安全文档"选项

3）微信打开腾讯文档

打开微信，点击窗口下方"发现"→"小程序"选项（见图 8-71），在搜索栏中输入"腾讯文档"，在搜索完成后，则会在搜索区域看到腾讯文档（见图 8-72），点击"腾讯文档"，即可打开"腾讯文档"。点击窗口右下方➕图标，可以看到新建在线文档、在线表格等选项。

图 8-71　"小程序"选项　　　　图 8-72　"腾讯文档"小程序

思考题

1. 简述如何为 Google Chrome 浏览器设置主页。
2. 简述百度云盘如何共享文件。
3. 简述如何通过电子邮箱服务网站申请电子邮箱。
4. 简述如何通过 QQ 实现图片的文字识别。

上机练习

1. 通过 QQ 微云上传与下载文件。
2. 使用 Foxmail 设置电子邮件账户。
3. 写电子邮件，为邮件添加附件并完成邮件的发送。

第 9 章　办公无线网络的组建与配置

随着网络技术与计算机技术的发展，网络化、无纸化、云处理已成为现代办公的一种趋势，这就需要组建一个经济、实用、多功能、易升级的现代化办公网络。办公网络化主要具有以下优势。资源共享，提供方便的软硬件资源共享，尤其是在数据资源方面更显突出；合作便捷，办公室内工作通常需要大家的交流合作，网络将搭建跨越时空限制的虚拟办公平台；规范管理，办公网络化便于单位内部管理与协调工作，落实规范化管理，促进业务流程再造，提高工作效率。目前，大多数的局域网主干线路以有线的方式构架，但为了使用更加方便灵活、便捷、降低成本，客户接入端无线局域网的应用十分广泛。

学习目标
- ❖ 掌握无线局域网的概念，熟悉常见无线局域网的组网设备。
- ❖ 掌握无线局域网的组网与配置。

9.1　无线局域网的硬件设备

网络是现代办公不可缺少的组成部分，有线网络在布线与信号接入等方面的局限，使得办公环境经常变动的组织常常感到不便。随着无线网络技术的发展以及移动终端设备与 App 的功能日益强大，无线网络在现代办公中的应用更为广泛。

无线局域网的基本组成包括计算机、移动终端、传输介质、网络适配器和连接设备等。

9.1.1　网卡

计算机与外界局域网的连接是通过主机箱内插入网络接口板或者是在笔记本计算机中插入 PCMCIA 卡实现的。网络接口板又称网络适配器（Network Adapter）或网络接口卡（Network Interface Card, NIC），简称"网卡"。

网卡上面装有处理器和存储器（包括 RAM 和 ROM）。网卡是工作在数据链路层的网络组件，是局域网中连接计算机和传输介质的接口，不仅能实现与局域网传输介质之间的物理连接和电信号匹配，还涉及帧的发送与接收、帧的封装与拆封、介质访问控制、数据的编码与解码以及数据缓存的功能等。

网卡（见图 9-1）是连接网线使用的网卡。常用的网卡速率有 10Mb/s、100Mb/s、1000Mb/s。

无线网卡（见图 9-2）不需要连接网线而连接无线信号使用网络功能。细分有无线上网卡、无线局域网卡等。

无线上网卡（见图 9-3）是指无线广域网卡，连接到无线广域网。无线上网卡的作用、相当于无线的调制解调器。使用像优盘一样的无线设备连接无线网络，需要使用 SIM 卡连接到互联网。

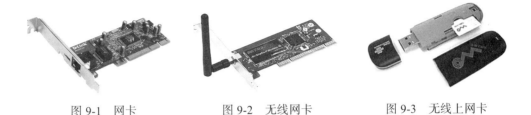

图 9-1　网卡　　　　　图 9-2　无线网卡　　　　　图 9-3　无线上网卡

9.1.2　调制解调器

调制解调器（Modem）是 Modulator（调制器）与 Demodulator（解调器）的简称，中文称为调制解调器（见图 9-4 和图 9-5）。根据 Modem 的谐音，又称之为"猫"。计算机内的信息是由"0"和"1"组成的数字信号，而在电话线传递的却只能是模拟信号。当两台计算机要通过电话线进行数据传输时，就需要调制解调器进行数模转换。计算机在发送数据时，先由 Modem 把数字信号转换为相应的模拟信号，这个过程称为"调制"。经过调制的信号通过电话载波传送到另一台计算机之前，也要经由接收方的 Modem 负责把模拟信号还原为计算机能识别的数字信号，这个过程称为"解调"。通过这"调制"与"解调"的数模转换过程，实现两台计算机之间的远程通信。

图 9-4　调制解调器（正面）　　　　图 9-5　调制解调器（背面）

随着光纤技术的发展，光调制解调器的正在被大量使用。光调制解调器也称为单端口光端机，是一种类似于基带调制解调器的设备，和基带调制解调器不同的是接入光纤专线的光信号。

9.1.3　路由器

路由器（Router）是连接因特网中各局域网、广域网的设备，根据信道的情况自动选择和设定路由，以最佳路径按前后顺序发送信号。路由器是组建办公或家庭局域网的网络设备，它是一个集共享接入网关、防火墙和交换机于一身，性能相对强大，具备完善的网络服务功能的设备。宽带路由器一般有一个广域网（WAN）端口，数个局域网（LAN）端口，不需要另外配置服务器和交换机。

路由器根据连接方式，分为有线路由器（见图 9-6）和无线路由器（见图 9-7）。无线路由器带有 WiFi 功能，用户设备可以通过 WiFi 接入路由器的局域网内上网。大部分无线路由器自身也带有 LAN 接口，也支持设备通过网线连接至路由器。此外，随着光纤接入技术的日益普及，光纤路由器正在成为主流产品。

图 9-6　路由器　　　　　　　　图 9-7　无线路由器

9.1.4　网线

网线是连接局域网必不可少的传输介质，在局域网中常见的网线主要有双绞线、同轴电缆、光缆三种。

1. 双绞线

双绞线（见图 9-8）是目前在局域网中使用频率较高的一种网线。其基本结构由两条相互绝缘的铜线相互缠绕组成，铜线直径为 1mm，两根铜线相互缠绕是为防止其电磁感应在邻近线对中产生干扰信号。网络中所使用的双绞线电缆中包含 4 对双绞线，具体为白橙 1/橙 2、白绿 3/绿 6、蓝 4/白蓝 5、白棕 7/棕 8。计算机网络使用 1/2、3/6 两组线对分别来发送和接收数据。双绞线的接头是具有国际标准的 RJ-45 接头（见图 9-9）和插座，其接头俗称"水晶头"。

图 9-8　双绞线　　　　　　　　图 9-9　RJ-45 接头

从对网络环境的屏蔽要求来说，双绞线分为非屏蔽双绞线（UTP）和屏蔽双绞线（STP）。非屏蔽双绞线（UTP）有线缆外皮作为屏蔽层，适用于网络流量不大的场合。屏蔽式双绞线（STP）具有一个金属套（sheath），对电磁干扰具有较强的抵抗能力，适用于网络流量较大的高速网络协议应用。STP 分为 3 类、5 类和超 5 类。UTP 分为 3 类、4 类、5 类和超 5 类、6 类和超 6 类线等。3 类线用于语音传输及 10Mb/s 数据传输；4 类线用于语音传输及 16Mb/s 数据传输；5 类线用于语音传输及 100Mb/s 数据传输；超 5 类网线最高传输速率是 1000Mb/s；6 类和超 6 类传输速率达千兆以上；双绞线每网段极限长 100m，接 4 个中继器后最长可达 500m。

 注意事项

> 国际通用的网线接法标准：T568B 和 T568A（见图 9-10）。
>
>
>
> 图 9-10　T568A 和 T568B 排线示意图
>
> T568B：1 白橙、2 橙、3 白绿、4 蓝、5 白蓝、6 绿、7 白棕、8 棕。
> T568A：1 白绿、2 绿、3 白橙、4 蓝、5 白蓝、6 橙、7 白棕、8 棕。
> 上网主要是用 1、2、3、6 这四根线，4、5、7、8 是做备用的。1 和 2 是下行，3 和 6 是上行。
> 理论上，网线的接法有两种，平行线和交叉线。
> 平行线：两头同为 T568B 或 T568A。用于连接：计算机—集线器；计算机—交换机；计算机—路由器；集线器—交换机；集线器—路由器；交换机—路由器。
> 交叉线：一头采用 T568B，另一头采用 T568A。用于连接：计算机—计算机；集线器—集线器；交换机—交换机；路由器—路由器。
> 如果设备相同，那么网线两头的接法则不同。如果设备不同，那么网线两头的接法则都是 T568B 或 T568A。

2. 同轴电缆

同轴电缆（见图 9-11）曾经是使用范围最广的网络传输介质，同轴电缆以单根铜导线为内芯，外裹一层绝缘材料，外覆密集网状导体，最外面是一层保护性塑料（见图 9-12）。金属屏蔽层能将磁场反射回中心导体，同时也使中心导体免受外界干扰，故同轴电缆比双绞线具有更高的带宽和更好的噪声抑制特性。一般把它分为粗缆和细缆两种。粗缆缆径较大，柔韧性差，因而有造价高、安装难度大、标准距离长和可靠性高的特点，常用于大型局域网的主干部分。一般粗缆每段长 500m，最长网络范围可达 2500m，收发器间最小 2.5m，收发器电缆最长 50m，每干线最大节点数 100 个。细缆则是缆径较小的线缆，因其造价低、安装方便、可靠性差和抗干扰能力强，常用于中小型局域网。细缆每段最长 185m，最长网络范围可达 925m，两 T 形头间最小 0.5m，每干线最大节点数 30 个。

图 9-11　同轴电缆

目前，较广泛使用的同轴电缆有两种。一种为 50Ω（指沿电缆导体各点的电磁电压对电流之比）同轴电缆，用于数字信号的传输，即基带同轴电缆；另一种为 75Ω 同轴电缆，用于宽带模拟信号的传输，即宽带同轴电缆。

3. 光导纤维

光导纤维简称光纤（见图 9-13）。光纤是一种细小、柔韧并能传输光信号的介质，一条光缆由多条光纤组成。20 世纪 80 年代初期，光缆开始进入网络布线，随即被大量使用。与铜缆（双绞线和同轴电缆）相比较，光缆适应了目前网络对长距离传输大容量信息的要求，在计算机网络中发挥着十分重要的作用，成为传输介质中的佼佼者。

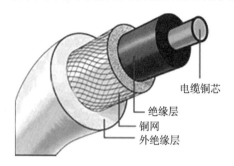

图 9-12 同轴电缆结构

图 9-13 光纤

计算机网络中的光纤是用石英玻璃制成、横截面积很小的双层同心圆柱体。由 3 个同心部分组成了纤芯、包层和护套，每一路光纤包括两根，一根接收，一根发送。裸光纤由纤芯和包层组成，折射率高的中心部分叫作光纤芯，折射率低的外围部分叫包层。为了保护光纤表面，防止断裂，提高抗拉强度并便于应用，一般需在一束光纤的外围再附加一层保护层，这层保护层即为光缆的外套（见图 9-14）。用光纤作为网络介质的 LAN 技术，主要是光纤分布式数据接口（Fiber—optic Data Distributed Interface，FDDI）。与同轴电缆比较，光纤可提供极宽的频带，且功率损耗小、传输距离长（2000m 以上）、传输率高（可达数千 Mbps）和抗干扰性强（不会受到电子监听），是构建安全性网络的理想选择。光纤具有频带较宽，电磁绝缘性能好，衰减较小，在较长距离和范围内信号是一个常数，成本低等优点。

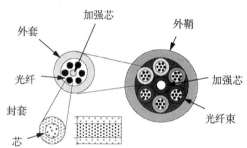

图 9-14 高密度多芯光缆剖面图

根据贝尔实验室的测试，当数据的传输速率为 420Mb/s、距离为 119km 且无中继器时，其误码率为 10，足见其传输质量很好。而同轴电缆和双绞线每隔几百米就需要接一个中继器。

9.2 无线局域网的组建

首先，通过宽带如 ADSL 或局域网与 Internet 相连，再通过路由器与交换机搭建局域网实现网内的资源共享与信息交换，如文件、打印机共享等。

9.2.1 常用无线设备

在小型的无线局域网中，常见的无线硬件设备包括无线网卡、无线 AP、无线路由器及天线等 4 种。除此之外，组建无线局域网的无线设备还包括无线网桥、无线交换机、无线网关等，其作用类似于有线局域网中的网桥、交换机、网关等。

无线 AP（Access Point）其功能是把有线网络转换为无线网络。无线 AP 是无线网和有线网之间沟通的桥梁。其信号范围为球形，搭建时最好放在较高的地方，可以增加覆盖范围。无线 AP 是一个无线交换机，接入在有线交换机或路由器上，接入的无线终端和原来的网络是属于同一个子网。

无线路由器是一个带路由功能的无线 AP，接入在 ADSL 宽带线路上，通过路由器功能实现自动接入网络，并通过无线功能建立一个独立的小型无线组网。

9.2.2 组网方式与拓扑结构

无线局域网一般可分为独立和非独立两种。独立的无线局域网即指整个局域网均使用无线通信模式。非独立无线局域网则采用无线与有线两种结合的方式进行通信。在独立的无线局域网中，其拓扑结构可基本分为两类，无中心拓扑结构（点对点模式 Ad-hoc，见图 9-15）与有中心拓扑结构（见图 9-16）。

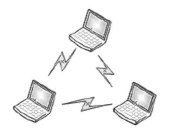

图 9-15 无中心拓扑结构

图 9-16 有中心拓扑结构

由于计算机和网络的普及，为了方便每台计算机都能接入因特网，或是满足它们之间的资源共享和数据传输，组建室局域网是无可避免的。由于有线局域网一般需要网线连接，当计算机增多且没有提前布好的网线或是需要移动计算机时，无线连接就会成为一个较好的解决方法。

如果仅仅是内部之间的通信，只需要建立无中心拓扑结构的无线局域网，使用无线网卡实现即可。如果计算机需要接入互联网则采用有中心拓扑结构无线局域网的组网方式。

建立有中心结点的无线局域网又可分为独立和非独立两种方案。如果每台计算机都具有无线网卡且对网络的性能如传输速率要求不高，可建立独立的无线局域网（见图 9-17），计

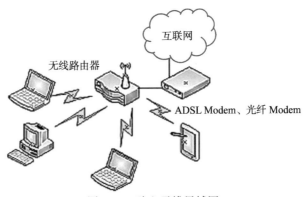

图 9-17 独立无线局域网

算机通过无线网卡与无线路由器相连,再通过 ADSL Modem 或光纤 Modem 接入互联网。而用户对网络的要求较高,例如玩网络游戏、看视频、实时传输等,需要网络稳定且传输速率较快,则需要结合有线连接建立非独立的无线局网(见图 9-18)。

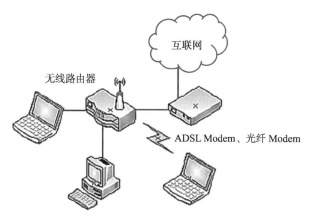

图 9-18　非独立无线局域网

9.2.3　办公室无线网络

很多办公室也建有自己的局域网,但办公室的计算机较多,主要为台式机,大部分都不会配备无线网卡,所以办公室的局域网通常都采用有线连接。然而,笔记本计算机的使用越来越广泛,各种移动上网设备也越来越多,这就不可避免地需要使用无线网络。

因此,办公室较适宜采用有线网络与无线网络相结合的组建方案,即建立非独立的无线局域网。如果网络中有线连接的计算机数目较多,可在局域网的组网中添加交换机或集线器,先使用交换机或集线器连接网络中的计算机,再连接到无线路由器的以太网接口,通过无线路由器连接到外部网络(见图 9-19),或是使交换机/集线器直接连接到外部网络,无线网络则通过在交换机或集线器上接入无线 AP 实现(见图 9-20)。

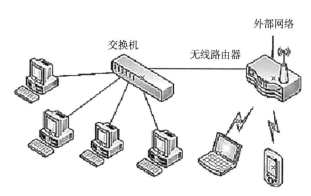

图 9-19　办公室无线局域网组网

无线局域网既有有线网络所没有的优势,也存在着一些无法彻底解决的问题。无线局域网适合小型或人流量较大的中型区域,它可移动性强、易于安装和扩展,且节省了网络布线成本;但是,与有线网络相比,它也有传输速率低、稳定性差、安全性低等缺点。

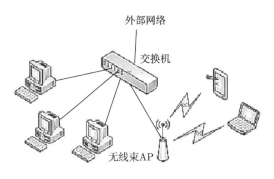

图 9-20　办公室无线 AP 局域网组网

9.3　无线局域网组网设备的设置

9.3.1　无线路由器与 Internet 连接

1. 路由器连接到网络

1）线路连接

在没有路由器之前，计算机通过网卡直接连接宽带或局域网上网。现在使用路由器共享网络上网，克服了接口少的问题，并提供了有线、无线的连网方式，极大方便了用户的使用。

首先，要实现路由器连接网络，根据入户宽带线路的不同，路由器的连线方式可以分为网线、电话线、光纤 3 种接入方式（现在基本上都是光纤）。首先是线路连接，把前端宽带线（或局域网）接入路由器（WAN 端口），再把计算机连接入路由器（LAN 端口），如图 9-21 所示。

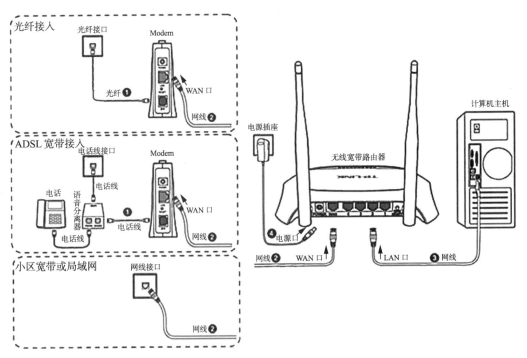

图 9-21　宽带物理连接示意图

根据图 9-21 所示，如果宽带是电话线或光纤接入，先将电话线水晶头或光纤接头插入适配 Modem 的相应接口，再通过一条网线将 Modem 与路由器的 WAN 口相连，再从路由器 LAN 口引出网线插入计算机的网卡接口，最后给 Modem 和路由器分别接上各自的电源适配器，并将电源适配器插入电源插座，即按照①、②、③、④的顺序依次接线；如果是网线入户，则直接将一条网线的一头插入墙壁的网络接口，另一头插入路由器的 WAN 口，再从路由器 LAN 口引出网线插入计算机的网卡接口，最后给路由器接上电源适配器，并接通电源，即按照②、③、④的顺序依次接线。在物理线路连线完成后，还需要进一步对路由器以及在相关系统中进行设置，才可以上网。

连接电源，路由器正常工作后系统指示灯（ 图标或者 图标）闪烁。线路连接后，路由器的 WAN 端口和有线连接计算机的 LAN 端口对应的指示灯都会常亮或闪烁，如果相应端口的指示灯不亮或计算机的网卡图标显示为 ，则表明线路连接有问题，尝试检查网线连接或更换网线。

宽带线一定要连接到路由器的 WAN 端口。WAN 端口一般与另外几个端口颜色有所不同，物理上也有隔开，计算机连接到 LAN 编号 1/2/3/4 的任意一个端口。

2）配置计算机

计算机和路由器需要进行通信，首先要对计算机进行设置。对于绝大多数的计算机来说，默认不需要做任何设置，可以跳过此步直接进行"设置路由器上网"。若无法登录到路由器管理界面，可返回配置计算机的 IP 地址，以 Windows 7 操作系统为例，单点击桌面任务栏右下角的网络连接图标 ，依次单击"打开网络和共享中心"→"更改适配器设置"→右击"本地连接"→"属性"命令（见图 9-22），或者单击"开始"按钮→"控制面板"→"网络和 Internet"

图 9-22　"属性"命令

→"网络和共享中心"→"更改适配器设置"→右击"本地连接"→"属性"命令。

按照图 9-23 所示，单击"Internet 协议版本(TCP/IPv4)"选项，在弹出的对话框中，选择"自动获得 IP 地址""自动获得 DNS 服务器地址"即可。

以 Windows 10 操作系统为例，通过单击"开始"→"设置"→"网络和 Internet"→"状态"→"更改网络设置"→"更改适配器选项"→右击"以太网"或 WLAN→"属性"→"Internet 协议版本(TCP/IPv4)"来进行设置。

经过配置后，计算机会自动向路由器"索要" IP 地址，路由器也会在接收到请求后分配参数给计算机，成功后单击任务栏上的网络连接图标，在本地连接状态的"网络连接详细信息"选项卡（"打开网络和共享中心"→"更改适配器设置"→右击"本地连接"→"状态"→"详细信息"，见图 9-24）里可以看到计算机获取的参数（见图 9-25）。

3）设置路由器上网

（1）登录路由器。

打开桌面上的浏览器，清空地址栏并输入路由器管理页面（见图 9-26）或者路由器 IP

地址可查看《使用手册》或路由器背面获得,路由器管理页面网址如:http://tplogin.cn,按 Enter 键后弹出登录框。

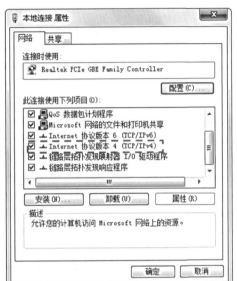

图 9-23　设置 Internet 协议

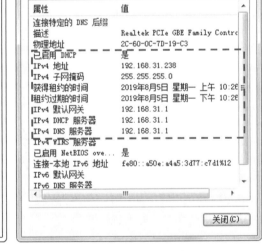

图 9-24　网络状态网络　　　　　　　　图 9-25　连接详细信息

图 9-26　浏览器输入路由器管理页面地址

初次进入路由器管理界面,为了保障设备安全,需要设置管理路由器的密码,根据界面提示进行设置(见图9-27)。

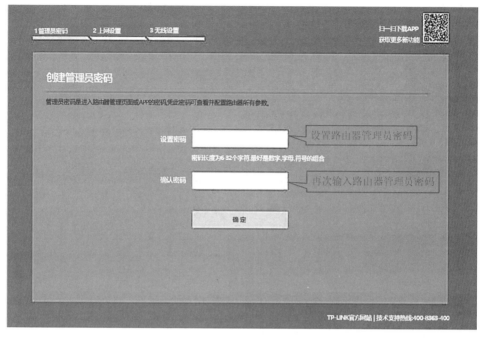

图9-27　登录路由器管理界面

注意事项

> 路由器管理界面登录,可参看路由器《使用手册》,查看用户名、密码。部分路由器需要输入管理用户名、密码,默认均输入 admin 即可。

(2)按照设置向导设置上网。

在进入路由器设置主页面后,选择左侧导航的"上网设置"(见图9-28)。

选择上网方式。大部分路由器支持自动检测上网方式,按照页面提示的上网方式设置,即 PPPoE、动态 IP 上网、静态 IP 上网 3 种方式,由于此网络是通过 ISP 提供的用户名、密码登录。因此,选择 PPPoE 即拨号上网。

- PPPoE。拨号上网,单机(未使用路由器的时候)使用 Windows 系统自带的宽带连接来拨号,运营商提供用户名和密码,这是目前最常见的上网方式。
- 静态 IP 上网。前端运营商提供了一个固定的 IP 地址、网关、DNS 等参数,在一些光纤线路上有应用。
- 动态 IP 上网。未使用路由器之前,计算机只要连接好线路,不用拨号或设置 IP 地址等就能上网,在小区宽带、校园网等环境中会有应用。

输入上网宽带账号和密码,在对应设置框填入运营商提供的宽带账号(一般为电话号码)和密码(见图9-29)。

图 9-28　路由器设置页面

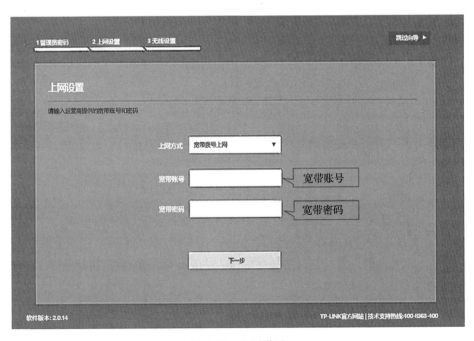

图 9-29　上网设置

 注意事项

> 对于宽带账号的初始密码，每个服务提供商或地市、区域的设置都有可能不同，没有固定的全国统一标准。有使用身份证号后几位、电话号码、123456 或 12345678，用户自行设定等多种形式。因此，如果找不到密码，可联系当地相应服务提供商营业厅或客服进行重置。通过以下方法获取初始密码。

（1）拨打客服电话，如10086，接通以后转人工服务咨询初始密码。
（2）找到当时开通宽带签订的合约，合约的单据有初始密码。
（3）尝试开通宽带绑定的身份证号码或者电话号码的后6位。

（3）设置无线路由器名称和无线密码。

设置无线名称和密码。SSID 即路由器的无线网络名称，可以自行设定，建议使用字母和数字组合的 SSID（见图9-30）。

无线密码是连接无线网络时的身份凭证，设置后能保护路由器的无线安全。单击"确认"按钮完成设置。

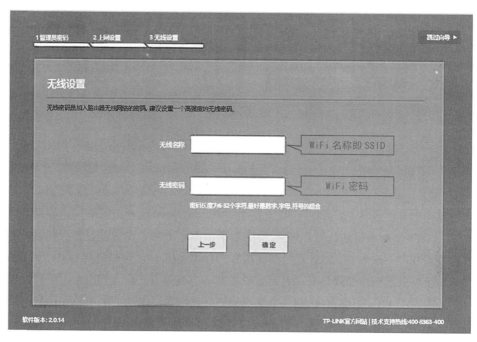

图 9-30　无线设置

 注意事项

无线名称 SSID 建议设置为字母或数字的组合，尽量不要使用中文、特殊字符，避免部分无线客户端不支持中文或特殊字符而导致无法连接。

TP-LINK 路由器默认的无线信号名称为"TP-LINK-六位十六进制字符"并且不加密，其中六位十六进制字符为路由器 MAC 地址的后六位，MAC 地址可以从设备底部的标签上查看。

为确保网络安全和网络的稳定性，建议设置无线密码，防止他人非法使用网络。

（4）查看上网状态。

设置完成后，进入路由器管理界面，单击运行状态，查看 WAN 端口状态，加 IP 地址和 DNS 不为 0.0.0.0（见图9-31），则表示设置成功。

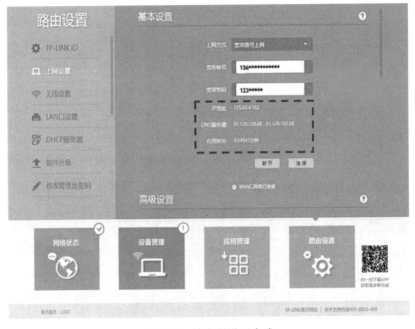

图 9-31　路由器设置完成

至此，网络连接成功，路由器已经设置完成。

（5）测试上网。

查看路由器界面的 WAN 端口已获取到 IP 地址后，计算机便可以上网。如果可以登录 QQ，但是打不开网页，可能是计算机的 DNS 参数有问题或者是浏览器设置有问题，可尝试让计算机重新获取一次参数（将计算机网线断开20秒再连接）或者换其他的浏览器（如火狐、谷歌浏览器）尝试上网。如果还有一台台式机、网络电视等有线设备想上网，可将设备用网线连接到路由器 LAN 的1/2/3/4任意一个空闲的端口，按照上面的"路由器连接到网络→配置计算机"的步骤，配置好后就可以上网了，不需要再配置路由器了。

 注意事项

使用并设置完成路由器的参数后，连接了路由器的计算机就可以直接上网，不用再使用计算机上的"宽带连接"进行拨号上网了。

2. 无线设置

1）设置路由器

牢记住路由器设置的两个参数，SSID 号（无线信号的名称）和无线安全密码。

 注意事项

如果不确认以上参数，可登录到路由器的管理界面 http://tplogin.cn 或 http://192.168.1.1，单击"无线设置–基本设置"查看 SSID 号。单击"无线设置–无线安全设置"查看无线安全密码。

2）设置无线终端设备

（1）设置计算机连接路由器的无线信号。首先要保证计算机配有无线网卡并能正常工作，对不同操作系统的计算机，其搜索、连接无线信号的方法不同，以 Windows 7 操作系统为例，单击任务栏的无线网络连接图标，在打开的信号列表中选择路由器的无线信号名后单击"连接"按钮。输入无线密码，单击"确定"按钮（见图9-32）。

图9-32 连接路由器的无线信号

⚠ 注意事项

用户名和密码注意区分中英文输入、字母的大小写、后缀是否完整输入等。

（2）设置智能手机连接路由器的无线信号。以 Android 系统的手机为例，在系统桌面选择系统设置选项。打开系统设置菜单后，在设置菜单中选择"无线和网络"（见图9 33）。在 WLAN 页面，打开 WLAN 开关（见图9-34）。手机将会自动搜索附近的无线路由器信号。根据路由器设置的 SSID 选择搜索到的无线路由器信号名称，则弹出"密码输入"窗口，输入密码即可连接成功（见图9-35）。

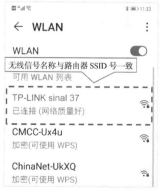

图 9-33 Android 系统设置　　图 9-34 WiFi 开关　　图 9-35 WiFi 连接

（3）设置 iOS 设备来连接路由器无线信号。打开 iPad 主界面，选择"设置"菜单后点击"无线局域网"，进入"无线局域网"设置窗口（见图9-36）。在"无线局域网"窗口，开启"无线局域网"开关。系统将会搜索附近的无线信号，待搜索完成后，无线信号将以列表形式出现，在无线网络列表中点击所要连接的路由器的无线 WiFi 信号。

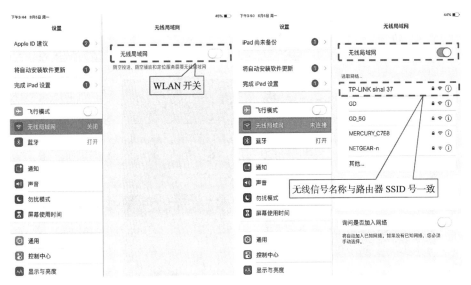

图 9-36　iOS 系统连接路由器 WiFi 信号

如图9-37，在弹出的"输入密码"窗口，输入密码，点击屏幕键盘上的 Join 键。等待完成无线信号的连接。

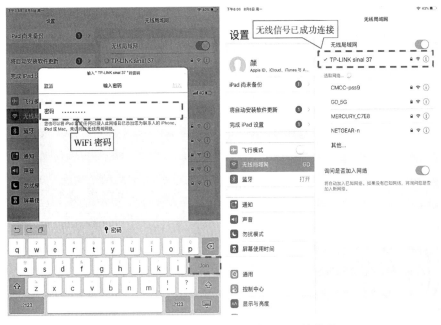

图 9-37　iOS 系统连接路由器无线信号

9.3.2 无线路由器与局域网连接

1. 局域网与无线路由器的 WAN 端口相连

将局域网的网线与无线路由器的 WAN 端口相连，利用无线路由器构建二级局域网，如图 9-38 所示。

图 9-38　局域网与无线路由器 WAN 端口连线示意图

设置方式与家庭宽带安装无线路由器类似，区别在于选择上网类型时不能选择 PPPoE，而要根据局域网 IP 分配方式选择静态 IP 或动态 IP。

这种连接方法的优点是通过无线路由器接入的所有设备都是通过同一个上级局域网 IP 地址接入上级局域网，上级网管很难发现私装的无线路由器；而缺点是由于所有接入设备处于二级局域网内，因而无法访问上级局域网的共享资源，如共享打印机等。

2. 局域网与无线路由器的 LAN 端口相连

将局域网的网线与无线路由器的 LAN 端口相连，仅将无线路由器当作无线集线器或无线交换机使用，如图 9-39 所示。

图 9-39　局域网与无线路由器 LAN 端口连线示意图

由于 WAN 端口没有插线，所以在设置方面可以略过网络参数设置，直接设置无线参数即可，由此时的无线路由器仅作为一个无线集线器，所以需要关闭无线路由器的 DHCP 功能，所有接入无线路由器的设备都需要遵循上级局域网的 IP 地址分配原则。

这种连接方法的优点是通过无线路由器接入的设备可以访问上级局域网的共享资源，如共享打印机等；缺点则是每个设备都需要向上级局域网管理员申请 IP 地址才可以接入。

3. 局域网的计算机连接随身 WiFi

将随身 WiFi 插到已接入上级局域网的计算机的 USB 接口上，用随身 WiFi 构建一个小型的二级局域网，仅供给手机等无线设备使用。

这种连接方法的优点是计算机处于上级局域网中，仍然可以访问上级局域网的共享设备，而手机则使用随身 WiFi 构建的二级局域网上网，互不干涉；缺点是此二级局域网以计算机为中心，只适用于计算机周围的小范围内使用。

此外，还可以通过一部能上网手机的热点，实现移动终端设备之间的联网，应对没有网络的突发情况。

> **提示**
>
> 随身 WiFi 是将有线、3G、4G、5G 网络或计算机上的互联网连接换成 WiFi 信号的设备，是一款供平板计算机、手机上网的产品。随身 WiFi 可分为两种类型，一种是将其设备插到可上网的计算机上，创建 WiFi 网络，如 360 随身 WiFi。随身 WiFi 主要是满足出差移动办公的商务及旅游人士对网络依赖的需求；
>
> 另一种是随身 WiFi 路由器（见图9-40），通过和无线运营商提供的无线上网芯片（SIM 卡），组成一个可以移动的 WiFi 接收发射信号源。
>
> 随身 WiFi 路由器特点如下。
> - 方便。不受网线约束，可以随时随地上网。
> - 经济。对于出行人员来说，有些高端酒店不提供或者收费很高，使用此方案，可以降低费用。
> - 安全。可避免使用公共 WiFi，信息泄露的风险。
> - 操作简单，无须设置，开机即可使用。
> - 设备轻便。同时满足多台设备。
> - 可以实时流量查询。

图 9-40　随身 WiFi 路由器

9.4　设置网络共享资源与访问网络资源

9.4.1　系统设置

在同一个局域网内，两台计算机之间可以互相传送文件，也可以查看共享文件夹，以下详细介绍 Windows 7 操作系统下如何实现文件夹共享与访问共享文件夹。

1）同步工作组

首先，确保联网的各计算机的工作组名称一致，即所处于同一个工作组内。

右击"计算机"图标，在弹出的快捷菜单中单击"属性"命令，查看"计算机名称、域和工作组设置"窗格（见图 9-41）。

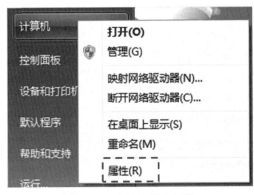

图 9-41　选择计算机属性

为了能更好地实现网络中标识与访问共享文件夹，可根据需要进行相关信息的更改，在"计算机名称、域和工作组设置"窗格中，单击"更改设置"（见图 9-42），保留域（一般无须设置，保留默认）和工作组的一致。

图 9-42　计算机名称、域和工作组设置

如果需要更改计算机名/工作组名，在弹出的"系统属性"对话框的"计算机名"选项卡中单击"更改"按钮（见图 9-43）。输入计算机名/工作组名（如 WORKGROUP），单击"确定"按钮（见图 9-44）。完成操作后，重启计算机后更改生效。

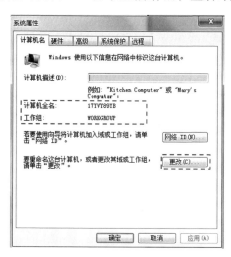
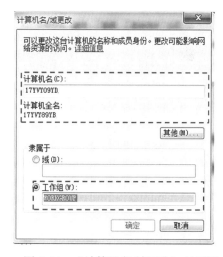

图 9-43　"系统属性"对话框　　　　图 9-44　"计算机名/域更改"对话框

注意事项

计算机名的命名，可设为部门名称+姓名拼音的形式，方便在网络中标识。
工作组的命名，可保留系统默认名称，也可根据需要运用部门名称命名。为了能在局域网中更好的实现共享资源的访问，服务器与客户机最好工作组名称相同，即在同一个工作组中。

2）更改 Windows 7 的相关设置

右击桌面"网络"图标，在弹出的快捷菜单中单击"属性"命令（见图 9-45），弹出"网络和共享中心"窗口，单击左侧"更改高级共享设置"（见图 9-46），或通过单击"控制面板"窗口"网络和 Internet"窗口"网络与共享中心"进行设置。

图 9-45　"网络"图标

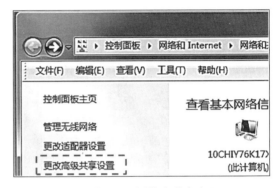

图 9-46　网络和共享中心

在"高级共享设置"窗口中单击"公用"选项。

在"公用"选项中分别选择"启动网络发现""启用文件和打印机共享""启用共享以便可以访问网络的用户可以读取和写入公用文件夹中的文件""关闭密码保护共享""允许 Windows 管理家庭组连接（推荐）"单选按钮，单击"保存修改"按钮（见图 9-47）。

图 9-47　"公用"选项

9.4.2　共享对象设置

选择需要共享的对象（包括硬盘分区、文件夹等），以共享本地磁盘（E:）为例，右击 E 盘盘符，在弹出的快捷菜单中单击"共享"下拉列表中的"高级共享"命令；或右击需要共享的对象，在弹出的快捷菜单中单击"属性"命令，在弹出的对话框中单击"共享"选项卡中的"高级共享"选项（见图 9-48）。

在"高级共享"对话框中勾选"共享此文件夹"复选项（见图 9-49）。在"高级共享"对话框中单击"权限"按钮，用以设置共享权限，如添加组或用户，以及设置相应的权限（设置组、用户以及权限要注意安全）。设置完成后，单击"应用"按钮后单击"确定"按钮（见图 9-50）。

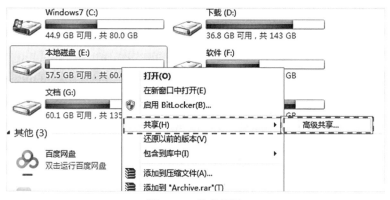

图 9-48　共享设置

图 9-49　"高级共享"对话框

图 9-50　"共享权限"选项卡

或者通过所选对象属性中的"安全"选项卡设置权限。右击需要共享的对象，在弹出的快捷菜单中单击"属性"命令，在弹出的对话框中单击"安全"选项卡，单击"编辑"按钮（见图 9-51）。

在弹出的对话框中，可通过"组或用户名"窗格选中相应的组或用户，并可在下方的权限窗口设置该组或用户的权限。如果要对局域网中的所有用户设置访问权限，单击"添加"按钮（见图 9-52），弹出"选择用户或组"对话框。在"输入对象名称来选择"窗格区域输入 Everyone，单击"检查名称"按钮，"输入对象名称来选择"将变为 Everyone，单击"确定"按钮（见图 9-53）。

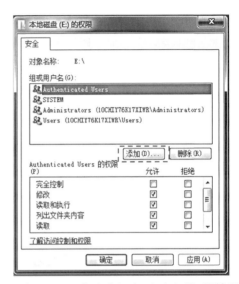

图 9-51　"安全"选项卡　　　　　图 9-52　"本地磁盘（E:）和权限对话框"

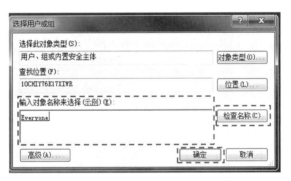

图 9-53　"选择用户或组"对话框

返回"本地磁盘（E:）的权限"对话框，选择"组或用户名"窗格中的 Everyone 选项，在下方的"Everyone 的权限"窗格将通过勾选或取消勾选方式设置相应的权限。

注意：选择 Everyone 可能存在安全隐患，最好选择确认的组或用户名。

9.4.3　防火墙设置

为了更好地访问，必须对 Windows 操作系统自带的防火墙进行设置。如图 9-54 所示，单击"控制面板"的"系统和安全"的"Windows 防火墙"选项检查防火墙设置，确保"文件和打印机共享"是允许的状态，并根据具体需求，选择"家庭/工作（专用）""公用"的网络环境。

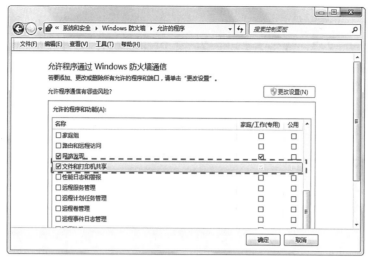

图 9-54　Windows 防火墙

9.4.4　访问共享文件

- 双击桌面"网络"图标或通过单击"控制面板"的"网络和 Internet"选项中的"查看网络计算机和设备"选项，此时可以看到局域网内的所有计算机的计算机名，单击要访问的计算机即可进行访问（见图 9-55）。
- 按 Win+R 组合键或单击"开始"菜单的"运行"命令，在弹出的"运行"对话框中输入"\\"加访问计算机的 IP 地址，单击"确定"按钮，即可看到此 IP 地址的计算机所共享的文件夹（见图 9-56）。

图 9-55　访问共享文件

 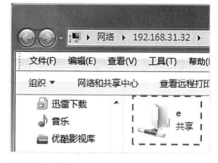

图 9-56　通过 IP 地址访问共享文件

9.5 共享打印机与添加网络打印机

实现打印机共享有利于局域网中其他用户使用打印机，从而实现了资源共享，充分的发挥硬件的利用率，提高办公效率。Windows 7 操作系统对打印机共享提供了友好的支持，下面详细介绍在 Windows 7 操作系统中如何实现打印机共享与添加网络打印机。

9.5.1 添加本地打印机

用 USB 打印机连接线连接计算机和打印机，打开打印机电源，启动计算机。在计算机启动完成后，打开"控制面板"，依次进入"硬件和声音"的"设备和打印机"选项，如果此时未发现打印机，则需要添加打印机（见图 9-57）。

单击"添加打印机"命令，在弹出的对话框中选择"本地打印机"，单击"下一步"按钮（见图 9-58）。

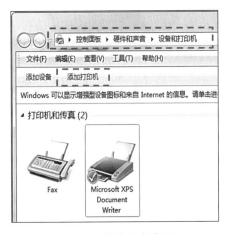
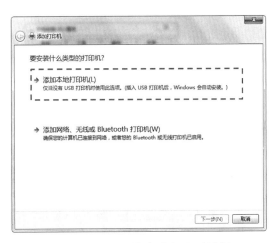

图 9-57 设备和打印机　　　　　　图 9-58 "添加打印机"对话框

选择"打印机的接口类型"，在"使用现有的端口"项中选择 USB 接口（根据打印机的型号决定），单击"下一步"按钮（见图 9-59）。

在安装打印机驱动程序窗口，根据具体的打印机厂商（品牌）与具体型号选择匹配的打印机驱动程序。如果所需要安装的驱动程序不在列表中，则单击"从磁盘安装"（见图 9-60），单击"浏览"按钮（见图 9-61）选择驱动程序文件。

 注意事项

> 打印机驱动程序可从打印机官网下载或通过专门的驱动网站下载，下载完成后，解压到本地驱动器上，便于安装时调用。
> 在调用打印机驱动程序时，如果有打印机驱动光盘，可将驱动光盘插入光盘驱动器，将目标目录定位到光盘驱动器中，指定相应的驱动程序文件。

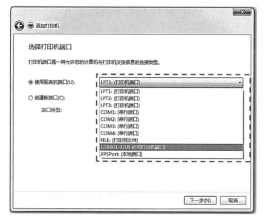
图 9-59 选择打印机端口

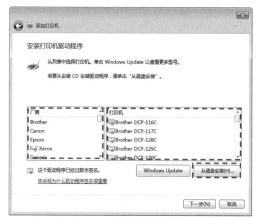
图 9-60 选择打印机驱动程序

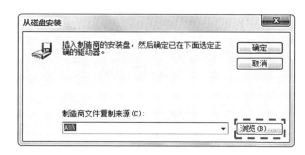
图 9-61 "从磁盘安装"对话框

定位到驱动程序的目录并安装相应的驱动,单击"打开"按钮或双击以.inf 为后缀名的驱动文件(见图 9-62)。

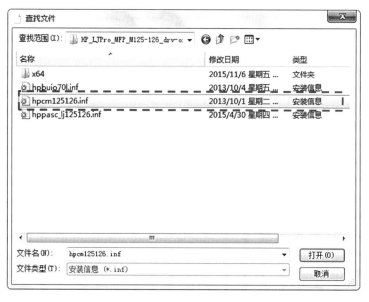
图 9-62 定位目标驱动程序

如果安装的驱动程序与打印机型号匹配，再单击"下一步"按钮（见图 9-63）。

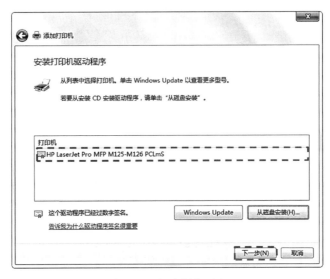

图 9-63　驱动程序匹配

"打印机名称"保留默认，也可自行设定名称，单击"下一步"按钮（见图 9-64）。单击选中"不共享这台打印机"单选按钮，单击"下一步"按钮（见图 9-65）。

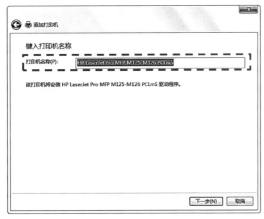

图 9-64　输入打印机名称

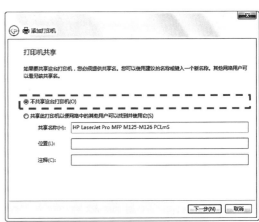

图 9-65　设置打印机共享

当驱动程序安装完成后，单击"打印测试页"。打印机正常打印则说明打印机驱动安装成功，单击"完成"按钮，本地打印机添加完成。

9.5.2　本地打印机共享设置

1）打印机共享设置

打开"控制面板"，依次进入"硬件和声音"的"设备和打印机"选项，可以看到已添加的打印机。右击共享打印机的图标，在弹出的快捷菜单中选择"打印机属性"命令（见图 9-66）。

图 9-66 打印机属性

在属性对话框中单击"共享"选项卡,勾选"共享这台打印机"复选框,填写打印机的名称等信息,共享名可以使用默认名称(见图 9-67)。单击"确定"按钮。

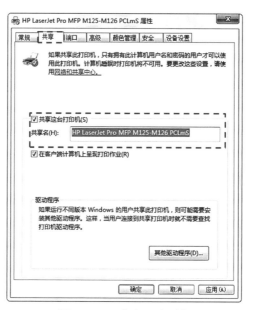

图 9-67 "共享"选项卡

2)访问权限设置

(1)设置防火墙开启"文件和打印机共享"。

进入"控制面板"的"系统和安全"的"Windows 防火墙"的"允许的程序"选项,在允许程序通过 Windows 防火墙通信的列表中勾选"文件和打印共享"复选框（见图 9-68），并选择适用的网络环境即"家庭/工作（专用）""公用"。

图 9-68　Windows 防火墙设置

（2）取消禁用 Guest 用户。

单击"开始"按钮，右击"计算机"，在弹出的快捷菜单中单击"管理"，在弹出的"计算机管理"窗口中找到"本地用户和组""用户"中的 Guest（见图 9-69）。

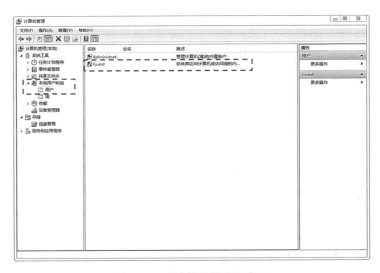

图 9-69　"计算机管理"窗口

双击 Guest，打开"Guest 属性"对话框，取消勾选"账户已禁用"复选框（见图 9-70）。

（3）高级共享设置。

单击"开始"按钮，在"开始"菜单中单击"控制面板"，将控制面板的"查看方式"选为"类别"，单击"网络和 Internet"选项（见图 9-71）。

在"网络和共享中心"中选择"查看网络状态和任务"选项（见图 9-72）。

在"网络和共享中心"窗口，单击"更改高级共享设置"选项（见图 9-73）。

图 9-70 "Guest 属性"对话框

图 9-71 "网络和 Internet"选项

图 9-72 网络和共享中心

图 9-73　"更改高级共享设置"选项

在"公用"选项卡中勾选"启动网络发现""启用文件与打印机共享""启用共享以便可以访问网络的用户可以读取和写入公用文件夹中的文件""关闭密码保护共享""允许 Windows 管理家庭组连接（推荐）"选项（见图 9-74）。单击"保存修改"按钮。

图 9-74　公用高级共享设置

（4）设置工作组。

在添加目标打印机之前，首先要确定局域网内的计算机是否都处于一个工作组。单击"开始"按钮，右击"计算机"，在弹出的快捷菜单中单击"属性"命令，在弹出的窗口中找到工作组，如果计算机的工作组设置不一致（主机与客户机要在同一工作组中），单击"更改设置"按钮(见图 9-75)。

在弹出的"系统属性"对话框中单击"更改"按钮(见图 9-76),弹出"计算机名/域更改"对话框,可在"工作组""计算机名"框进行组名、计算机名的设置,单击"确定"按钮(见图 9-77)。此设置在计算机重启后生效。

图 9-75 系统属性——工作组

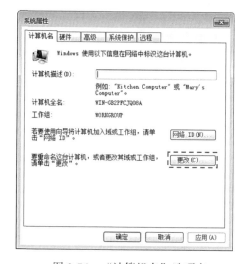

图 9-76 "计算机名"选项卡

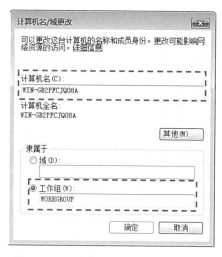

图 9-77 "计算机名/域更改"对话框

9.5.3 其他计算机添加网络共享打印机

打开"控制面板"窗口,依次进入"硬件和声音"的"设备和打印机"选项,如果此时未发现所要添加的网络打印机,则单击"添加打印机"按钮。

办公自动化实务

⚠️ **注意事项**

> 此操作是在局域网内的其他需要添加网络共享打印机的计算机（客户机）上进行。
> 首先对客户机完成以上内容中"本地打印机设置中，访问权限设置"的操作，确保客户机打开相关设置、同一级局域网以及在同一个工作组中。

在弹出的"添加打印机"对话框中单击"添加网络、无线或 Bluetooth 打印机"选项，单击"下一步"按钮（见图 9-78）。

系统将自动搜索可用的打印机（见图 9-79）。

此时可以看到已被共享的打印，双击打印机，按照操作向导操作完成网络打印机的添加（见图 9-80）。

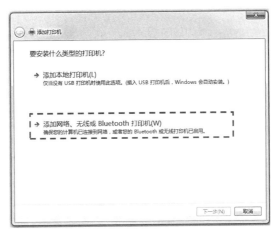

图 9-78 "添加打印机"对话框

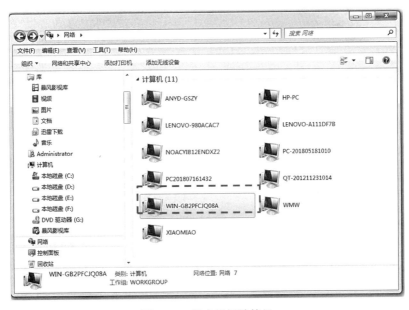

图 9-79 搜索目标计算机

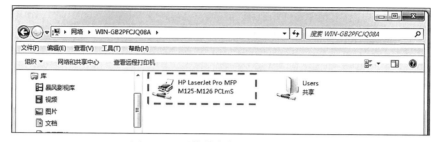

图 9-80　网络共享打印机添加完成

如果系统未找到所需要的打印机，则单击"我需要的打印机不在列表中"选项，单击"下一步"按钮（见图 9-81）。以下介绍 3 种添加网络打印机的方法。

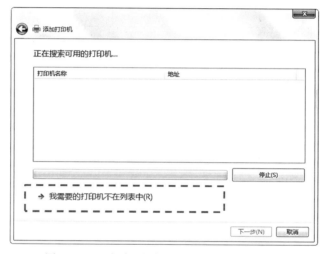

图 9-81　"我需要的打印机不在列表中"选项

第一种方法。选中"浏览打印机"单选按钮，单击"下一步"按钮（见图 9-82）。

图 9-82　浏览打印机

根据操作向导完成添加网络打印机添加。

第二种方法。首先查看连接有本地打印机计算机名称。右击"计算机"图标，在弹出的快捷菜单中单击"属性"命令，查看计算机名称，并确保客户机与主机（连接有本地打印机的计算机）在同一个工作组中。

如图 9-83 所示，单击选中"按名称选择共享打印机"单选按钮，根据提示输入安装了本地打印的计算机名称与共享打印名称，例如\\WIN-GB2PFCJQ08\HP LaserJet MFP Pro M125-M126 PCLms，单击"下一步"按钮。一般情况下，在输入计算机名并输入"\"后，将会自动出现网络中共享的打印机，单击打印机名称即可完成打印机地址的输入。单击"下一步"按钮，根据操作向导完成网络打印机的添加。

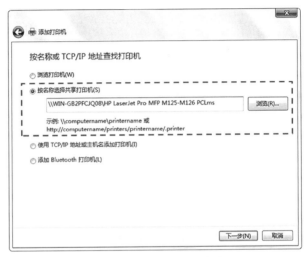

图 9-83　按名称选择共享打印机

第三种方法。首先查看被连接的计算机的 IP 地址（即连接本地打印机的计算机）。打开"控制面板"窗口，依次进入"网络和 Internet"的"网络和共享中心"选项。

单击"本地连接"命令（见图 9-84）。

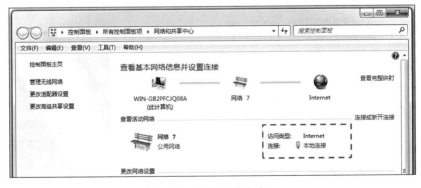

图 9-84　网络和共享中心

在弹出的"本地连接状态"对话框中单击"详细信息"按钮（见图 9-85），则弹出"网络连接详细信息"对话框中查看 IP 地址（见图 9-86）。

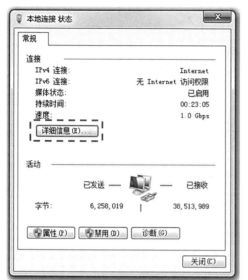
图 9-85 本地连接状态

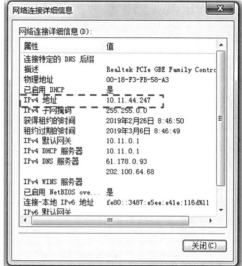
图 9-86 网络连接详细信息

在客户机上,选择"按名称选择共享打印机"单选按钮,根据提示键入计算机的 IP 地址与共享打印名称。例如\\10.11.11.247\HP LaserJet MFP Pro M125-M126 PCLms,单击"下一步"按钮(见图 9-87),根据操作向导完成网络打印的添加。

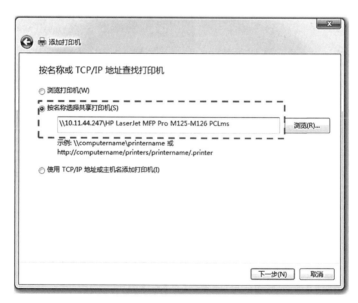
图 9-87 输入 IP 地址选择共享打印机

 注意事项

其他计算机(客户机)在添加完成局域网内共享的打印机后,要进行打印机操作,确保主机(连接有本地打印机的计算机)与主机所连的本地打印机处于开机状态。

9.5.4 Windows 10 操作系统添加网络打印机

Windows 10 操作系统添加网络打印机基本与 Windows 7 操作系统中添加网络打印机的设置方式、添加方法类似，但 Windows 10 操作系统同时提供了一种新的方式，详细介绍如下。

1）添加凭证

首先，参照 Windows 7 添加网络打印机的要求，确保主机与客户机在同一工作组、主机在网络中共享了打印机以及系统的相关设置。

在 Windows10 中单击"开始"菜单，在"全部程序"中找到"Windows 系统"。单击"Windows 系统"命令，在弹出的菜单中单击"控制面板"命令。在"控制面板"窗口找到"凭据管理器"命令（见如图 9-88）。

图 9-88　Windows 10 控制面板

单击"凭据管理器"命令，则弹出"凭据管理器"窗口，单击"Windows 凭据"命令，单击"添加 Windows 凭据"命令（见图 9-89）。在弹出的"键入网站地址（或网络位置）和凭据"窗口，根据页面提示输入主机的 IP 地址、用户名与密码，单击"确定"按钮（见图 9-90）。页面则返回"凭据管理器"窗口，在"Windows 凭据"将看到添加的凭据。

图 9-89　凭证管理器

图 9-90 "添加 Window 凭据"窗口

2）添加网络打印机

单击"开始"菜单→"Windows 系统"→"控制面板"→"设备和打印机"→"添加打印机"（见图 9-91）。

在弹出的"添加设备"窗口（见图 9-92），系统将会搜索打印机，如果没有搜到目标打印机，则单击"我所需要的打印机未列出"选项。

根据前文介绍的方法添加即可，此处不再赘述（见图 9-93）。

图 9-91 设备和打印机

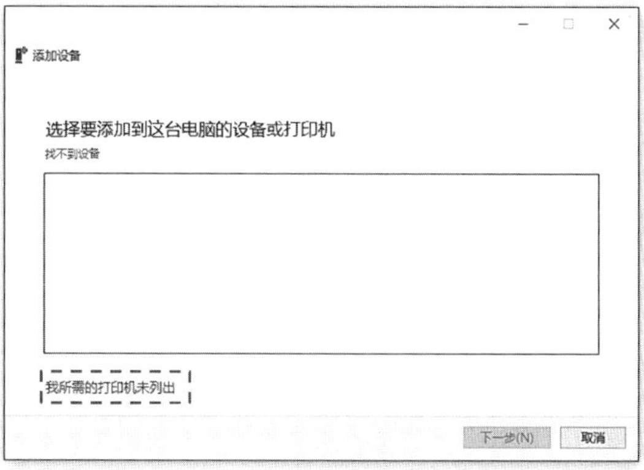

图 9-92 添加设备

图 9-93　添加打印机

9.6　映射网络驱动器

很多用户在平时的工作中，经常需要访问局域网中的文件夹，烦琐的操作降低工作效率，通过设置映射网络驱动器可以较好地解决此问题。创建映射网络驱动器后，可以方便地使用网络中其他计算机的共享文件。

创建映射网络驱动器，必须是在局域网下有其他可访问的网络资源，而且都设置为资源共享，允许访问等情况下才可创建。以 Windows 7 操作系统为例，详细介绍具体步骤。

9.6.1　共享资源

（1）双击"计算机"图标打开"计算机"窗口（见图 9-94），在"计算机"窗口中设置映射网络驱动器所需的共享资源。

图 9-94　"计算机"图标

（2）参照"本章共享文件夹与访问共享文件夹中共享对象设置"的内容对所要映射的资源进行共享，将"本地磁盘 E"共享（见图 9-95）。

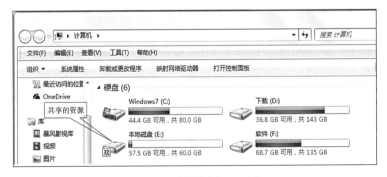

图 9-95　共享资源"E 盘"

9.6.2 创建"映射网络驱动器"

（1）在另一台计算机中，双击"计算机"图标，进入磁盘"资源管理器"窗口（图9-96）。在工具栏中选择"映射网络驱动器"选项。

（2）在弹出的"映射网络驱动器"对话框中（见图9-97），先给要映射的网络驱动器配置一个盘符，单击"驱动器"右侧的下拉按钮。

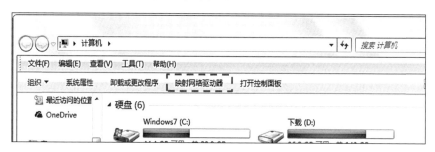

图 9-96　映射网络驱动器

在下拉列表中盘符都是未使用的盘符，在默认情况下，默认为"Z"。

（3）单击"浏览"按钮，选择需要映射的资源，可以是其他计算机共享的一个磁盘分区或一个文件夹，单击"确定"按钮（见图9-98）。

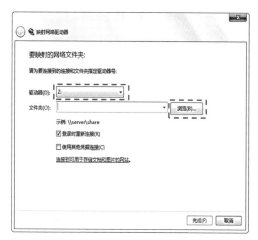

图 9-97　"映射网络驱动器"对话框　　　　图 9-98　选择共享的网络资源

可以根据提示，手动输入映射资源。以文件夹为例，输入其路径。先输入"\\"，再输入其他计算机的名称，如"xiaoli-pc"，再输入"\"，接着输入映射的文件夹名称，如"study"文件夹。完整路径为"\\xiaoli-pc\study"（见图9-99），此时则为"\\10CHIY76K17XIWR\e"，单击"完成"按钮。

（4）如果搜索成功则会提示搜索成功，在计算机资源窗口，会显示出一个虚拟磁盘，即为映射的网络驱动器，可以像其他磁盘分区一样进行使用（见图9-100）。

（5）如果要删除网络驱动器，则右击映射网络驱动器，在弹出的快捷菜单中单击"断开"即可（见图9-101）。

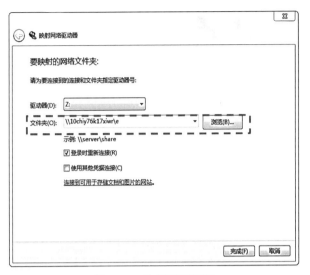

图 9-99 映射网络资源

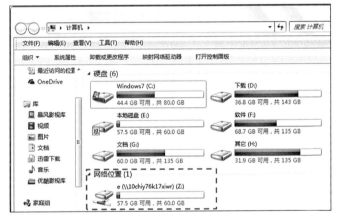

图 9-100 映射网络驱动器成功

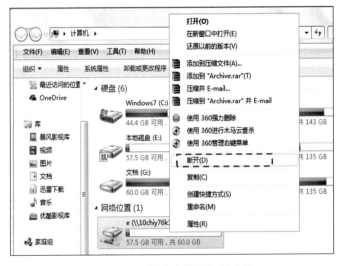

图 9-101 断开映射网络驱动器

注意事项

> 频繁地网络访问，会影响计算机的性能，因为这种访问要占用系统一定的资源，建立的访问越多，占用的资源就多，计算机影响就大。
> 如果要能访问到这个映射网络驱动器，必须对方的计算机是打开的，而且设置了资源共享，双方都在同一 IP 段内，关闭了防火墙，以及添加了"Microsoft 网络文件和打印共享"服务等，可参照"本章设置网络共享资源与访问网络资源"的内容。

9.7 计算机病毒预防与局域网常见问题处理

9.7.1 计算机病毒预防

信息化时代，计算机已广泛、深入地应用于工业生产、日常工作与学习等领域，而计算机感染病毒会带来严重的后果，造成巨大的经济损失，所以养成预防计算机病毒的良好习惯是非常必要的。

计算机病毒（computer virus）是一个程序，是人利用计算机软件或硬件所固有的脆弱性编制的一组指令集或程序代码。如同生物病毒一样，具有自我繁殖、互相传染以及激活再生等生物病毒特征。计算机病毒有独特的复制能力，能够快速蔓延，难以根除。它们能把自身附着在一定类型的文件上，当文件被复制、传送、打开或在特定的时间，计算机病毒将被激活、传播，并产生危害。

随着网络的蓬勃发展，信息的传播方式更为快捷，这也给病毒的传播创造了便利条件，计算机病毒很可能在短时间内通过互联网传遍全球。很多用户都有过计算机被病毒感染的经历，在遭遇了文件丢失，文件无法打开，系统损坏后，都深刻地认识到计算机病毒严重的危害性。在日常计算机病毒的防范过程中，应从提升防范病毒的认识开始。

安装杀毒软件并不能保证计算机 100%的安全。很多人认为，只要计算机安装了杀毒软件，就可以放心使用，其实这是非常错误的认识。现在大部分计算机病毒是通过大范围的网络地址扫描，利用系统的漏洞进行攻击、传播。因此，及时为计算机系统安装最新的补丁程序，堵住计算机病毒利用的系统后门，不给计算机病毒可乘之机，将会有效保障计算机系统的安全。同时，设置计算机登录密码，防止陌生人随意使用，也可以提升计算机的安全性。及时安装杀毒软件，在杀毒软件的保护下，将会及时预警、发现计算机病毒，并有效保障网上信息浏览、信息交流、文件下载、邮件打开等过程的操作安全，防止计算机感染病毒。

计算机病毒的传播途径主要通过两种方式：一是网络，特别是电子邮件的盛行，已成为计算机病毒传播的主要媒介；二是外部存储器（如 U 盘、移动硬盘）或光盘。针对以上两方面提出预防计算机病毒的注意事项。

- 不要在线打开、阅读某些文件，特别是 QQ、微信等信息交流工具传送的图片、视频、二维码、网址、文件等，否则有可能被网络病毒传染，或在毫不知情下登录钓鱼网站，泄露个人信息，造成严重的损失。因此，平时应注意个人信息的保护，密码设置最好不要与生日、电话号码等个人身份信息相关；谨慎打开网络链接、二维码，登录网站后要查看网站域名，防止登录钓鱼网站。特别在需要输入银行账户、支付宝信息时，一定要谨慎。同时，保管好 U 盾、手机等个人移动终端的密码，并经常进行安全检测。

- 不要打开具有诱惑性信息的链接、图片、视频或登录诱惑性网站，诱惑性信息很可能是网络陷阱，访问的同时计算机很容易被植入木马病毒。
- 不要随意打开没有主题、来路不明的 E-mail，更不要轻意下载附件；经常用同一电子邮箱作为发送与接收邮件的邮箱，给自己发送 E-mail，查看是否会收到第二封未标明主题及附带程序的邮件，如果有则计算机已被计算机病毒感染。
- 不要随意在不知名的网站下载软件或程序，应尽量选择知名的大型网站下载，并注意安装时附带软件或程序的安装；尽可能不下载破解版、汉化版软件，选择官网下载或通过正常渠道购买，使用正版软件。
- 安装正版杀毒软件，打开防火墙及杀毒软件，对于需要使用的 U 盘等外部存储设备，在插入计算机后，不要立即打开，先通过杀毒软件查杀病毒，再打开使用；定期使用杀毒软件对计算机进行全面杀毒；在使用光盘安装软件或读取数据时，不要随意打开光盘或运行光盘，可在执行光盘相关操作前，先将光盘复制到外部存储设备上，如 U 盘。再用杀毒软件查杀复制的光盘文件，确定无风险后，再执行相关操作。

9.7.2 局域网硬件故障诊断与解决方法

1. 常见故障

（1）线路故障。

线路故障是网络常见的故障之一。局域网主要使用的连接介质是双绞线，由于双绞线接触不良、断开或线序不符合标准，而产生网络不通的现象。因此，需要重点检查双胶线两端的 RJ-45 接头或接头插入设备的端口部位。例如，RJ-45 接头未插入端口、松动、接触不良，插拔时不小心弄脏插头或污染端口，带电插拔接头，搬运过程中导致接头和端口物理损坏，都会导致网络通信的失败。遇到这样的问题，首先检查网线的连接，如果发现有中间断开或接触不良，则重新连接或换线尝试解决。其次，检查网线 RJ-45 水晶头线序是否正确，可用网线测试仪检查，如果不通，在保证线序正确的前提下，使用网线压线钳重新制作网线。然后连线设备，查看网络是否畅通。如果是光纤线路，可通过设备输入指示灯不亮，初步判断是光纤线路问题，需要联系专业人员解决。

（2）网卡故障。

查看网卡指示灯，判断网卡是否运行正常。正常情况下，在不传送数据时网卡指示灯闪烁较慢，传送数据时指示灯闪烁较快。因此，网卡指示灯不亮或长亮，都说明网卡存在故障。如果指示灯不亮，应先重新安装驱动，配置参数，如果此时网络运行正常，则问题已解决；若网卡指示灯仍不亮，则说明网卡损坏，需更换网卡。如果网卡指示灯闪烁不正常，可以通过系统 cmd 命令提示符，使用 ping 命令，进行问题的判断。在 Windows 系统的"命令提示符"窗口，输入 ping 与本机 IP 或 127.0.0.1，检测网卡本身是否有故障、TCP/IP 配置是否正确，如果能够 ping 通，则检测网卡驱动程序是否正确，可以在设备管理器中卸载网卡，重新安装网卡与网卡驱动。如果经过以上步骤网卡仍无法正常工作，则需要更换网卡。

2. 网络设备故障

通过网络设备指示灯，直观判断以太网交换机（Modem、路由器）是否运行正常。通常情况，绿灯表示连接正常，红灯表示有故障，不亮则是线路不通，长亮有可能是广播风暴，灯全不亮可能是设备已损坏或未接入电源。指示灯亮但 ping 不通，可能是端口损坏，可将连线插入设备其他端口进行测试。

3. 软件故障诊断与解决方法

（1）IP 地址配置。

在检测软件故障时，首先检查网卡（IP 地址、DNS 代理、子网掩码、网关）的配置是否正确，以及驱动程序是否匹配。如果使用路由器，则检查路由器的配置是否正确（账号、密码、IP 地址），DHCP 的开启或关闭是否选择正确，SSID 与无线密码的设置与使用是否正确。

（2）交换机配置问题。

交换机配置错误，是造成交换机无法正常工作的主要原因，常常由于配置人员技术不熟练或操作失误造成。例如，VLAN 分配不正确，端口被错误关闭，级联端口的工作模式不匹配等，都可能造成设备无法正常连网。

（3）防火墙设置。

防火墙安全级别设置过高，或对某些访问与端口进行了网络访问权限的设置，在用户访问相关资源时，无法正常连接。

（4）计算机网络病毒。

除了网络硬件故障与网络配置问题产生的网络故障外，计算机网络病毒是造成网络故障的主要原因。计算机网络病毒的主要特征如下。

- 传染速度快：病毒在工作站、服务器间传染，一旦病毒进入文件服务器，将会自动或通过访问端，迅速将病毒蔓延到整个网络。
- 传播距离远：由于病毒是通过"工作站→服务器→工作站"的途径进行传播，只要用户访问服务器、工作站，就有可能被病毒感染，如此病毒将会在短时间内大范围、远距离传播，危害性极大。
- 激发方式多样：网络病毒并不一定是在感染后就立即攻击、产生危害，往往是在大量传染之后，由计算机病毒设计者通过设定特定的时间、释放特定的诱导程序等多种形式进行激发，在大量传染之后，这种病毒被激发的方式，产生的危害性更大、破坏性极强，某个工作站、服务器将在短时间内受到来自多地的攻击，直接导致网络堵塞、服务器崩溃，用户无法访问网络、网速极慢等现象。
- 破坏性更大：由于网络病毒，不只是对单个用户计算机造成破坏，更是对服务器、工作站进行攻击。这样将会导致服务器数据被窃取、破坏，访问速度降低，工作停滞，多年工作成果将毁于一旦。
- 难以彻底清除：单个计算机上的病毒，可通过查杀病毒、删除带有病毒的文件，以及低级格式化硬盘等方式将病毒彻底清除。然而，网络病毒却难以清除。单个服务器或计算机病毒的清除并不能将病毒铲除，只要有一台计算机仍被病毒感染，有可能再次将病毒在网络中传播。

- 隐匿性强：网络病毒在被查杀、清除的过程中，很可能会暂时性隐匿，待时机成熟或对病毒强化设计后，再次发动网络攻击。

病毒的危害越来越强，传播的方式越来越隐秘，让计算机用户难以防范。因此，养成个人计算机使用的好习惯，规范使用计算机，并充分利用软件、硬件设备的查杀功能防止病毒感染，以及远程备份重要资料与服务器资源。

思考题

1. 简述如何保护计算机免受病毒威胁。
2. 简述如何设定共享文件夹。
3. 简述复印机的操作步骤。

上机练习

1. 为计算机添加网络共享的打印机。
2. 在网络服务商提供的光纤宽带环境下，连接并设置无线路由器。

参 考 文 献

[1] 孙印杰, 等. 办公自动化实训教程[M]. 修订版. 北京: 电子工业出版社，2009.
[2] 张敏, 等. 电脑办公自动化实用教程[M]. 3 版. 北京: 清华大学出版社，2015.
[3] 朱莉娟, 刘艳君. Office 2010 办公软件高级应用[M]. 北京: 清华大学出版社，2018.

图书资源支持

感谢您一直以来对清华版图书的支持和爱护。为了配合本书的使用,本书提供配套的资源,有需求的读者请扫描下方的"书圈"微信公众号二维码,在图书专区下载,也可以拨打电话或发送电子邮件咨询。

如果您在使用本书的过程中遇到了什么问题,或者有相关图书出版计划,也请您发邮件告诉我们,以便我们更好地为您服务。

我们的联系方式:

地　　址:北京市海淀区双清路学研大厦 A 座 714

邮　　编:100084

电　　话:010-83470236　010-83470237

客服邮箱:2301891038@qq.com

QQ:2301891038(请写明您的单位和姓名)

资源下载: 关注公众号"书圈"下载配套资源。

资源下载、样书申请

书 圈

获取最新书目

观看课程直播